matemática
FINANCEIRA

OBJETIVA E APLICADA

matemática
FINANCEIRA

OBJETIVA E APLICADA

Abelardo de Lima Puccini

11ª edição

Av. Paulista, 901, Edifício CYK, 4º andar
Bela Vista – São Paulo – SP – CEP 01310-100

SAC | sac.sets@saraivaeducacao.com.br

Direção executiva	Flávia Alves Bravin
Direção editorial	Ana Paula Santos Matos
Gerência editorial e de projetos	Fernando Penteado
Aquisições	Rosana Aparecida Alves dos Santos
Edição	Neto Bach
Produção editorial	Daniela Nogueira Secondo
Preparação	Elaine Fares
Revisão	Queni Winters
Diagramação	Claudirene de Moura Santos
Capa	Negrito Produção Editorial
Impressão e acabamento	Gráfica Paym

DADOS INTERNACIONAIS DE CATALOGAÇÃO NA PUBLICAÇÃO (CIP)
VAGNER RODOLFO DA SILVA - CRB-8/9410

M425 Puccini, Abelardo de Lima
   Matemática financeira: objetiva e aplicada / Abelardo de Lima Puccini. – 11. ed. – São Paulo : SaraivaUni, 2022.
   386 p.
   ISBN 978-65-87958-05-7 (Impresso)
   1. Comunicação. 2. Negócios. 3. Empreendedorismo. I. Puccini, Abelardo de Lima. II. Título.

2022-1291
CDD 513.93
CDU 51-7

Índices para catálogo sistemático:
1. Administração : Negócios 513.93
2. Administração : Negócios 51-7

Copyright © Abelardo de Lima Puccini
2022 Saraiva Educação
Todos os direitos reservados.

11ª edição
2ª tiragem, 2023

Nenhuma parte desta publicação poderá ser reproduzida por qualquer meio ou forma sem a prévia autorização da Saraiva Educação. A violação dos direitos autorais é crime estabelecido na Lei n. 9.610/98 e punido pelo art. 184 do Código Penal.

| COD. OBRA | 15838 | CL | 651960 | CAE | 801976 |

DEDICATÓRIAS

À minha mulher, Zelia, adorável companheira há mais de 50 anos, pela compreensão em se privar de momentos de nosso lazer para permitir a elaboração de meus livros didáticos.

À minha filha, Adriana, minha coautora de livro sobre a matéria, pela sua revisão e contribuição sobre diversos temas abordados na obra.

Aos meus queridos netos, João e Maria Luisa, que enriqueceram nossas vidas e merecem este registro.

SOBRE O AUTOR

Abelardo de Lima Puccini é engenheiro civil formado pela PUC-Rio, em 1964, com curso de mestrado em Engenharia Econômica obtido na Universidade de Stanford, Califórnia, em 1967.

De 1967 a 1970 foi professor associado do Departamento de Engenharia Industrial e do Rio Datacentro, da PUC-Rio, em regime de tempo integral. De 1970 a 1979 exerceu funções executivas na área financeira de empresas do governo (Vale do Rio Doce, Nuclebrás e BNDES).

Atuou como diretor financeiro da Aracruz Celulose de 1979 a 1983 e, em seguida, foi o superintendente geral da Bolsa de Valores do Rio de Janeiro até o final de 1988, quando assumiu a função de presidente executivo do Grupo Supergasbrás, onde permaneceu até 1992. De 1993 a 1997 atuou como diretor administrativo financeiro da Casas Sendas.

No sistema Petrobras exerceu as funções de diretor financeiro da Petrobras Distribuidora (2001 a 2003) e de presidente da Liquigás Distribuidora (2004 a 2006).

É professor de Matemática Financeira, Análise de Investimentos e Fundamentos de Finanças em programas de pós-graduação de diversas instituições de ensino, públicas e privadas.

PREFÁCIO

O amigo Puccini, nesta 11ª edição do seu livro, atualiza e aperfeiçoa edições anteriores, sempre com a preocupação de manter a Matemática Financeira acessível a especialistas e leigos, mediante uma didática clara e pragmática, utilizando nomenclaturas e simbologias internacionais de fácil compreensão.

A 1ª edição, de 1977, utilizava tabelas financeiras, e o autor foi pioneiro na utilização da calculadora HP 12C e, posteriormente, adotou a planilha Excel como ferramenta de apoio na solução de problemas mais complexos.

Com a incorporação dessas novas tecnologias à solução de problemas financeiros, o livro do professor Puccini tornou-se referência permanente no mercado financeiro e tem sido utilizado como livro-texto em cursos de formação de universidades públicas e privadas.

Esta 11ª edição tem um Material de apoio no site Saraiva Conecta, que disponibiliza um banco de questões com 300 problemas selecionados, possibilitando ao leitor a oportunidade de testar o aprendizado da matéria por meio de questões de múltipla escolha – as quais são automaticamente corrigidas – e de acessar as soluções propostas pelo autor.

O Material de apoio conta, ainda, com uma seção de uso exclusivo do professor que inclui soluções dos problemas propostos no livro e um conjunto de slides para apresentação nas aulas referentes a todos os capítulos da obra.

No Capítulo 10 – *Extensões* –, o autor trata de diversos assuntos que têm relação direta com a Matemática Financeira, mas que não costumam ser incluídos no conteúdo da Matemática Financeira Básica. Por exemplo, ele aborda o tema *anatocismo*, termo jurídico usado para definir "juros sobre juros", mostrando que o regime de juros compostos não implica necessariamente "juros sobre juros" e, portanto, em sua opinião, esse sistema de cálculo de juros não deve ser considerado obrigatoriamente ilegal.

A leitura desta obra é recomendada aos profissionais do mercado financeiro e indispensável aos estudantes das áreas de Administração, Economia e Finanças.

Bom proveito.

ALCIDES TÁPIAS

Ex-ministro do Desenvolvimento,
Indústria e Comércio Exterior

NOTA DO AUTOR
à 11ª edição

A maioria dos livros de Matemática Financeira costuma apresentar a matéria com uma simbologia complexa e com o desenvolvimento de fórmulas para cada situação específica, criando, assim, um mito de dificuldade para seu aprendizado.

Privilegiamos desde a 1ª edição, em 1977, o aspecto prático do tema, apresentando os conceitos por meio de exemplos resolvidos pela calculadora HP 12C e pela planilha eletrônica Excel. Entendemos que a grande aceitação dessas duas ferramentas de trabalho pelos profissionais do mercado justifica plenamente a permanência de ambas nesta 11ª edição.

Apesar desse enfoque simples e prático, os conhecimentos adquiridos neste livro permitem a solução de problemas que envolvem o manuseio de qualquer fluxo de caixa, independentemente do grau de complexidade. Essa especificidade faz deste livro referência no meio acadêmico e em concursos públicos de relevantes instituições do governo.

Em todas as edições, a simbologia adotada ao longo do livro na apresentação dos fluxos de caixa utiliza a nomenclatura da calculadora HP 12C (**n**, **i**, **PV**, **FV** e **PMT**), o que já se tornou uma marca registrada desta obra.

Em relação à estrutura do livro, houve um reagrupamento dos assuntos para que os conceitos básicos da matéria ficassem distribuídos nos primeiros sete capítulos, que estão desenvolvidos na hipótese de moeda estável, sem inflação, de acordo com o tratamento convencional da matéria. Essa moeda é representada genericamente pelo símbolo $, que pode corresponder à moeda corrente de qualquer país com economia estável, sem inflação.

No Capítulo 8 – *Fluxos de caixa e inflação* – mostramos a aplicação da Matemática Financeira quando a moeda não é estável, ou seja, quando há perda de valor do dinheiro em função do fenômeno da inflação.

Já o Capítulo 9 – *Métodos de análise de investimentos* – merece destaque, pois apresenta uma das aplicações mais importantes da Matemática Financeira: a análise dos fluxos de caixa para as tomadas de decisão de investimentos.

E o Capítulo 10 – *Extensões* – trata de temas especializados, como "fluxos de caixa com datas e valores", "sistema alemão de amortização", "taxa interna de retorno modificada", "vida econômica de equipamentos", "duração de fluxos de caixa" e "o anatocismo e a lei da usura", no qual demonstro que a Tabela Price, apesar de ser elaborada no regime de juros compostos, não apresenta o anatocismo – "juros sobre juros" –, proibido legalmente no Brasil quando praticado em períodos inferiores a um ano.

A 11ª edição do livro inclui dois apêndices, cujos conteúdos estão localizados no Material de apoio disponível no site Saraiva Conecta (link http://somos.in/MF11).

O Apêndice A – *Utilização da HP 12C* – apresenta as operações básicas da calculadora e a utilização das suas principais funções financeiras. A sua leitura é recomendada para os leitores que estão tendo o primeiro contato com a matéria e com essa calculadora financeira.

O Apêndice B – *Funções Financeiras do Excel* – apresenta um resumo das principais funções financeiras da Planilha Excel (**NPER, TAXA, VP, PGTO** e **VF**) que realizam, respectivamente, as mesmas operações que as teclas **n**, **i**, **PV**, **PMT** e **FV** da calculadora HP 12C. O Simulador da HP 12C consiste apenas numa forma pré-definida de se utilizar as funções financeiras básicas do Excel.

O Material de apoio, cujo conteúdo está resumido em nota específica do autor, tem o objetivo principal de oferecer ao leitor uma alternativa digital para colocar em prática os conhecimentos adquiridos ao longo do livro. Para isso, contém um Banco de Questões interativo, que abrange todo o conteúdo da obra, com 300 problemas propostos (com respostas de múltipla escolha) resolvidos pelo autor. Além disso, disponibilizamos no Material de apoio o arquivo – em Excel – do Simulador da HP 12C para o diagrama-padrão e para os fluxos de caixa heterogêneos.

Importante ressaltar que os professores cadastrados no Saraiva Conecta poderão ter acesso às soluções dos problemas propostos no livro e, ainda, a um amplo material didático para o preparo de aulas, com o conteúdo de todos os capítulos do livro. Assim, basta se cadastrarem no site para acessar esse conjunto de informações.

Bom proveito.

ABELARDO DE LIMA PUCCINI

NOTA DO AUTOR
sobre o conteúdo do Saraiva Conecta

O Material de apoio disponível no Saraiva Conecta tem a finalidade de oferecer ao leitor uma alternativa digital para colocar em prática os conhecimentos adquiridos no livro texto. Os conteúdos do site estão subdivididos em dois grupos: **Material para Aluno** e **Material para Professor.**

O **Material para Aluno** tem os seguintes conteúdos:

- **Anatocismo e Lei da Usura**

Neste item estão incluídos artigos do autor esclarecendo que a Tabela Price, calculada a juros compostos, não pratica "juros sobre juros" (anatocismo), proibido por lei quando executado em prazos inferiores a um ano.

- **Ano Comercial x Ano Civil**

Neste item estão apresentados exemplos de cálculos de financiamentos considerando o ano comercial de 360 dias (prestações equidistantes a cada 30 dias por mês) e o ano civil com 365 dias (pagamentos mensais em datas fixas).

- **Apêndices**

Neste item estão incluídos (a) o conteúdo do *Apêndice A – Utilização da HP 12C* com a descrição e utilização das principais funções das teclas da HP 12C e (b) o conteúdo do *Apêndice B – Funções Financeiras do Excel* com diversos exemplos numéricos que mostram a forma de operar dessas funções financeiras e a montagem do Simulador da HP 12C.

- **Banco de Questões**

Principal aplicativo do site, com 300 problemas propostos e resolvidos pelo autor, abrangendo todos os assuntos da obra. Tem uma estrutura de fácil uso e oferece ao leitor duas opções de provas, com respostas de múltipla escolha:

XIII

- *a prova customizada*, onde o leitor tem a flexibilidade de criar a sua própria prova, definindo os capítulos do livro que nela devem ser incluídos, a quantidade de questões e o nível de dificuldade delas (alta, média ou baixa);

- *a prova padronizada*, com 10 questões, gerada automaticamente pelo sistema, composta por problemas de todos os capítulos do livro, a partir dos três níveis de dificuldade.

O sistema faz automaticamente a correção de cada questão e, no final, fornece o resultado da prova. Na solução dos problemas o leitor pode utilizar o Simulador da HP 12C e ter acesso à solução do autor para todos os problemas propostos.

- **Debêntures**

Neste item está descrito o modelo matemático adotado no mercado internacional das debêntures ("bonds"), com exemplos numéricos que mostram (a) o cálculo do preço ("Price") de compra do título, a partir de uma taxa de rentabilidade até o seu vencimento ("Yeld to Maturity – YTM") e (b) o cálculo da taxa de rentabilidade até o vencimento do título ("YTM") a partir do preço ("Price") de sua aquisição.

- **Simulador**

Trata-se de um arquivo em Excel que reúne as principais funções financeiras da Planilha Excel, com uma representação esquemática que facilita o registro dos dados, e que tem uma aparência semelhante à calculadora HP 12 C.

Na planilha Excel a página do Simulador está dividida em duas partes:

- *Simulador para o Diagrama Padrão* – preparado com as funções financeiras básicas do Excel, e tem a aparência da HP 12C, na medida em que apresenta na sua parte superior as teclas n, i, PV, PMT e FV e na sua parte inferior o visor da calculadora. Esse simulador é utilizado na solução dos problemas do livro, de forma simples e didática, como se fosse a própria calculadora HP 12C.

- *Simulador para Fluxos de Caixa Heterogêneos* – preparado com as funções VPL e TIR do Excel, tem a entrada de dados semelhante à HP 12C e calcula o VPL e a TIR de qualquer fluxo de caixa. A sua grande vantagem em relação à HP 12C é a facilidade na entrada de dados, que estão sempre visíveis e podem, ainda, ser alterados parcialmente com facilidade.

- **Calculadora Financeira – AP**

A "*Calculadora Financeira – AP*" é um excelente instrumento de apoio para a 11ª edição do livro de Matemática Financeira Objetiva e Aplicada.

A sua maneira de operar é extremamente simples e as nomenclaturas utilizadas para definir os parâmetros dos problemas são as mesmas utilizadas pela HP 12C. Todos os dados dos problemas estão sempre visíveis, juntamente com o resultado, facilitando a sua verificação, o que não acontece com a HP 12C, cujo visor mostra apenas um único valor.

As soluções dos problemas são obtidas sem a utilização de funções do Excel, e estão apresentadas em três telas independentes: (1) Juros Simples; (2) Juros Compostos – Diagrama Padrão e (3) Juros Compostos – Fluxos Heterogêneos. A função Ajuda da Tela inicial mostra, em detalhes, toda a sua operação.

O **Material para Professor** tem os seguintes conteúdos:

- **Soluções dos Problemas do Livro**
Arquivo em Excel que contém as soluções de todos os problemas propostos do livro.

- **Slides das Aulas**
Arquivo em Power-Point contendo amplo material didático, 202 slides, para o preparo das aulas, cobrindo todos os capítulos do livro.

Assim, recomendamos aos professores de Matemática Financeira que se cadastrem na Editora Saraiva para terem o acesso a esse conjunto de informações.

ABELARDO DE LIMA PUCCINI

SUMÁRIO

Simbologia e convenções adotadas – HP 12C XXV

1 Nomenclaturas, regimes de juros e convenções 1

1.1 Introdução e enfoque adotado 1
1.2 Juros 2
    1.2.1 Conceito 2
    1.2.2 Unidade de medida 2
1.3 Valor do dinheiro no tempo 2
1.4 Fluxo de caixa – Conceitos e convenções 3
1.5 Objetivo da Matemática Financeira 6
1.6 Regimes de juros 6
    1.6.1 Juros simples 7
    1.6.2 Juros compostos 7
1.7 Nomenclaturas e convenções adotadas 8
    1.7.1 Convenção de final de período – Série PMT postecipada 8
    1.7.2 Convenção de início de período – Série PMT antecipada . . . 12
    1.7.3 Simulador da HP 12C com o Excel 13
    1.7.4 Calculadora Financeira AP 15
1.8 Moeda estável e inflação 16

2 Juros simples: juros sobre o principal, capitalização e desconto . . 17

2.1 Introdução 17
2.2 Juros simples – Conceito e exemplos 17
    2.2.1 Conceito de juros simples 17

XVII

2.2.2	Exemplo de um investimento de quatro meses 18	
2.2.3	Exemplo de dois investimentos de dois meses 19	
2.3	Capitalização simples 20	
2.3.1	Expressão genérica 20	
2.3.2	Verificação da expressão genérica.........................21	
2.4	Desconto simples – Racional ou "por dentro" 21	
2.5	Exemplos numéricos 22	
2.6	Desconto comercial, bancário ou "por fora" 25	
2.6.1	Expressão genérica 25	
2.6.2	Exemplos numéricos 26	
2.7	Relação entre as taxas de desconto 27	
2.7.1	Exemplos numéricos 28	
2.8	Desconto de títulos – Exemplos............................29	
2.9	Conclusão 32	
2.10	Problemas propostos 32	

3 Juros compostos: juros sobre o saldo devedor, capitalização e desconto 35

3.1	Introdução..35	
3.2	Juros compostos – Conceitos e exemplos......................35	
3.2.1	Conceito de juros compostos 35	
3.2.2	Exemplo de um investimento de quatro meses 36	
3.2.3	Exemplo de dois investimentos de dois meses 38	
3.2.4	Exemplo de um investimento com pagamento periódico de juros 39	
3.3	Capitalização composta.....................................41	
3.3.1	Expressão genérica 41	
3.3.2	Verificação da expressão genérica.........................42	
3.3.3	Cálculo de FV a partir de PV 43	
3.4	Desconto composto – Racional ou "por dentro" 44	
3.4.1	Expressão genérica 44	
3.4.2	Cálculo de PV a partir de FV............................45	
3.5	Desconto composto "por fora" 48	
3.5.1	Expressão genérica 48	
3.5.2	Exemplo numérico 50	
3.6	Problemas resolvidos 50	
3.7	Conclusão 57	
3.8	Problemas propostos 59	

4

Taxas de juros 61

4.1 Introdução 61

4.2 Taxa efetiva – Juros compostos. 61

4.3 Taxas proporcionais – Juros simples 62

    4.3.1 Conceito 62

    4.3.2 Exemplo numérico 62

    4.3.3 Fórmulas que relacionam taxas proporcionais 63

    4.3.4 Problemas resolvidos. 64

4.4 Taxas equivalentes – Juros compostos. 67

    4.4.1 Conceito 67

    4.4.2 Exemplo numérico 67

    4.4.3 Fórmulas que relacionam taxas equivalentes. 69

    4.4.4 Problemas resolvidos. 70

4.5 Taxa nominal e taxa efetiva implícita. 76

    4.5.1 Conceito 76

    4.5.2 Fórmulas 77

    4.5.3 Problemas resolvidos. 78

    4.5.4 Tabela Price 85

4.6 Taxas proporcionais *versus* taxas equivalentes 86

    4.6.1 Comparação de taxas anuais 86

    4.6.2 Capitalizações simples e composta – Análise final 86

4.7 Outras denominações 89

    4.7.1 Taxa bruta e taxa líquida. 89

    4.7.2 Taxa real e taxa nominal 89

4.8 Conclusão 89

4.9 Problemas propostos 90

5

Prestações iguais – Tabela Price 91

5.1 Introdução 91

5.2 Relação entre PMT e FV 91

    5.2.1 Expressões genéricas 91

5.3 Relação entre PMT e PV 93

    5.3.1 Expressões genéricas 93

5.4 Relação entre PMT, PV e FV. 95

    5.4.1 Expressão genérica 95

5.5 Exemplos numéricos com o diagrama-padrão. 96

Sumário   **XIX**

5.6 Prestações perpétuas 111

    5.6.1   Prestações perpétuas sem crescimento. 111

    5.6.2   Prestações perpétuas com crescimento 113

5.7 Enquadramento no diagrama-padrão 114

5.8 Problemas resolvidos 116

5.9 Conclusão 128

5.10 Problemas propostos 129

6   Fluxos de caixa heterogêneos – Valor presente, VPL e TIR 133

6.1 Introdução 133

6.2 Valor Presente (VP), Valor Presente Líquido (VPL) e Taxa Interna
de Retorno (TIR) 133

    6.2.1   Valor Presente (VP) e taxa de desconto. 134

    6.2.2   Valor Presente Líquido (VPL) e Taxa Interna de
Retorno (TIR) 135

6.3 Funções financeiras NPV e IRR da HP 12C 136

6.4 Funções financeiras VPL e TIR da planilha Excel 136

6.5 Simulador para fluxos de caixa heterogêneos 137

6.6 Exemplos numéricos 138

6.7 Significado de um VPL positivo 151

    6.7.1   Exemplo – 1ª parte: Cálculo da TIR e dos VPLs 151

    6.7.2   Exemplo – 2ª parte: Significado de um VPL > 0 153

6.8 Conclusão 155

6.9 Problemas propostos 155

7   Equivalência financeira – Sistemas de amortização 159

7.1 Introdução 159

7.2 Conceito de equivalência de fluxos de caixa. 159

7.3 Conceitos de amortização e de saldo devedor de financiamentos. . . 160

7.4 Sistemas equivalentes de amortização de financiamentos 161

    7.4.1   Sistema de pagamento único 161

    7.4.2   Sistema de pagamento periódico de juros –
Sistema americano. 162

    7.4.3   Sistema de prestações iguais – Tabela Price ou
Sistema francês. 163

    7.4.4   Sistema de amortização constante – SAC 167

7.4.5 Sistema de amortização misto – SAM 170

7.4.6 Comentários sobre os cinco sistemas equivalentes 173

7.4.7 Juros médios – Um processo aproximado 177

7.4.8 Exemplos numéricos 178

7.5 Financiamentos com parcelas intermediárias – Uso de parcelas unitárias 194

7.5.1 Exemplos numéricos.............................195

7.6 Financiamentos com parcelas mensais interrompidas – Uso de parcelas unitárias 201

7.6.1 Exemplos numéricos.............................201

7.7 Conclusão 205

7.8 Problemas propostos 206

8 Fluxos de caixa e inflação 211

8.1 Introdução...211

8.2 Índice para a inflação 211

8.3 Taxas de inflação, de juros real e de juros nominal 213

8.4 Modelo pós-fixado 213

8.4.1 Conceitos básicos e metodologia de cálculo 213

8.4.2 Exemplo numérico – Financiamento com prazo de um ano 214

8.4.3 Expressão genérica que relaciona taxas 218

8.4.4 Relação entre taxas de diversas periodicidades............219

8.4.5 Exemplos numéricos.............................220

8.4.6 Comentários....................................224

8.5 Modelo prefixado 225

8.5.1 Conceitos básicos e metodologia de cálculo 225

8.5.2 Exemplos numéricos 226

8.5.3 Comentários 232

8.6 Conclusão 233

8.7 Problemas propostos 233

9 Métodos de análise de investimentos 237

9.1 Introdução...237

9.2 Taxa mínima de atratividade – i_{min}...........................238

9.3 *Payback* descontado (PBD)..................................239

Sumário **XXI**

9.4 Significado de um VPL positivo.............................241

9.5 Análise de um investimento...............................244

    9.5.1 Exemplo numérico..................................244

9.6 Investimentos mutuamente exclusivos......................246

    9.6.1 Análise de investimentos com mesma duração...........247

    9.6.2 Análise de investimentos com durações diferentes........265

    9.6.3 Análise de investimentos com durações perpétuas.......268

9.7 Análise de investimentos independentes....................271

9.8 Análise de um investimento após o Imposto de Renda.........276

    9.8.1 Investimento com recursos próprios....................276

    9.8.2 Investimento com recursos de financiamento............278

9.9 Conclusão...281

9.10 Problemas propostos...................................282

10 Extensões...287

10.1 Introdução...287

10.2 Fluxos de caixa com datas e valores......................287

    10.2.1 Introdução.......................................287

    10.2.2 Funções financeiras XVPL e XTIR.....................288

    10.2.3 Problemas resolvidos...............................290

    10.2.4 Conclusão..302

10.3 Sistema alemão de amortização..........................302

10.4 O anatocismo e a Lei da Usura..........................306

    10.4.1 Introdução.......................................306

    10.4.2 Regime de juros compostos..........................307

    10.4.3 Tabela Price – Fórmula a partir de juros sobre o
saldo devedor....................................308

    10.4.4 Tabela Price sem anatocismo – Financiamento único......311

    10.4.5 Pagamentos iguais de quatro financiamentos
independentes....................................312

    10.4.6 Tabela Price com anatocismo – Soma de quatro
financiamentos independentes.......................316

    10.4.7 Tabela Price – Comentários finais sobre o anatocismo.....317

    10.4.8 Sistema de amortização constante – SAC................318

    10.4.9 Sistema americano de amortização.....................321

    10.4.10 Conclusões e recomendações........................322

10.5 Taxa Interna de Retorno Modificada – TIRM................322

    10.5.1 Introdução e conceito da TIRM.......................322

10.5.2 Exemplos numéricos.................................323

10.6 Vida econômica de equipamentos...........................330

    10.6.1 Vida útil e vida econômica...........................330

    10.6.2 Exemplo numérico 331

10.7 *Duration* de fluxos de caixa...............................338

    10.7.1 Prazo médio.......................................338

    10.7.2 *Duration* 339

10.8 Problemas propostos 343

Principais fórmulas e relações....................................347

Respostas dos problemas propostos..............................351

SIMBOLOGIA
e convenções adotadas – HP 12C

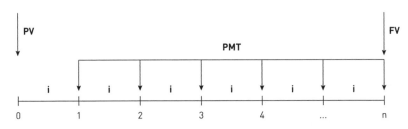

Final de período – série postecipada
END

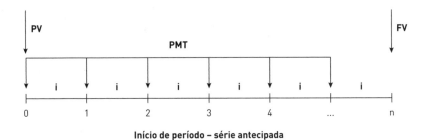

Início de período – série antecipada
BEGIN

em que:

- **n** – número de períodos de capitalização;
- **i** – taxa de juros em cada período de capitalização;
- **PV** – valor presente, capital inicial aplicado, principal;
- **FV** – valor futuro, montante no final de **n** períodos de capitalização;
- **PMT** – pagamentos periódicos de mesmo valor, que ocorrem:
  - no final de cada período (**END**) ou
  - no início de cada período (**BEGIN**)

Fórmulas interligando **PV**, **PMT** e **FV** – convenção de final de período (**END**)

$$FV = PV\left[(1 + i)^n\right]$$

$$PV = FV\left[\frac{i}{(1 + i)^n}\right]$$

$$PMT = PV\left[\frac{i\,(1 + i)^n}{(1 + i)^n - 1}\right]$$

$$PV = PMT\left[\frac{(1 + i)^n - 1}{i\,(1 + i)^n}\right]$$

$$PMT = FV\left[\frac{i}{(1 + i)^n - 1}\right]$$

$$FV = PMT\left[\frac{(1 + i)^n - 1}{i}\right]$$

Observações:

- utilizar sempre a convenção de final de período (**END**), apesar de a HP 12C permitir o uso da convenção de início de período (**BEGIN**);
- a unidade de tempo da taxa de juros (**i**) deve sempre coincidir com a unidade de tempo dos períodos (**n**);
- o valor de **n** pode ser fracionário;
- são sempre interligados os cinco elementos do fluxo de caixa (**n**, **i** e mais os valores monetários **PV**, **FV** e **PMT**);
- o valor monetário (**PV**, **FV** ou **PMT**) que não participar do problema deve ser registrado com o valor igual a zero.

1
Nomenclaturas, regimes de juros e convenções

1.1 Introdução e enfoque adotado

A Matemática Financeira pode ser estudada com ênfase nos seus aspectos teóricos e, nesse caso, o leitor precisa ter um bom embasamento de matemática para poder acompanhar o desenvolvimento da matéria e entender as notações algébricas complexas comumente adotadas por diversos autores.

O enfoque adotado neste livro é totalmente prático, exigindo do leitor um conhecimento de matemática mais básico. Os conceitos são ilustrados com problemas práticos, que ocorrem frequentemente no mercado. Quando necessário, somente após o entendimento desses exemplos numéricos faz-se o estudo teórico para a obtenção de fórmulas genéricas.

A nomenclatura adotada visa à simplicidade e à aplicação abrangente. Assim, não se utiliza nenhuma nomenclatura matemática, mas sim uma nomenclatura mnemônica simples e de fácil assimilação, que é a mesma adotada pela consagrada calculadora HP 12C.

Neste capítulo introduziremos os principais fundamentos que norteiam o estudo da Matemática Financeira e apresentaremos:

- os conceitos de juros e de fluxo de caixa;
- a definição dos regimes de juros simples e compostos;
- as nomenclaturas e convenções adotadas.

O valor do dinheiro no tempo e a existência dos juros são elementos interligados e indispensáveis ao estudo da Matemática Financeira, que se desenvolve com base na hipótese de moeda estável, representada genericamente pelo símbolo $, e os aspectos da inflação são abordados no Capítulo 8.

1.2 Juros

1.2.1 Conceito

Os juros podem ser remuneratórios ou moratórios, mas trataremos exclusivamente dos "juros remuneratórios", que representam:

- a remuneração do capital do credor por este ficar privado do seu uso, não podendo usar o capital financiado até o dia do recebimento, com o risco de não receber o capital de volta (inadimplência);
- custo do capital financiado pelo tomador do financiamento para este ter o direito de usar o capital emprestado até o dia do pagamento;
- a remuneração paga pelas instituições financeiras sobre o capital nelas aplicado.

Apesar de os "juros moratórios" não serem abordados neste livro, informamos que eles constituem a indenização pelo prejuízo resultante do retardamento do pagamento por parte do devedor.

1.2.2 Unidade de medida

Os juros são fixados por meio de uma taxa percentual que sempre se refere a uma unidade de tempo (ano, semestre, mês, dia etc.). Exemplos:

12,00% ao ano = 12,00% a.a.
4,00% ao semestre = 4,00% a.s.
1,00% ao mês = 1,00% a.m.

A obtenção do valor dos juros do período, em unidades monetárias, é sempre feita pela aplicação da taxa de juros sobre o capital aplicado. Assim, por exemplo, um capital de $1.000,00 aplicado a uma taxa de juros de 8% a.a. proporciona, no final de um ano, um valor de juros igual a:

$$8,00\% \times \$1.000,00 = (8/100) \times 1.000,00 = \$80,00$$

1.3 Valor do dinheiro no tempo

Do ponto de vista da Matemática Financeira, $1.000,00 de hoje não são iguais a $1.000,00 em qualquer outra data futura, pois o dinheiro cresce no tempo ao longo dos períodos devido à taxa de juros por período.

Assim, um capital de $1.000,00 aplicado hoje, com uma taxa de juros de 8,00% a.a., implicará um rendimento anual de $80,00, proporcionando um montante de $1.080,00 no final de um ano. Para uma taxa de juros de 8,00% a.a., é indiferente termos $1.000,00 hoje ou $1.080,00 daqui a um ano. Um capital de $1.000,00 na data de hoje somente será equivalente a $1.000,00 daqui a um ano na hipótese de a taxa de juros ser considerada igual a zero.

A Matemática Financeira está diretamente associada ao valor do dinheiro no tempo, que, por sua vez, está interligado à existência da taxa de juros.

Os mandamentos da Matemática Financeira que obrigatoriamente precisam ser observados são os seguintes:

- somente valores monetários da mesma data podem ser comparados e somados algebricamente;
- valores monetários de datas diferentes são grandezas que não podem ser somadas algebricamente ou comparadas entre si, a menos que sejam previamente movimentadas para a mesma data, com a correta aplicação de uma taxa de juros.

A comparação de várias propostas de parcelamento do pagamento de um bem ou serviço só pode ser feita corretamente se elas forem transformadas em propostas equivalentes à vista, com a utilização de uma taxa de juros adequada.

1.4 Fluxo de caixa – Conceitos e convenções

Denomina-se fluxo de caixa o conjunto de entradas e saídas de dinheiro (caixa) ao longo do tempo. Podemos ter fluxos de caixa de empresas, investimentos, projetos, operações financeiras etc. Eles são indispensáveis na análise de custos e da rentabilidade de operações financeiras, e no estudo de viabilidade econômica de projetos e investimentos.

O fluxo de caixa e a taxa de juros são as duas matérias-primas mais importantes da Matemática Financeira.

A representação do fluxo de caixa é feita por meio de tabelas e quadros, ou esquematicamente, como na Figura 1.1:

FIGURA 1.1 Esquema de fluxo de caixa

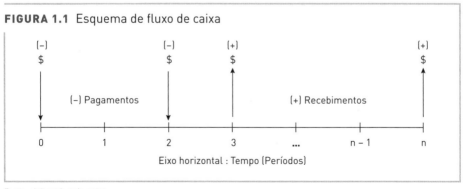

Fonte: elaborada pelo autor.

Na Figura 1.1 foram respeitadas as seguintes convenções:

- a escala horizontal representa o tempo, dividido em *períodos descontínuos*, podendo ser expresso em dias, meses, semestres, anos etc. Os pontos 0, 1, 2, 3, ..., n substituem as datas de calendário, e são fixados em função da necessidade de se indicar as posições relativas entre as diversas datas. Assim, o ponto **0** representa a data inicial (hoje), o ponto **1** indica o final do 1º período e assim por diante;
- utilizamos a letra **n** para representar genericamente a variável tempo, isto é, o número de períodos de contagem de juros;
- importante registrar que os intervalos de tempo de todos os períodos são iguais. Assim, se a unidade de tempo corresponde a meses, todos os meses deverão ter o mesmo número de dias. Portanto, os meses terão 30 dias, os trimestres 90 dias, e assim por diante;
- os valores monetários só podem ser colocados no início ou no final de cada período, dependendo da convenção adotada. Nenhum valor pode ser inserido ao longo dos períodos, uma vez que estes não são contínuos. Assim, quando os períodos correspondem a trimestres, não há condição de se indicar um valor ao longo do trimestre. Uma solução possível, nesse caso, é diminuir a unidade de tempo dos períodos, por exemplo, para meses;
- saídas de caixa correspondem aos pagamentos, têm sinais negativos e são representadas por setas apontadas para baixo;
- entradas de caixa correspondem aos recebimentos, têm sinais positivos e são representadas por setas apontadas para cima.

As fórmulas utilizadas nos cálculos financeiros, a partir do fluxo de caixa e da taxa de juros, obedecem às seguintes premissas:

- a unidade referencial de tempo da taxa de juros deve ser idêntica àquela adotada na medida do tempo;
- os intervalos de tempo entre os períodos devem ser sempre iguais;
- a taxa de juros por período deve ser a mesma em todos os períodos.

Portanto, se a taxa de juros é fornecida em % ao mês, o tempo deve ser medido em meses, todos com 30 dias, o que corresponde à adoção do ano comercial de 360 dias.

Os exemplos a seguir mostram a elaboração de fluxos de caixa com o uso do ano comercial (360 dias) e do ano civil (365 dias).

Exemplo com ano comercial de 360 dias

Um fluxo de caixa que tem um pagamento de $2.000,00 em 20/04/XXXX, um recebimento de $1.000,00 no final de um mês (30 dias) e um recebimento de $1.200,00 no final de 2 meses (60 dias) será esquematicamente representado de acordo com a Figura 1.2:

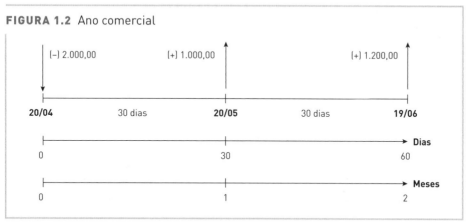

FIGURA 1.2 Ano comercial

Fonte: elaborada pelo autor.

A representação desse fluxo de caixa também pode ser feita como na Tabela 1.1:

TABELA 1.1 Fluxo de caixa – ano comercial

Data	Dia	Mês	Valor ($)
20/04	0	0	(–) 2.000,00
20/05	30	1	(+) 1.000,00
19/06	60	2	(+) 1.200,00

Fonte: elaborada pelo autor.

Observe que neste caso podemos realizar os cálculos com a taxa diária e o tempo medido em dias, ou com a taxa mensal e o tempo medido em meses, sendo que a conversão da taxa diária para a taxa mensal ou vice-versa deve ser feita corretamente, de acordo com os conceitos apresentados no Capítulo 4 – *Taxas de juros*.

Exemplo com ano civil

Um fluxo de caixa que tem um pagamento de $2.000,00 em 20/04/XXXX, um recebimento de $1.000,00 em 20/05/XXXX e um recebimento de $1.200,00 em 20/06/XXXX será esquematicamente representado de acordo com a Figura 1.3:

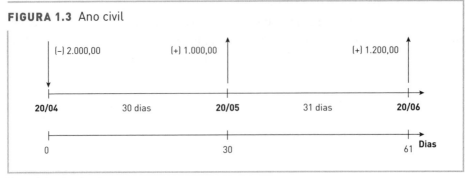

FIGURA 1.3 Ano civil

Fonte: elaborada pelo autor.

A representação desse fluxo de caixa também pode ser feita como na Tabela 1.2:

TABELA 1.2 Fluxo de caixa – ano civil

Data	Dia	Valor ($)
20/04	0	(–) 2.000,00
20/05	30	(+) 1.000,00
20/06	61	(+) 1.200,00

Fonte: elaborada pelo autor.

Observe que nesse caso só podemos realizar os cálculos com a taxa diária e o tempo medido em dias. Se a taxa de juros for fornecida em % ao mês, ela terá de ser corretamente convertida em diária, de acordo com os conceitos apresentados no Capítulo 4 – *Taxas de juros*. A medida do tempo em meses não poderá ser utilizada, uma vez que um mês terá 30 dias e outro, 31 dias.

1.5 Objetivo da Matemática Financeira

A Matemática Financeira tem como principal objetivo a realização de cálculos em fluxos de caixa, com a aplicação de taxas de juros para obter valores equivalentes, que permitam uma correta tomada de decisão do ponto de vista financeiro, levando em consideração o valor do dinheiro no tempo.

1.6 Regimes de juros

Neste item vamos mostrar os principais conceitos adotados pela Matemática Financeira nos cálculos de juros, pelos regimes de juros simples e de juros compostos.

1.6.1 Juros simples

No regime de juros simples, apresentado de forma detalhada no Capítulo 2, apenas o capital inicial, também conhecido como *principal*, rende juros. Juros e capital não se misturam, são tratados isoladamente.

Nesse regime, os juros de cada período que não são pagos periodicamente não são somados ao capital para o cálculo dos juros nos períodos subsequentes. Consequentemente esses juros não pagos não são capitalizados nem rendem juros, pois não participam da base de cálculo dos juros, apesar de estarem retidos pelas instituições financeiras para serem pagos de uma só vez no final do prazo da operação.

1.6.2 Juros compostos

No regime de juros compostos, apresentado de forma detalhada no Capítulo 3, os juros de cada período *que não forem pagos no final do período* são somados ao capital e passam a fazer parte da base de cálculo dos juros para os períodos subsequentes. Nesse caso, as parcelas de juros que não forem pagas são *automaticamente* capitalizadas e passam a render juros nos próximos períodos.

Importante ressaltar que, nesse regime, a capitalização ou não de juros só existe quando os juros do período não são integralmente pagos, pois havendo o pagamento integral deles no fim do período correspondente, não existe a possibilidade fática de serem capitalizados.

Portanto, o regime de juros compostos não é um sistema de cálculo que implica obrigatoriamente "juros sobre juros", ou anatocismo, que é legalmente proibido no Brasil, em períodos inferiores a um ano.

Um exemplo simples e elucidativo quanto à diferença desses dois regimes de cálculos de juros é o sistema de amortização americano, que obedece ao regime de juros compostos. Nesse sistema, os juros de cada período são integralmente pagos no final desses períodos e o *principal* é integralmente pago no final do prazo da operação, conforme pode ser verificado no exemplo numérico a seguir.

Exemplo numérico – Sistema americano de amortização
Considere a situação de um cidadão que aplicou $100.000,00, a juros de 1,00% a.m., pelo prazo de 4 meses, sendo que a instituição financeira realiza o pagamento dos juros no final de cada mês.

Os juros do 1º mês são iguais a $100.000,00 × 1,00% = $1.000,00, elevando o saldo devedor no final do 1º mês para $101.000,00. Como os juros do 1º mês são integralmente pagos, o saldo devedor para o início do 2º mês volta a ser de $100.000,00 = $101.000,00 – $1.000,00.

Os juros do 2º mês são iguais a $100.000,00 × 1,00% = $1.000,00, elevando o saldo devedor no final do 2º mês para $101.000,00. Como os juros do 2º mês são integralmente pagos, o saldo devedor para o início do 3º mês volta a ser de $100.000,00 = $101.000,00 − $1.000,00.

O processo se repete até o último mês, quando o cidadão recebe os juros do 4º mês ($1.000,00) e o capital inicial aplicado de $100.000,00.

Importante observar que os juros mensais são calculados sobre o saldo inicial de cada mês, à disposição da instituição financeira, rigorosamente dentro do conceito do regime de juros compostos. Entretanto, não houve incidência de "juros sobre juros", pois os juros periódicos foram integralmente pagos, impossibilitando sua capitalização.

1.7 Nomenclaturas e convenções adotadas

Tal como nas edições anteriores, as nomenclaturas e as convenções utilizadas em todo o livro, para representar os diversos elementos de um fluxo de caixa, são idênticas àquelas adotadas pela calculadora HP 12C, de amplo uso no mercado.

As grandezas monetárias podem ser representadas no fluxo de caixa de acordo com as convenções de final e de início de período, apresentadas a seguir.

1.7.1 Convenção de final de período – Série PMT postecipada

A representação dos fluxos de caixa, de acordo com essa convenção, faz-se segundo o diagrama-padrão, indicado na Figura 1.4:

FIGURA 1.4 Fluxo de caixa do diagrama-padrão – Convenção de final de período – Série PMT postecipada

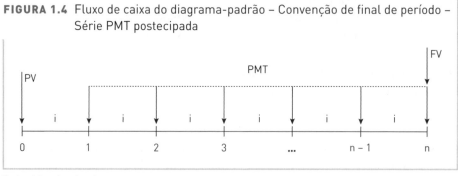

Fonte: elaborada pelo autor.

Pela convenção de final de período, todos os valores monetários que ocorrem durante um período são indicados no final dele. Os elementos do diagrama-padrão do fluxo de caixa da Figura 1.4 estão definidos a seguir.

Calculadora HP 12C: teclas n, i, PV, PMT e FV

A calculadora HP 12C adota as convenções e nomenclaturas a seguir para definir os elementos do diagrama-padrão do fluxo de caixa.

 Número de períodos de capitalização de juros, expressos em anos, semestres, trimestres, meses, dias etc., podendo tomar os valores 0, 1, 2, 3...
Assim, por exemplo, se os períodos correspondem a meses, temos:
n = 0 indica a data de hoje, ou a data do início do 1º mês;
n = 1 indica a data do final do 1º mês e assim por diante.

 Taxa de juros por período de capitalização, expressa em porcentagem. A unidade de tempo referencial da taxa de juros (ano, semestre, trimestre, mês, dia etc.) deve ser a mesma do número de períodos (**n**). Assim, por exemplo, se a unidade de tempo dos períodos for ano, a taxa de juros deve ser fornecida em % ao ano.

 Valor presente (*present value*), ou seja, valor do capital inicial (*principal*) aplicado. Representa, na escala horizontal do tempo, o valor monetário colocado na data inicial, isto é, no ponto correspondente a **n = 0**.

 Valor futuro (*future value*), ou seja, valor do montante acumulado no final de **n** períodos de capitalização, com a taxa de juros **i**. Representa, na escala horizontal do tempo, os valores monetários colocados nas datas futuras, isto é, nos pontos correspondentes a n = 1, 2, 3...

 Valor de cada prestação da Tabela Price (*periodic payment*) que ocorre no final de cada período (série postecipada). Representa, na escala horizontal do tempo, o valor de cada uma das prestações iguais que ocorrem no final dos períodos 1, 2, 3... Por exemplo, num financiamento com prazo de 12 meses, a ser pago em 12 prestações mensais de $600,00, o valor de PMT é igual a $600,00.

Em relação aos elementos do diagrama-padrão, são relevantes os seguintes comentários:

- os intervalos de tempo de todos os períodos são iguais. Assim, por exemplo, todos os meses têm duração de 30 dias;
- a unidade referencial de tempo da taxa de juros **i** deve *necessariamente* coincidir com a unidade referencial de tempo utilizada para definir o número de períodos **n**;

- os problemas comuns de Matemática Financeira envolvem, em geral, apenas quatro elementos, sendo que dois deles são obrigatoriamente a taxa de juros **i** e o número de períodos **n**. Os outros dois elementos a serem relacionados podem ser **PV** com **FV**, **PV** com **PMT**, e **FV** com **PMT**;
- as fórmulas desenvolvidas neste livro envolvem apenas esse diagrama-padrão, com a convenção de final de período. Os problemas que se enquadram nessa situação têm solução imediata. Os demais são enquadrados nesse diagrama-padrão mediante desdobramentos e pequenos artifícios que não alteram o enunciado do problema;
- o Apêndice (disponível no *site* <www.saraivauni.com.br/9788547220259>) mostra como essa calculadora deve ser usada para resolver os problemas que se enquadram nesse diagrama-padrão, com a convenção de final de período.

Ressaltamos os seguintes pontos na utilização da HP 12C:

- para que a calculadora utilize a convenção de final de período é necessário que a função **END** esteja ativa (acionar as teclas **g** e **END**, e deve-se confirmar que a palavra **BEGIN** não esteja indicada no visor);
- uma taxa de juros de 8,00%, por exemplo, deve ser registrada com a colocação do número 8 na tecla correspondente a **i**. A calculadora, internamente, faz as operações com 8,00%, isto é, com 8/100 = 0,08;
- os valores do número de períodos **n** podem ser registrados como números inteiros ou fracionários. Por exemplo, **n** pode ser registrado em anos, fração de ano, fração de mês etc.;
- quando o número de períodos **n** é a incógnita do problema, a HP 12C arredonda o valor encontrado para o primeiro número inteiro imediatamente superior ao resultado obtido. Assim, se o valor correto de **n** for **2,15** ou **2,95**, a HP 12C indicará **n = 3** como resposta;
- a calculadora deve ter *sempre* a letra **C** indicada no visor para que todos os cálculos sejam realizados a juros compostos, independentemente de o valor de **n** ser um número inteiro ou fracionário. A inserção ou retirada da letra **C** no visor da calculadora é feita pelo acionamento sucessivo das teclas **STO** e **EEX**;
- é altamente recomendado deixar a letra **C** sempre visível no visor da HP 12C, pois quando ele não mostra a letra **C** e o valor de **n** é fracionário, os cálculos são realizados a juros compostos na parte inteira de **n** e a juros simples na parte fracionária de **n**;
- os valores monetários (**PV**, **FV** e **PMT**) devem ser registrados na calculadora sempre de acordo com a convenção de sinal, isto é, as entradas de caixa (recebimentos) devem ter sinal positivo (+), e as saídas de caixa (pagamentos), sinal negativo (−);

- a calculadora sempre interliga os cinco elementos (**n**, **i**, **PV**, **PMT** e **FV**). Por exemplo, no caso de obtenção do **PV**, a HP 12C calcula a seguinte relação:

> PV = valor presente de FV + valor presente das prestações PMT

- os problemas que envolvem apenas quatro elementos devem ser resolvidos com o registro do número *zero* para o parâmetro monetário (**PV**, **FV** ou **PMT**) que não participa do problema;
- os cinco parâmetros (**n**, **i**, **PV**, **PMT** e **FV**) podem ser revistos na HP 12C, a qualquer tempo. Para isso, basta acionar a tecla **RCL** e, em seguida, a tecla do parâmetro cujo valor se quer rever. Por exemplo, **RCL PV** traz para o visor da HP 12C o valor contido na memória da tecla **PV**.

Planilha eletrônica Excel

A planilha eletrônica Excel dispõe de funções financeiras básicas, apresentadas no Saraiva Conecta, que têm exatamente as mesmas definições e convenções da HP 12C. Na versão em português, a planilha Excel batiza os elementos financeiros do diagrama-padrão do fluxo de caixa (Figura 1.4) de forma diferente da HP 12C, conforme mostramos na Tabela 1.3:

TABELA 1.3 Funções financeiras básicas

Funções financeiras		Parâmetros das funções do Excel
HP 12C	Excel	
PV	VP	(TAXA; NPER; PGTO; VF; TIPO)
FV	VF	(TAXA; NPER; PGTO; VP; TIPO)
PMT	PGTO	(TAXA; NPER; VP; VF; TIPO)
n	NPER	(NPER; PGTO; VP; VF; TIPO; ESTIMATIVA)
i	TAXA	(TAXA; PGTO; VP; VF; TIPO)

Fonte: elaborada pelo autor.

Essas funções da planilha eletrônica Excel, tal como a calculadora HP 12C, resolvem com facilidade os problemas que se enquadram no diagrama-padrão do fluxo de caixa com a convenção de final de período (Figura 1.4). Destacamos os seguintes pontos:

- para que as funções financeiras da planilha Excel utilizem a convenção de final de período, é necessário que o parâmetro **TIPO** seja igual a *zero*. Na ausência dessa informação, as funções financeiras do Excel assumem essa condição, e as operações são realizadas segundo essa convenção;
- os valores do número de períodos **NPER** podem ser registrados como números inteiros ou fracionários;

- os valores monetários (**VP**, **VF** e **PGTO**) devem ser registrados na planilha de acordo com a convenção de sinal também adotada pela HP 12C;
- as funções financeiras do Excel, tal como na HP 12C, sempre interligam os cinco elementos (**NPER**, **TAXA**, **VP**, **PGTO** e **VF**). Por exemplo, a função financeira **VP** sempre calcula a seguinte relação:

> VP = valor presente de VF + valor presente das prestações PGTO

- os problemas que envolvem apenas quatro elementos devem ser resolvidos com o registro do número *zero* para o elemento monetário (**VP**, **PGTO** ou **VF**), que não participa do problema, tal como na HP 12C.

1.7.2 Convenção de início de período – Série PMT antecipada

A representação dos fluxos de caixa, de acordo com essa convenção, faz-se segundo o diagrama da Figura 1.5:

FIGURA 1.5 Fluxo de caixa do diagrama-padrão – Convenção de início de período – Série PMT antecipada

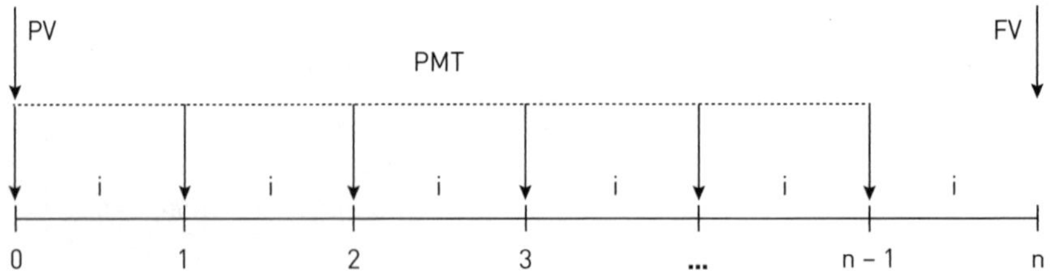

Fonte: elaborada pelo autor.

Pela convenção de início de período, todos os valores monetários que ocorrem durante um período são indicados no início dele.

Em relação ao diagrama da Figura 1.5, destacamos que os cinco elementos do fluxo de caixa (**n**, **i**, **PV**, **FV** e **PMT**) têm definições idênticas às do diagrama-padrão, exceto com relação ao posicionamento dos valores monetários **PMT**, que agora são colocados no *início* de cada período.

São, portanto, válidos todos os comentários anteriores a respeito do relacionamento dessas grandezas, exceto com referência aos pontos destacados a seguir:

- a convenção de início de período não altera as posições relativas de **PV** e **FV** usadas no diagrama-padrão. Observe que nas duas convenções (início e final de períodos), a distância relativa entre **PV** e **FV** é sempre igual a **n** períodos;
- de acordo com essa convenção, a prestação **PMT** passa a ser antecipada, pois as prestações ocorrem no início de cada período de capitalização de juros;
- a HP 12C está preparada para resolver os problemas que envolvem a série antecipada, bastando, para isso, que ela esteja com a função **BEG** ativa (acionar as teclas **g** e **BEG**, e certificar-se de que a palavra **BEGIN** esteja indicada no visor);
- a planilha Excel também resolve com facilidade os problemas que envolvem a série antecipada, bastando para isso definir o parâmetro **TIPO=1** para as funções financeiras. Na ausência dessa informação, as funções financeiras assumem a condição de série postecipada (**TIPO=0**).

1.7.3 Simulador da HP 12C com o Excel

O simulador da HP 12C para o diagrama-padrão foi desenvolvido com as funções financeiras básicas (**NPER, TAXA, VP, PGTO** e **VF**) da planilha Excel, e seu arquivo eletrônico pode ser encontrado no Saraiva Conecta.

Esse arquivo Excel pode ser colocado no *desktop* do seu computador e, ao acioná-lo, uma HP 12C simulada estará disponível, sem custo, para realizar as operações usuais do mercado financeiro.

Esse simulador tem as funções financeiras básicas do Excel e seus respectivos parâmetros colocados de uma forma horizontal predefinida na mesma sequência das teclas da HP 12C, conforme mostra o esquema a seguir:

Simulador da HP 12C – Cálculo de PMT

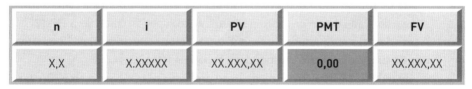

Em relação a esse simulador da HP 12C, destacamos os pontos a seguir:

- Ele foi desenvolvido com as funções financeiras da planilha Excel, atendendo às mesmas condições do diagrama-padrão da Figura 1.4.
- A representação do fluxo de caixa respeita a convenção de final do período e, portanto, o simulador só considera a série postecipada.

- Os dados a serem inseridos pelos usuários, ou seja, os valores correspondentes a cada um dos respectivos elementos do fluxo de caixa, são colocados nas células de fundo branco, na linha inferior, e podem ser registrados em qualquer ordem de entrada.

- Os parâmetros financeiros (**PV**, **PMT** e **FV**) devem ser registrados de acordo com a convenção de sinal. Quando a incógnita do problema for a taxa **i** ou o número de períodos **n**, a HP 12C e a planilha Excel indicam *erro* se essa convenção não for obedecida.

- O parâmetro financeiro (**PV**, **PMT** ou **FV**) que não fizer parte do problema deve ter seu valor registrado como *zero* para não interferir no resultado.

- A célula em destaque, com fundo sombreado, é sempre aquela que contém a função financeira do Excel e que dispara o cálculo da operação desejada. É nessa célula que aparece o valor da solução do problema:
  - no exemplo anterior, essa célula corresponde ao parâmetro **PMT**. É nela que inserimos a função **PGTO** do Excel para realizar o cálculo da prestação postecipada, a partir dos demais parâmetros, localizados horizontalmente ao seu lado. O parâmetro **TIPO** não é informado e passa a ser assumido como **ZERO**, como exigido no cálculo da prestação postecipada;
  - adotamos a nomenclatura **PMT** na parte superior do simulador para corresponder à tecla **PMT** da HP 12C, apesar de o Excel utilizar a nomenclatura **PGTO**.

- O número de períodos de capitalização é representado por **n** na linha superior do simulador, para corresponder à tecla **n** da HP 12C:
  - quando esse parâmetro é um dado do problema, pode ser registrado como um número inteiro ou fracionário, o que facilita a tarefa de compatibilizar as unidades referenciais de tempo para a taxa de juros e para o número de períodos;
  - quando é a incógnita do problema, seu valor é calculado pela função **NPER** do Excel colocada na célula correspondente, que é apresentada em destaque, com fundo sombreado. O resultado obtido pelo simulador por essa função não é arredondado para o primeiro número inteiro superior, como faz a HP 12C.

- A taxa de juros por período de capitalização é representada por **i** na linha superior do simulador para corresponder à tecla **i** da HP 12C:
  - quando esse parâmetro é um dado do problema (8,00%, por exemplo), a taxa deve ser informada pelo registro do número 8. Internamente, o simulador, tal como a HP 12C, converte esse número para $8/100 = 8\%$;
  - quando esse parâmetro é a incógnita do problema, seu valor é calculado pela função **TAXA** do Excel, colocada na célula correspondente, que é apresentada em destaque, com fundo sombreado;
  - a função **TAXA**, que realiza o cálculo da taxa de juros, tem um parâmetro adicional denominado **ESTIMATIVA**, que corresponde à estimativa inicial para o valor de taxa de juros, obtida por um processo interativo. No simulador, o parâmetro **ESTIMATIVA** não é informado e passa a ser assumido como **ZERO**.

- O valor presente é representado por **PV** na parte superior do simulador para corresponder à tecla **PV** da HP 12C:
  - quando esse parâmetro é a incógnita do problema, seu valor é calculado pela função **VP** do Excel, colocada na célula correspondente, que é apresentada em destaque, com fundo sombreado.
- O valor futuro é representado por **FV** na linha superior do simulador para corresponder à tecla **FV** da HP 12C:
  - quando esse parâmetro é a incógnita do problema, seu valor é calculado pela função **VF** do Excel, colocada na célula correspondente, que é apresentada em destaque, com fundo sombreado.

Este simulador pode ser considerado uma representação esquemática da própria calculadora, pois apresenta em sua linha superior as teclas **n, i, PV, PMT** e **FV** e, na inferior, o visor da HP 12C. Destacamos que esse visor só mostra o último elemento digitado ou calculado, ao passo que o simulador mostra todos os elementos do problema, o que facilita uma permanente revisão dos dados.

Assim, esse simulador é utilizado como uma forma didática de representar os dados dos problemas, seja na solução pela HP 12C, seja pelas funções financeiras do Excel. O uso sistemático do simulador fará com que o usuário, de maneira espontânea, associe a teoria aos conceitos com a utilização prática da calculadora HP 12C e/ou da planilha eletrônica Excel.

Para o usuário que estiver utilizando sua HP 12C para o acompanhamento dos exemplos e problemas propostos pelo livro, ou seja, utilizando o simulador como uma mera representação gráfica da sua calculadora, destacamos os seguintes comentários:

- a HP 12C deve estar operando com a função **END** para realizar os cálculos somente com a prestação postecipada, e com a letra **C** no visor para que todos os cálculos sejam realizados a juros compostos, conforme explicado no Apêndice A;
- os parâmetros financeiros (**PV, PMT** e **FV**) devem ser registrados de acordo com a convenção de sinal;
- o parâmetro financeiro (**PV, PMT** ou **FV**) que não faz parte do problema deve ter seu valor registrado como *zero* para não interferir no resultado;
- a célula em destaque, com fundo sombreado, indica que a tecla do parâmetro correspondente é a última a ser acionada para disparar o cálculo da operação desejada, e mostra a solução do problema.

1.7.4 Calculadora Financeira – AP

Essa calculadora é um excelente instrumento de apoio para esta 11ª edição do livro e está disponível no Saraiva Conecta, como um item do **Material para Aluno**.

As nomenclaturas utilizadas na definição dos parâmetros são as mesmas utilizadas pela HP 12C e as soluções dos problemas foram obtidas sem a utilização de funções do Excel. A sua maneira de operar é extremamente simples e todos os dados dos problemas estão sempre visíveis, juntamente com o resultado, facilitando a sua verificação.

Essa calculadora é composta de três telas independentes : (1) *Juros Simples*; (2) *Juros Compostos – Diagrama Padrão* e (3) *Juros Compostos – Fluxos Heterogêneos*. A função *Ajuda* da Tela inicial mostra, em detalhes, toda a sua operação da calculadora.

1.8 Moeda estável e inflação

Conforme foi dito no início deste capítulo, a matéria está desenvolvida na hipótese de moeda estável, representada pelo símbolo $, que mantém o mesmo poder aquisitivo ao longo do tempo.

O Capítulo 8 mostra os reflexos da inflação na análise dos fluxos de caixa, segundo os modelos prefixado e pós-fixado.

No modelo pós-fixado, os cálculos são inicialmente realizados com taxa de juros reais (sem a parcela da inflação) e "a preços constantes", isto é, com o poder aquisitivo da moeda na data inicial do fluxo de caixa. Posteriormente, é feita a conversão de preços constantes para preços correntes, através de um índice que reflete a perda do poder aquisitivo da moeda.

No modelo prefixado, os cálculos são realizados com o fluxo de caixa expresso em preços correntes e com uma taxa de juros nominal, que inclui uma parcela de inflação, sendo assim superior à taxa de juros reais.

Os conceitos de Matemática Financeira, entretanto, são integralmente aplicáveis tanto nos fluxos de caixa "a preços constantes" (sem inflação) como nos fluxos de caixa "a preços correntes" (com inflação).

A diferença básica entre os dois modelos consiste no valor da taxa de juros a ser adotada em cada caso. É evidente que nenhum conceito de Matemática Financeira sofre qualquer alteração pela mera variação da taxa de juros.

2

Juros simples: juros sobre o principal, capitalização e desconto

2.1 Introdução

Neste capítulo apresentamos, por meio de exemplos numéricos, os conceitos e as fórmulas básicas do regime de juros simples e mostraremos como se comporta o crescimento do dinheiro ao longo do tempo nesse regime de cálculo de juros.

O regime de juros simples é utilizado no mercado financeiro notadamente nas operações de curto prazo, em função da simplicidade de cálculo e também para evitar a prática do anatocismo – "juros sobre juros" –, que no Brasil é proibido por lei, onde não se permite a capitalização de juros em prazos inferiores a 12 meses, exceto quando autorizada por instrumentos legais específicos.

O regime de juros simples só deve ser usado na obtenção do fluxo de caixa das operações financeiras quando for o caso, pois a correta avaliação de qualquer fluxo de caixa só deve ser feita no regime de juros compostos.

2.2 Juros simples – Conceito e exemplos

2.2.1 Conceito de juros simples

No regime de juros simples, os juros de cada período são sempre calculados sobre o capital inicial (*principal*) aplicado.

Por exemplo, nas aplicações financeiras com mais de um período, os juros de cada período que não são pagos no final dele permanecem em poder da instituição financeira e não são somados ao capital inicial aplicado para o cálculo de juros nos períodos subsequentes. Nesses casos, os juros periódicos são sempre pagos de uma só vez, no final da operação, sem qualquer remuneração.

Os juros, portanto, são contabilizados à parte, não são capitalizados periodicamente, e, consequentemente, não rendem juros. Assim, apenas o *principal* (capital inicial) rende juros.

Os exemplos numéricos a seguir servem para fixar esse conceito.

2.2.2 Exemplo de um investimento de quatro meses

Considere o caso de um investidor que aplicou $100.000,00 no Banco Alfa, pelo prazo de quatro meses, com uma taxa de juros de 1,00% a.m., no regime de juros simples.

Calcule o valor do saldo credor desse investidor nesse banco no final de cada um dos quatros meses da operação.

SOLUÇÃO

Os valores solicitados estão indicados na Tabela 2.1, que é de fácil compreensão.

TABELA 2.1 Crescimento de $100.000,00 a juros simples de 1,00% a.m.

Mês	Saldo credor no início do mês	Juros do mês	Saldo credor no final do mês antes do pagamento	Pagamento do mês	Saldo credor no final do mês após o pagamento
1	100.000,00	1% × 100.000,00 = 1.000,00	101.000,00	0,00	101.000,00
2	101.000,00	1% × 100.000,00 = 1.000,00	102.000,00	0,00	102.000,00
3	102.000,00	1% × 100.000,00 = 1.000,00	103.000,00	0,00	103.000,00
4	103.000,00	1% × 100.000,00 = 1.000,00	104.000,00	104.000,00	0,00

Fonte: elaborada pelo autor.

A representação gráfica dos valores dos saldos credores no final de cada mês, constantes da Tabela 2.1, é a Figura 2.1:

FIGURA 2.1 Crescimento de $100.000,00 a juros simples de 1,00% a.m.

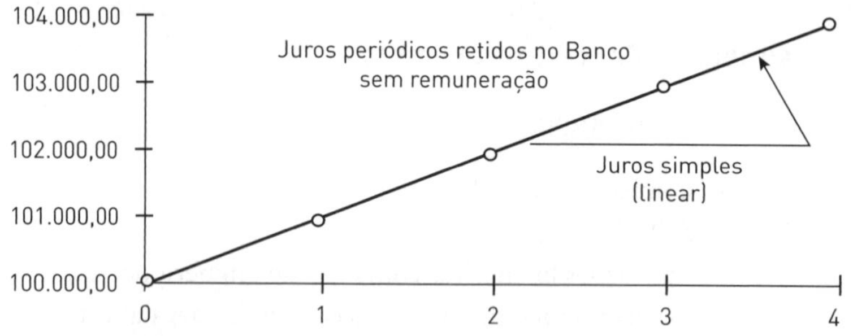

Fonte: elaborada pelo autor.

Em relação à Figura 2.1, destacamos:

- o ponto 1 da escala horizontal representa o final do 1º mês e o início do 2º mês, o ponto 2 representa o final do 2º mês e o início do 3º mês, e assim por diante;

- os valores dos saldos no final dos quatro meses ($101.000,00, $102.000,00, $103.000,00 e $104.000,00) representam um crescimento linear do capital inicial de $100.000,00 (*principal*). Observe que cada valor é obtido pela soma de uma razão constante de $1.000,00 (= 1,00% × $100.000,00) sobre o valor anterior.

Assim, pode-se afirmar que no regime de juros simples o dinheiro cresce ao longo do tempo de forma *linear* ou em *progressão aritmética*, com a razão (**PV** × **i**).

É importante ressaltar que o Banco Alfa sempre aplicou a taxa de 1,00% a.m. sobre o capital inicial de $100.000,00 (*principal*), embora os juros de cada mês ficassem retidos no banco. Assim, os juros nunca foram remunerados durante todo o prazo da operação.

Como já foi dito, no Brasil, a capitalização de juros é proibida por lei quando realizada em períodos inferiores a 12 meses, exceto quando autorizada por instrumentos legais específicos.

2.2.3 Exemplo de dois investimentos de dois meses

Agora vamos assumir que o mesmo investidor tivesse aplicado os $100.000,00 no próprio Banco Alfa pelo prazo de dois meses, com a mesma taxa de juros de 1,00% a.m., no regime de juros simples. E que, ao resgatar esse investimento ao final de dois meses, ele tenha decidido reaplicar integralmente esse montante no próprio Banco Alfa por mais dois meses, nas mesmas condições da 1ª aplicação.

Calcule o montante acumulado no final dessa 2ª operação.

SOLUÇÃO

A Tabela 2.1 do problema anterior informa que o valor do saldo credor desse investidor no Banco Alfa, no final de dois meses, é de $102.000,00. Esse valor passa a ser o *principal* da 2ª operação, que tem um rendimento mensal de 1,00% × $102.000,00 = $1.020,00. O montante acumulado no final da 2ª operação é, portanto, igual a:

$$FV = \$102.000,00 + 2 \times \$1.020,00 = \$104.040,00.$$

Observe que esse montante é $40,00 superior ao montante de $104.000,00 obtido na aplicação com prazo de quatro meses. Esse incremento ocorreu porque os juros dos primeiros dois meses ($2.000,00) passaram a render juros mensais de 1,00% × 2.000,00 = $20,00 nos últimos dois meses. Isso só aconteceu porque o saldo de $102.000,00, no final do 2º mês, passou a ser o capital inicial (*principal*) da 2ª operação.

Evidente que a melhor estratégia para esse investidor seria fazer aplicações com prazos de um mês e reaplicar os saldos no final de cada mês, pois assim conseguiria remunerar os juros mensais, mesmo num banco que opera a juros simples.

2.3 Capitalização simples

A expressão "capitalização simples" se refere ao crescimento do dinheiro no regime de juros simples, apesar de não haver a capitalização de juros nesse sistema de cálculo de juros.

2.3.1 Expressão genérica

A expressão genérica do valor futuro (**FV**), no regime de juros simples, em função dos parâmetros **n**, **i** e **PV**, é baseada no fluxo de caixa representado na Figura 2.2, que obedece à simbologia desenvolvida no Capítulo 1.

FIGURA 2.2 Capitalização simples – Taxa de juros **i**

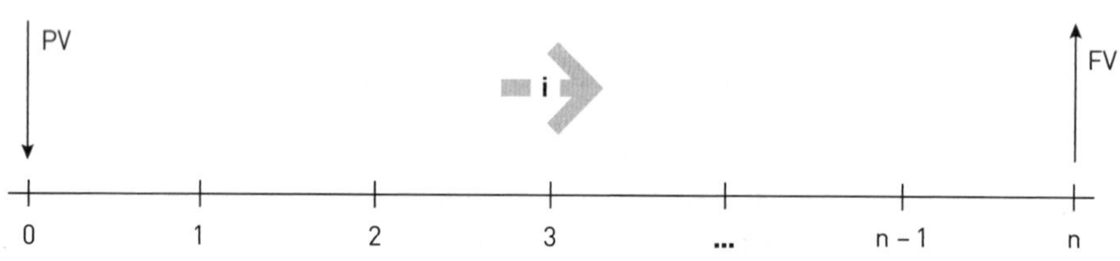

Fonte: elaborada pelo autor.

No regime de juros simples, os juros de cada período são obtidos pela aplicação da taxa de juros **i** sempre sobre o principal **PV**, fazendo com que os juros tenham o mesmo valor em todos os períodos. Assim, temos:

juros de cada período = PV × i

juros de **n** períodos = PV × i × n

O valor futuro **FV**, ou montante, resultante da aplicação de um principal **PV** durante **n** períodos, com uma taxa de juros **i** por período no regime de juros simples, é obtido pela expressão:

$$FV = \text{Montante} = \textit{principal} + \text{juros} = PV + PV \times i \times n$$

Ou seja:

$$FV = PV (1 + i \times n) \tag{2.1}$$

Observe que a unidade referencial de tempo da taxa de juros **i** deve coincidir com a unidade referencial de tempo utilizada para definir o número de períodos **n**.

O Capítulo 4 mostra como as unidades referenciais de tempo das taxas de juros podem ser transformadas nas mesmas unidades de tempo dos períodos, a fim de respeitar as condições da relação 2.1. No regime de juros simples, essa transformação se faz de forma proporcional, e as taxas são denominadas *taxas proporcionais*.

Neste capítulo sempre faremos esse alinhamento por meio da unidade de tempo. Por exemplo: 2 anos = 24 meses, 45 dias = 1,5 mês.

2.3.2 Verificação da expressão genérica

A expressão genérica **(2.1)** pode ser verificada pela reprodução dos valores obtidos no problema analisado anteriormente, em que foram utilizados os seguintes parâmetros:

PV = $100.000,00

i = 1,00% a.m.

O montante **FV**, no final de cada mês, está demonstrado na Tabela 2.2:

TABELA 2.2 Verificação da expressão genérica

Final do mês	Valor de n	Valor de FV
1	n = 1	100.000,00 (1 + 0,01 × 1) = 101.000,00
2	n = 2	100.000,00 (1 + 0,01 × 2) = 102.000,00
3	n = 3	100.000,00 (1 + 0,01 × 3) = 103.000,00
4	n = 4	100.000,00 (1 + 0,01 × 4) = 104.000,00

Fonte: elaborada pelo autor.

2.4 Desconto simples – Racional ou "por dentro"

Com base na relação **(2.1)**, podemos obter o valor de PV pela relação **(2.2)**, a seguir:

$$PV = \frac{FV}{(1 + i \times n)}$$

(2.2)

A obtenção do valor de **PV** com base no valor de **FV** pela relação **(2.2)** é conhecida como *desconto simples*, *racional* ou *"por dentro"*.

A taxa de juros **i** é também denominada *taxa de rentabilidade* ou, ainda, *taxa de desconto "por dentro"*.

O valor do desconto racional ou "por dentro" (D_d), expresso em $, corresponde ao valor dos juros acumulados nos **n** períodos e é genericamente obtido pela diferença entre o valor futuro **FV**, ou montante, e o valor presente **PV**, ou *principal*, ou seja:

Capítulo 2 » Juros simples: juros sobre o principal, capitalização e desconto   21

$$D_d = FV - PV = PV \times i \times n \qquad \textbf{(2.3)}$$

As relações **(2.1)**, **(2.2)** e **(2.3)** permitem resolver todos os problemas de juros simples que envolvem a capitalização simples com o uso da taxa de juros **i**, que se aplica ao principal **PV** para se obter o montante **FV** no final de **n** períodos.

2.5 Exemplos numéricos

1. Calcule o valor do montante acumulado em 12 meses a partir de um *principal* de $10.000,00, aplicado com uma taxa de 12,00% a.a. no regime de juros simples.

   SOLUÇÃO
   Os dados do problema são os seguintes:
   n = 12 meses = 1 ano
   PV = $10.000,00
   i = 12,00% a.a. = 0,12
   FV = ?

   A relação **(2.1)** fornece:

   $$FV = PV\,(1 + i \times n) = 10.000,00 \times (1 + 0,12 \times 1) = \$11.200,00$$

2. Calcule o valor do *principal* que deve ser aplicado com uma taxa de juros de 1,50% a.m. para produzir um montante de $10.000,00 no prazo de dois semestres, no regime de juros simples.

   SOLUÇÃO
   Os dados do problema são os seguintes:
   n = 2 semestres = 12 meses
   FV = $10.000,00
   i = 1,50% a.m. = 0,015
   PV = ?

   A relação **(2.2)** fornece:

   $$PV = \frac{FV}{(1 + i \times n)} = \frac{10.000,00}{(1 + 0,015 \times 12)} = \$8.474,58$$

3. Calcule o número de meses necessário para um capital dobrar de valor, com uma taxa de juros de 2,00% a.m. no regime de juros simples.

SOLUÇÃO

Supondo o valor de PV = $100,00, então teríamos FV = $200,00, e os dados do problema seriam os seguintes:

PV = $100,00

FV = 2 × 100,00 = $200,00

i = 2,00% a.m. = 0,02

n = ?

Pela relação (2.1) temos:

$$FV = 200,00 = PV (1 + i \times n) = 100,00 (1 \times 0,02 \times n)$$
$$200,00 = 100 + 2 \times n$$

Então, n = 50 meses.

4. Calcule o valor da rentabilidade mensal, a juros simples, que faz um principal de $1.000,00 se transformar num montante de $1.250,00 num prazo de 20 meses.

SOLUÇÃO

Os dados do problema são os seguintes:

PV = $1.000,00

FV = $1.250,00

n = 20 meses

i = ? (% a.m.)

Pela relação (2.1) temos:

$$FV = 1.250,00 = PV (1 + i \times n) = 1.000,00 (1 + i \times 20) = 1.000,00 + i \times 20.000,00$$

Então, i = 0,0125 = 1,25% a.m.

5. Calcule o valor da taxa mensal de desconto "por dentro" usada numa operação de desconto de 60 dias de um título cujo valor de resgate é $10.000,00 e cujo valor do principal é $9.750,00.

SOLUÇÃO

Os dados do problema são os seguintes:

PV = $9.750,00

FV = $10.000,00

n = 60 dias = 2 meses

i = ? (% a.m.)

Pela relação **(2.1)** temos:

$$FV = 10.000,00 = PV (1 + i \times n) = 10.000,00 (1 + i \times 2) =$$
$$= 10.000,00 + i \times 20.000,00 \;\rightarrow\; i = 0,01282 = 1,282\% \text{ a.m.}$$

6. Uma instituição financeira oferece a seus clientes uma taxa de rentabilidade de 1,20% a.m., a juros simples. Calcule o valor da renda de uma aplicação de $10.000,00 efetuada nessa instituição por um prazo de 18 dias.

   SOLUÇÃO
   Os dados do problema são os seguintes:
   PV = $10.000,00
   n = 18 dias = 18÷30 = 0,6 meses
   i = 1,20% a.m. = 0,012
   Renda = FV − PV = ?

   Pela relação **(2.1)** temos:

   $$FV = PV (1 + i \times n) = 10.000,00 \times (1 + 0,012 \times 0,6) = \$10.072,00$$

   Portanto, a renda é igual a (10.072,00 − 10.000,00) = $72,00.

7. Calcule o valor do desconto simples racional, ou "por dentro", de um título de $1.000,00, com vencimento para 60 dias, sabendo que a taxa de desconto "por dentro" é de 1,20% a.m.

   SOLUÇÃO
   Os dados do problema são os seguintes:
   FV = $1.000,00
   n = 60 dias = 2 meses
   i = 1,20% a.m. = 0,012
   Desconto por dentro = D_d = FV − PV =

   A relação **(2.1)** fornece:

   $$FV = 1.000,00 = PV (1 + i \times n) = PV (1 + 0,012 \times 2) =$$
   $$= PV (1,0240) \rightarrow PV = \$976,56$$

   Portanto, o desconto "por dentro" é igual a 1.000,00 − 976,56 = $23,44.

2.6 Desconto comercial, bancário ou "por fora"

2.6.1 Expressão genérica

Outra maneira de se fazer o cálculo do desconto, a juros simples, é pela obtenção do valor presente (**PV**) a partir do valor futuro (**FV**), utilizando-se a taxa de desconto **d** que se aplica sobre o valor de **FV** para obter o valor do desconto de cada período.

A Figura 2.3 mostra o fluxo de caixa dessa operação de desconto, que obedece à simbologia desenvolvida no Capítulo 1.

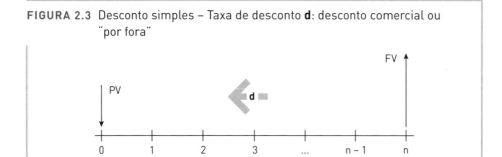

FIGURA 2.3 Desconto simples – Taxa de desconto **d**: desconto comercial ou "por fora"

Fonte: elaborada pelo autor.

Essa taxa de desconto **d** que é aplicada no valor futuro (**FV**) é utilizada nas operações de desconto bancário e tem a denominação *de taxa de desconto comercial* ou *"por fora"*.

No regime de juros simples, o desconto de cada período é obtido pela aplicação dessa taxa **d** sempre sobre o valor futuro **FV**, ou montante, fazendo com que os descontos tenham o mesmo valor em todos os períodos. Assim temos:

- desconto de cada período: $FV \times d$
- desconto de **n** períodos: $FV \times d \times n$

O valor presente **PV**, ou *principal*, resultante do desconto "por fora" sobre o montante **FV**, durante **n** períodos, com uma taxa de desconto por período, é obtido, a juros simples, pela expressão:

$$PV = \text{montante} - \text{descontos} = FV - FV \times d \times n$$

Ou seja:

$$PV = FV(1 - d \times n) \qquad (2.4)$$

Considere que a unidade referencial de tempo da taxa de desconto **d** deve coincidir com a unidade referencial de tempo utilizada para definir o número de períodos **n**.

Convém ressaltar que a relação **(2.4)** para o cálculo do valor presente **PV** tem limitações práticas, pois só pode ser usada para valores de **d** e **n**, tais que o produto **n** × **d** < 1, caso contrário, podemos chegar ao absurdo de encontrar valores de **PV** < 0.

A partir dessa relação podemos obter o valor de **FV** a partir do valor de **PV** pela relação **(2.5)**:

$$FV = \frac{PV}{(1 - d \times n)}$$
(2.5)

O valor do desconto "por fora" (D_f), expresso em $, corresponde ao valor dos juros descontados nos **n** períodos e é genericamente obtido pela diferença entre o valor futuro **FV**, ou montante, e o valor presente **PV**, ou *principal*, ou seja:

$$D_f = FV - PV = FV \times d \times n$$
(2.6)

As relações **(2.4)**, **(2.5)** e **(2.6)** permitem resolver todos os problemas de juros simples que envolvem a taxa de juros **d**, o número de períodos **n**, o valor do principal **PV** e o valor futuro **FV**.

Convém ressaltar que a taxa de desconto **d** ("por fora") é aplicada sobre o valor futuro **FV** para produzir o valor presente **PV**, ao passo que a taxa de desconto **i** ("por dentro"), ou taxa de rentabilidade, é aplicada sobre o valor presente **PV** para produzir o valor futuro **FV**.

2.6.2 Exemplos numéricos

1. Um título com 119 dias a decorrer até seu vencimento está sendo negociado, a juros simples, com uma taxa de desconto "por fora" de 15,00% a.a. Considere o ano comercial com 360 dias e calcule o valor da aplicação que proporciona um valor de resgate de $1.000,00.

SOLUÇÃO
Os dados do problema são os seguintes:
FV = $1.000,00
n = 119 dias = 119/360 anos
d = 15,00% a.a. = 0,15
PV = ?

A relação **(2.4)** fornece:

$$PV = FV\,(1 - d \times n) = 1.000,00\,(1 - 0,15 \times 119 / 360) = \$950,42$$

2. Calcule o valor do desconto simples de um título de $1.000,00, com vencimento para 60 dias, sabendo que a taxa de desconto "por fora" é de 1,50% a.m.

SOLUÇÃO
Os dados do problema são os seguintes:
FV = $1.000,00
n = 60 dias = 2 meses
d = 1,50% a.m. = 0,015
Desconto por fora = D_f = FV − PV = ?

A relação **(2.4)** fornece:

$$PV = FV\,(1 - d \times n) = 1.000,00\,(1 - 0,015 \times 2) = \$970,00$$

Portanto, o desconto "por fora" é igual a D_f = (1.000,00 − 970,00) = $30,00.

3. Calcule o valor da taxa mensal de desconto "por fora" usada numa operação de desconto de 60 dias, de um título com valor de resgate de $10.000,00 e valor do principal igual a $9.750,00.

SOLUÇÃO
Os dados do problema são os seguintes:
FV = $10.000,00
PV = $9.750,00
n = 60 dias = 2 meses
d = ? (% a.m.)

A relação **(2.4)** fornece:

$$PV = 9.750,00 = FV\,(1 - d \times n) = 10.000,00\,(1 - d \times 2) =$$
$$= 10.000,00 - d \times 20.000,00 \;\rightarrow\; d = 0,0125 = 1,25\% \text{ a.m.}$$

2.7 Relação entre as taxas de desconto

As relações **(2.2)** e **(2.4)** permitem escrever a relação a seguir:

$$PV = \frac{FV}{(1 + i \times n)} = FV\,(1 - d \times n)$$

Essa relação, por sua vez, possibilita a inter-relação entre a taxa de desconto "por dentro" (**i**) e a taxa de desconto "por fora" (**d**):

$$1 - d \times n = \frac{1}{(1 + i \times n)}$$

Nessa relação, ao se explicitar a taxa **i** (desconto "por dentro") ou a taxa **d** (desconto "por fora"), obtém-se, respectivamente:

$$i = \frac{d}{(1 - d \times n)}$$ (2.7)

$$d = \frac{i}{(1 + i \times n)}$$ (2.8)

Nessas duas relações, as unidades referenciais de tempo das taxas **i** e **d** devem coincidir com a unidade referencial de tempo utilizada para medir o número de períodos **n**.

2.7.1 Exemplos numéricos

1. No exemplo 5 da seção 2.5 e no exemplo 3 da seção 2.6.2 foram calculadas as taxas de desconto "por dentro" e "por fora", respectivamente, de um título com as seguintes características:

   - *Principal* aplicado = PV = \$9.750,00
   - Valor de resgate = FV = \$10.000,00
   - Prazo da operação = n = 60 dias

   No exemplo 5, a taxa mensal de desconto "por dentro" encontrada foi de 1,282% a.m., e no exemplo 3, a taxa mensal de desconto "por fora" encontrada foi de 1,25% a.m.

   Utilize as relações **(2.7)** e **(2.8)** para verificar a relação entre essas duas taxas de desconto, assumindo o ano comercial com 360 dias.

   SOLUÇÃO
   Os dados do problema são os seguintes:
   i = 1,282% a.m. = 0,01282
   d = 1,25% a.m. = 0,01250
   n = 60 dias = 2 meses

A relação **(2.7)** fornece

$$i = \frac{d}{(1 - d \times n)} = \frac{0,01250}{1 - 0,01250 \times 2} = 0,01282 = 1,282\% \text{ a.m.}$$

A relação **(2.8)** fornece

$$d = \frac{i}{(1 + i \times n)} = \frac{0,01282}{1 + 0,01282 \times 2} = 0,01250 = 1,25\% \text{ a.m.}$$

Isso confirma a relação entre essas duas taxas de desconto.

2. Um título com 60 dias a decorrer está sendo negociado com uma rentabilidade de 1,20% a.m. Assuma o ano comercial com 360 dias e calcule a taxa mensal de desconto "por fora" que corresponda a essa taxa de rentabilidade.

SOLUÇÃO

Os dados do problema são os seguintes:

i = 1,20% a.m. = 0,012

n = 60 dias = 60/30 = 2 meses

A relação **(2.8)** fornece:

$$d = \frac{i}{(1 + i \times n)} = \frac{0,012}{1 + 0,012 \times 2} = 0,01172 = 1,172\% \text{ a.m.}$$

2.8 Desconto de títulos – Exemplos

Nas operações bancárias de desconto de títulos, costuma-se utilizar o conceito de taxa de desconto "por fora", que normalmente é denominada simplesmente *taxa de desconto*. Os exemplos a seguir mostram os cálculos dessas operações.

1. Uma empresa oferece os seguintes títulos para serem descontados num banco comercial:

Vencimento (dias)	Valor do título ($)
30	10.000,00
60	20.000,00
90	30.000,00
Total	60.000,00

Calcule o valor a ser creditado na conta dessa empresa, por essa operação de desconto, assumindo o mês com 30 dias, e sabendo que a taxa de desconto comercial acertada é de 1,00% a.m.

SOLUÇÃO

Vamos aplicar a relação **(2.4)** para cada um desses títulos, conforme indicado a seguir.

a) título com vencimento em 30 dias
   $$PV1 = FV (1 - d \times n) = 10.000,00 (1 - 0,01 \times 1) = \$9.900,00$$
b) título com vencimento em 60 dias
   $$PV2 = FV (1 - d \times n) = 20.000,00 (1 - 0,01 \times 2) = \$19.600,00$$
c) título com vencimento em 90 dias
   $$PV3 = FV (1 - d \times n) = 30.000,00 (1 - 0,01 \times 3) = \$29.100,00$$

Assim, o valor a ser creditado na conta da empresa é igual a:

$$PV = PV1 + PV2 + PV3 + 9.900,00 + 19.600,00 + 29.100,00 = \$58.600,00$$

Nas operações de desconto de títulos existem outros custos adicionais que não foram considerados no exemplo anterior, tais como a incidência de impostos e, eventualmente, a exigência de saldo médio na conta corrente da empresa.

O saldo médio corresponde a uma retenção na conta corrente da empresa de um percentual do valor da operação, que não recebe qualquer remuneração do banco por se tratar de depósito à vista. O exemplo a seguir esclarece esse conceito e permite avaliar o aumento do custo da operação pela inclusão do saldo médio.

2. Um banco comercial realiza suas operações de desconto de títulos com uma taxa de desconto de 1,20% a.m. ("por fora"), porém exige um saldo médio de 20% do valor da operação como forma de reciprocidade bancária. Esse banco foi procurado por uma empresa para descontar $100.000,00 de títulos, todos com vencimento de 90 dias. Considere o mês com 30 dias e calcule o valor a ser creditado na conta da empresa e a rentabilidade mensal do banco, a juros simples, sem e com o saldo médio.

SOLUÇÃO

90 dias = 3 meses

a) Sem o saldo médio: 90 dias = 3 meses
   O valor a ser creditado na conta da empresa é obtido pela relação **(2.4)**, isto é:

$$PV = FV (1 - d \times n) = 100.000,00 (1 - 0,012 \times 3) = \$96.400,00$$

A taxa de rentabilidade do banco, a juros simples, pode ser obtida pela relação **(2.1)**:

$$FV = 100.000,00 = PV\ (1 + i \times n) = 96.400,00\ (1 + i \times 3) =$$
$$= 96.400,00 - i \times 289.200,00$$

Isso resulta em i = 0,1245, ou seja, 1,245% a.m.

b) Com o saldo médio

O saldo médio de 20% sobre $100.000,00 corresponde a $20.000,00. Assim, o banco, por ocasião da liberação dos recursos, faz uma retenção de $20.000,00, e coloca apenas o valor de $76.400,00 à disposição da empresa. Esses $20.000,00 ficam parados no banco, na conta corrente da empresa, durante os três meses da operação, sem qualquer remuneração. Na liquidação da operação (final do 3º mês), a empresa precisa desembolsar apenas $80.000,00, pois o banco já dispõe de $20.000,00 retidos em sua conta corrente. Essas situações são resumidas no fluxo de caixa da Tabela 2.3:

TABELA 2.3 Fluxo de caixa para o banco

	Sem a inclusão do saldo médio	Saldo médio de 20%	Com a inclusão do saldo médio
Início do 1º mês	(–) 96.400,00	(+) 20.000,00	(–) 76.400,00
Final do 3º mês	(+) 100.000,00	(–) 20.000,00	(+) 80.000,00

Fonte: elaborada pelo autor.

O valor da rentabilidade mensal do banco, levando em consideração o saldo médio de 20%, pode ser obtido pela relação **(2.1)**, conforme indicado a seguir:

$$FV = 80.000,00 = PV\ (1 + i \times n) = 76.400,00\ (1 + i \times 3) =$$
$$= 76.400,00 - i \times 229.200,00$$

Isso resulta em i = 0,1571, ou seja 1,571% a.m.

Assim, o saldo médio de 20% elevou a rentabilidade do banco (e consequentemente aumentou o custo para a empresa) de 1,245% a.m. para 1,571% a.m., no regime de juros simples.

A obtenção do fluxo de caixa do banco deve ser feita a juros simples, como mostrado na Tabela 2.3, entretanto, a análise correta do incremento da taxa de juros deve ser sempre feita no regime de juros compostos. Nesse caso, o saldo médio de 20% da operação elevaria o custo desse bancário de 1,230% a.m. para 1,547% a.m., como poderá ser verificado após os conhecimentos que serão obtidos no Capítulo 3.

2.9 Conclusão

Neste capítulo apresentamos o conceito do regime de juros simples e desenvolvemos as principais fórmulas desse regime de cálculo de juros. Ainda, ilustramos suas aplicações em diversos problemas do mercado.

Nesse regime, os juros de cada período são sempre calculados sobre o capital inicial (*principal*) aplicado, e os juros retidos pelas instituições financeiras não são remunerados. Juros não são considerados capital e, por isso, não rendem juros.

No Brasil existem restrições legais à aplicação de "juros sobre juros" em períodos inferiores a um ano. Essa prática é conhecida como anatocismo.

Existem duas taxas de juros no regime de juros simples, a saber:

a) taxa de rentabilidade **i** (taxa de desconto "por dentro", ou racional), que é aplicada no principal **PV** para se obter o montante **FV**, e que costuma também ser usada com o nome de taxa de desconto.

b) taxa de desconto **d** ("por fora", ou comercial), que é aplicada no montante **FV** para se obter o principal **PV**, e que costuma também ser denominada de taxa de desconto.

A HP 12C dispõe de funções especiais para realizar cálculos no regime de juros simples. Entretanto, os exemplos deste capítulo foram desenvolvidos sem o uso dessas operações especiais da calculadora, pois as fórmulas e expressões de juros simples são de fácil solução com as operações convencionais de qualquer calculadora.

Importante destacar que o regime de juros simples não deve ser utilizado na avaliação econômica de alternativas de investimentos, pois pode induzir a erros de decisão.

O restante do livro estuda o regime de juros compostos, que é o sistema conceitualmente correto para efetuar análises de fluxos de caixa de operações financeiras e para a avaliação econômica de projetos.

2.10 Problemas propostos

Considere em todos os problemas o ano comercial com 360 dias.

1 Um investidor aplicou $1.000,00 numa instituição financeira que remunera seus depósitos a uma taxa de 5,00% a.t., no regime de juros simples. Elabore uma tabela que mostre o crescimento desse capital no final de cada trimestre, a contar da data da aplicação dos recursos, e informe o montante que poderá ser retirado pelo investidor no final do 6º trimestre.

2 Calcule o montante acumulado no final de quatro semestres e a renda recebida a partir da aplicação de um *principal* de $10.000,00, com uma taxa de juros de 1,00% a.m., no regime de juros simples.

32   Matemática Financeira

3 Calcule o *principal* que deve ser aplicado a juros simples, com uma taxa de juros de 10,00% a.a., para produzir um montante de $10.000,00 num prazo de 15 meses.

4 Um título com 123 dias a decorrer até seu vencimento está sendo negociado a juros simples, com uma taxa de rentabilidade de 1,30% a.m. Calcule o valor da aplicação que proporciona um valor de resgate de $1.000,00.

5 Um título com valor de resgate de $1.000,00, com 80 dias a decorrer até seu vencimento, está sendo negociado a juros simples, com uma taxa de desconto "por fora" de 15,00% a.a. Calcule: a) o valor do *principal* desse título; b) o valor do desconto simples; c) a rentabilidade mensal desse título, até seu vencimento.

6 Imagine que o título do problema 5 seja vendido com a garantia de recompra num prazo de três dias, e que nessa operação de três dias seja assegurada uma rentabilidade de 1,20% a.m. Calcule: a) o valor do título por ocasião da recompra e b) a rentabilidade mensal e a taxa de desconto anual ("por fora") desse título para seu prazo remanescente de 77 dias, a decorrer até seu vencimento.

7 Um título com 92 dias a decorrer até o vencimento está sendo negociado a juros simples, com uma taxa de desconto "por fora" de 12,00% a.a. Calcule o valor da rentabilidade anual desse título.

8 Um investidor aplicou um *principal* de $1.000,00 para receber um montante de $1.300,00 no prazo de 36 meses. Calcule, no regime de juros simples: a) a rentabilidade trimestral do investidor e b) a taxa de desconto trimestral ("por fora") que corresponde à rentabilidade do item a.

9 Um banco comercial empresta $15.000,00 a um cliente, pelo prazo de três meses, com uma taxa de 1,00% a.m., juros simples, cobrados antecipadamente. Dessa forma, o valor líquido liberado pelo banco é de $14.550,00, e o cliente deve pagar os $15.000,00 no final do 3º mês. Além disso, o banco exige um saldo médio de $1.500,00 ao longo de todo o prazo do empréstimo. Calcule a taxa de rentabilidade mensal do banco nessa operação, a juros simples.

10 Um investidor deseja depositar determinada importância num banco de investimentos para ter o direito de retirar $10.000,00 no prazo de três meses e $10.000,00 no prazo de seis meses. Sabendo que esse banco remunera seus depósitos com uma taxa de 1,20% a.m., juros simples, calcule o valor que deve ser depositado por esse investidor para lhe garantir as retiradas desejadas e a rentabilidade prometida pelo banco.

11 Uma empresa deseja descontar títulos num banco comercial que opera com uma taxa de desconto comercial de 1,00% a.m., juros simples. O primeiro título tem valor de $10.000,00 e vencimento no prazo de 90 dias. O segundo título tem valor de $10.000,00 e vencimento no prazo de 180 dias. Calcule o valor a ser creditado pelo banco na conta dessa empresa pelo desconto desses títulos.

Capítulo 2 » Juros simples: juros sobre o principal, capitalização e desconto

12 Uma empresa obtém num banco comercial um empréstimo de $10.000,00, com uma taxa de 1,20% a.m. (desconto "por dentro"), juros simples, que pode ser liquidado no final de cada mês. Decorridos três meses, essa empresa resolve liquidar esse empréstimo com recursos obtidos, no mesmo banco, por meio de um novo empréstimo, com uma taxa de 1,00% a.m., também a juros simples. Decorridos alguns meses, a empresa decide liquidar o segundo empréstimo e verifica que o total de juros acumulados nos dois empréstimos é de $981,60. Calcule: a) o valor do segundo empréstimo suficiente para liquidar o primeiro; b) o valor do pagamento final para liquidar o segundo empréstimo; c) o prazo do segundo empréstimo e d) a taxa média mensal, a juros simples, paga pela empresa, considerando os dois empréstimos em conjunto.

13 Um investidor deposita determinada importância numa instituição financeira. No final de quatro meses, ao encerrar sua conta, verifica que o montante acumulado até aquela data totaliza $10.480,00. Esse mesmo valor é então depositado em outra instituição financeira por um prazo de cinco meses. No final desse período, o montante acumulado na segunda instituição é igual a $11.108,80. Sabendo que as duas instituições operam com juros simples e remuneram seus depósitos com a mesma taxa, calcule: a) a taxa mensal de juros simples das duas instituições e b) o valor do depósito inicial na primeira instituição.

3

Juros compostos: juros sobre o saldo devedor, capitalização e desconto

3.1 Introdução

Avaliações de fluxos de caixa de toda e qualquer operação financeira e estudos de viabilidade econômica de projetos só devem ser feitos no regime de juros compostos.

Neste capítulo inicialmente apresentamos as expressões básicas da capitalização composta, que consiste no crescimento do dinheiro ao longo do tempo, e mostramos suas aplicações por meio de exemplos numéricos.

Em seguida, estudamos o problema inverso, que consiste na diminuição das grandezas futuras ao serem trazidas para o presente, mediante operações de desconto.

Nos dois casos, apresentamos as deduções de fórmulas genéricas e suas aplicações em exemplos numéricos, cujas soluções são apresentadas com a HP 12C e com o simulador dessa calculadora em Excel.

O simulador é um arquivo Excel que está disponível no *site* <www.saraivauni.com.br/9788547220259> para ser baixado sem qualquer custo. Nesse *site* também está disponível o artigo *Funções financeiras básicas do Excel*, que mostra a montagem desse simulador.

3.2 Juros compostos – Conceitos e exemplos

3.2.1 Conceito de juros compostos

No regime de juros compostos, os juros de cada período são sempre calculados sobre o saldo devedor/credor do início dos respectivos períodos, que inclui os juros vencidos e não pagos.

Esse conceito difere fundamentalmente do regime de juros simples, que não inclui no cálculo dos juros do período as parcelas de juros vencidos e não pagos, pois nesse regime somente o capital inicial aplicado (*principal*) é remunerado em cada período. No Brasil, os juros não podem ser capitalizados em períodos inferiores a um ano, exceto em situações específicas autorizadas pelo governo.

Nas aplicações financeiras com mais de um período, a juros compostos, os juros que não são pagos no final do respectivo período permanecem em poder da instituição financeira, mas são somados ao capital inicial (*principal*) aplicado e passam a fazer parte da base de cálculo dos juros dos períodos subsequentes.

Os exemplos numéricos, a seguir desenvolvidos, servirão para elucidar todos esses pontos.

3.2.2 Exemplo de um investimento de quatro meses

Considere o caso de um investidor que aplicou $100.000,00 no Banco Beta, pelo prazo de quatro meses, com uma taxa de juros de 1,00% a.m., no regime de juros compostos.

Calcule o valor do saldo credor desse investidor nesse banco, no final de cada um dos quatros meses da operação, sabendo que os juros só serão pagos no final do quarto mês.

SOLUÇÃO

Os valores solicitados estão indicados na Tabela 3.1, que é de fácil compreensão.

TABELA 3.1 Crescimento de $100.000,00 a juros compostos de 1,00% a.m.

Mês	Saldo credor no início do mês	Juros do mês	Saldo credor no final do mês antes do pagamento	Pagamento do mês	Saldo credor no final do mês após o pagamento
1	100.000,00	1% × 100.000,00 = 1.000,00	101.000,00	0,00	101.000,00
2	101.000,00	1% × 101.000,00 = 1.010,00	102.010,00	0,00	102.010,00
3	102.010,00	1% × 102.010,00 = 1.020,10	103.030,10	0,00	103.030,10
4	103.030,10	1% × 103.030,10 = 1.030,30	104.060,40	104.060,40	0,00

Fonte: elaborada pelo autor.

A representação gráfica dos valores da Tabela 3.1 está indicada na Figura 3.1, que também apresenta dados da Figura 2.1 (referentes a juros simples), visando comparar os dois regimes de juros.

FIGURA 3.1 Crescimento de $100.000,00 a juros simples e compostos de 1,00% a.m.

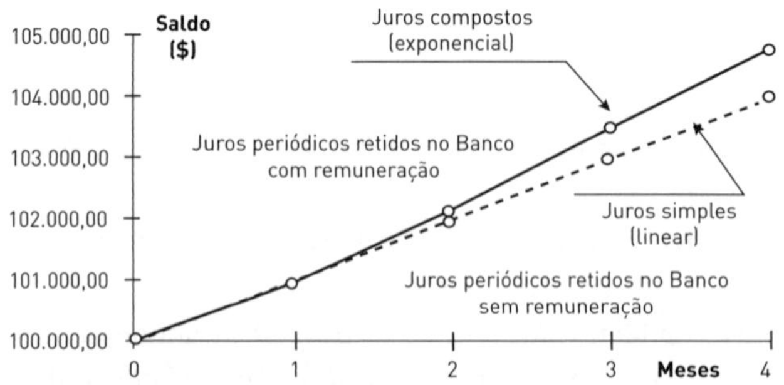

Fonte: elaborada pelo autor.

Em relação à Figura 3.1 são válidos os seguintes comentários:

- considerando a mesma taxa de juros, o crescimento do dinheiro a juros compostos é maior do que o crescimento a juros simples, a partir do final do primeiro período;
- os valores dos saldos no final dos quatro meses ($101.000,00, $102.010,00, $103.030,10 e $104.060,40) representam um crescimento exponencial do capital inicial de $100.000,00 (*principal*). Verifique que cada valor é obtido a partir do valor anterior, pela multiplicação de uma razão constante igual a 1,01 (1 + 1,00%).

Assim, pode-se afirmar que no regime de juros compostos o dinheiro cresce ao longo do tempo de forma *exponencial* ou em *progressão geométrica*, com a razão $(1 + i)$, desde que os juros de cada período não sejam pagos e, consequentemente, sejam integralmente capitalizados.

É importante ressaltar que o Banco Beta, operando a juros compostos, sempre aplicou a taxa de 1,00% a.m. sobre o saldo existente no início de cada período, incluindo o principal e juros vencidos e não pagos. No final de cada período não houve qualquer pagamento de juros e, portanto, estes foram incorporados (capitalizados) ao saldo do final do período e passaram, por sua vez, a render juros.

Em resumo, pode-se concluir que:

- a juros simples, os juros de cada período são sempre calculados sobre o capital inicial aplicado (*principal*), não havendo incidência de "juros sobre juros";
- a juros compostos, os juros de cada período são sempre calculados sobre o saldo existente no início dele, e os juros dos períodos que não forem pagos são automaticamente capitalizados e passam a render juros.

Os montantes disponíveis para o investidor, no final do quarto mês, conforme Tabela 2.1 (Banco Alfa a juros simples) e Tabela 3.1 (Banco Beta a juros compostos) estão resumidos na Tabela 3.2.

TABELA 3.2 Montantes disponíveis no final do quarto mês

Banco	Regime de juros	Valor de resgate – final
Alfa	Juros simples	$104.000,00
Beta	Juros compostos	$104.060,40
Diferença de juros		$60,40

Fonte: elaborada pelo autor.

Essa diferença de $60,40 corresponde ao total do rendimento de "juros sobre juros" proporcionado pelo Banco Beta, que opera no regime de juros compostos e que não recebeu nenhum pagamento de juros ao longo da operação.

Esse total de $60,40 corresponde à soma dos "juros sobre juros" no final do 2º mês ($10,00), do 3º mês ($20,10) e do 4º mês ($30,30), conforme pode ser verificado pela coluna Juros do mês da Tabela 3.1.

3.2.3 Exemplo de dois investimentos de dois meses

Agora vamos assumir que o mesmo investidor tivesse aplicado os $100.000,00 no próprio Banco Beta pelo prazo de dois meses, com a mesma taxa de juros de 1,00% a.m., no regime de juros compostos. E que ao resgatar esse investimento no final de dois meses, ele tenha decidido reaplicar integralmente esse montante no próprio Banco Beta por mais dois meses, nas mesmas condições da 1ª aplicação.

Calcule o montante acumulado no final dessa 2ª operação.

SOLUÇÃO

A Tabela 3.1 do problema anterior informa que o valor do saldo credor desse investidor no Banco Beta, no final de dois meses, é de $102.010,00.

Esse valor passa a ser o principal da 2ª operação, cujos saldos acumulados são os que seguem.

- No final do 1º mês da 2ª operação (final do 3º mês)

$$FV = 102.010,00 + 1,00\% \times 102.010,00 =$$
$$= 102.010,00 + 1.020,10 = \$103.030,10$$

- No final do 2º mês da 2ª operação (final do 4º mês)

$$FV = 103.030,10 + 1,00\% \times 103.030,10 =$$
$$= 103.030,10 + 1.030,30 = \$104.060,40$$

Observe que esse montante é exatamente igual ao montante do investimento no Banco Beta, a juros compostos, com o prazo de quatro meses. A razão dessa igualdade é o fato de que, no regime de juros compostos, os saldos do início de cada período são remunerados conforme a respectiva taxa de juros deles. Ou seja, a operação de quatro meses é equivalente às duas operações desse exemplo numérico, desde que a 2ª operação seja realizada nas mesmas condições da 1ª.

Importante verificar no exemplo referente a dois investimentos de dois meses, do Capítulo 2, que no regime de juros simples, as duas aplicações de dois meses no Banco Alfa produzem um montante maior do que uma única aplicação com prazo de quatro meses.

3.2.4 Exemplo de um investimento com pagamento periódico de juros

Vamos agora assumir que o Banco Alfa, que opera a juros simples, passe a permitir que o investidor retire os $1.000,00 de juros mensais no final de cada mês, durante o prazo da operação. No final do 4º mês, o investidor passará a resgatar, além dos juros mensais de $1.000,00, o valor do principal de $100.000,00.

Em que regime de juros passaria a operar o Banco Alfa: juros simples ou compostos?

SOLUÇÃO

A resposta é que o Banco Alfa deixou de operar a juros simples e passou a operar a juros compostos, apesar de os juros mensais continuarem com o mesmo valor de $1.000,00. A grande diferença é que os juros de cada mês passaram a ser calculados sobre os saldos de $100.000,00, existentes no início dos respectivos meses, e não mais sobre o valor do principal de $100.000,00, senão vejamos:

- no final do 1º mês, os juros de $1.000,00, calculados sobre o principal de $100.000,00, são creditados na conta do investidor, elevando seu saldo para $101.000,00, e imediatamente retirados pelo investidor, fazendo o saldo retornar ao valor de $100.000,00. Assim, a base de cálculo dos juros para o 2º mês voltou a ser $100.000,00, que corresponde ao saldo do início do 2º mês. Os juros não são capitalizados, mas o regime de cálculo passou a ser de juros compostos, ou seja, os juros são calculados sobre o saldo do início do período;
- no final dos meses seguintes, o processo se repete, garantindo que o Banco Alfa passou a operar no regime de juros compostos, pois está remunerando em cada período o saldo existente à disposição do banco no início do respectivo período.

A Figura 3.2 mostra a evolução do saldo credor no Banco Alfa com o pagamento periódico dos juros, no regime de juros compostos:

FIGURA 3.2 Juros compostos – Pagamentos

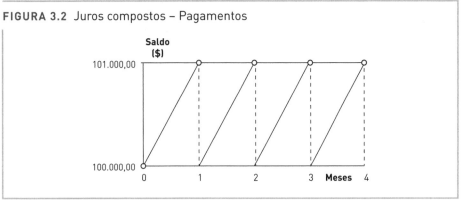

Fonte: elaborada pelo autor.

Temos, assim, uma aplicação financeira a juros compostos sem a incidência de "juros sobre juros", pois os juros são pagos no final de cada período.

E o investidor, quanto terá acumulado no final dos quatro meses?

SOLUÇÃO

A resposta a essa pergunta depende da utilização que o investidor fará dos juros recebidos no final de cada período:

- se o investidor meramente guardar os juros recebidos no cofre de sua casa, o total acumulado no final de quatro meses será de $104.000,00. Isso corresponde a só retirar os juros do Banco Alfa no final do 4º mês, juntamente com o principal de $100.000,00, e voltar à situação em que o banco opera a juros simples;
- se cada parcela de juros retirada do Banco Alfa for reaplicada pelo investidor, a juros compostos de 1,00% a.m. e pelo prazo necessário para completar os quatros meses, o total acumulado no final do 4º mês será de $104.060,40. Isso equivale a aplicar o principal de $100.000,00, a juros compostos, pelo prazo final de quatro meses. As reaplicações dos juros é que produzirão o resultado adicional de $60,40, para fazer o montante de $104.000,00 atingir o valor de $104.060,40. A Tabela 3.3 mostra o resultado dessas operações:

TABELA 3.3 Reaplicações dos juros mensais a 1% a.m.

Final mês	Resgates mensais	Saldo das reaplicações a 1% a.m.		
		Juros do 1º mês	Juros do 2º mês	Juros do 3º mês
1	1.000,00	1.000,00		
2	1.000,00	1.010,00	1.000,00	
3	1.000,00	1.020,10	1.010,00	1.000,00
4	101.000,00	1.030,30	1.020,10	1.010,00

Fonte: elaborada pelo autor.

O montante acumulado no final do 4º mês é obtido pela soma dos saldos das aplicações no final da operação, como segue:

$$101.000,00 + 1.030,30 + 1.020,10 + 1.010,00 = \$104.060,40$$

As receitas das reaplicações totalizaram exatamente $60,40, porque todas as taxas de reaplicações foram iguais a 1,00% a.m. Essas receitas serão superiores ou inferiores a esse valor caso as taxas sejam maiores ou menores que 1,00% a.m.

3.3 Capitalização composta

A expressão *"capitalização composta"* refere-se ao crescimento do dinheiro no regime de juros compostos, que contempla a remuneração de "juros sobre juros", desde que os juros dos períodos não sejam integralmente pagos no final dos respectivos períodos.

3.3.1 Expressão genérica

A expressão genérica do valor futuro (**FV**), no regime de juros compostos, em função dos parâmetros **n**, **i** e **PV**, é baseada no fluxo de caixa representado na Figura 3.3, que obedece à mesma simbologia desenvolvida no Capítulo 1.

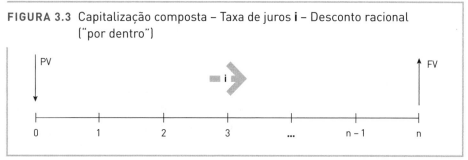

FIGURA 3.3 Capitalização composta – Taxa de juros **i** – Desconto racional ("por dentro")

Fonte: elaborada pelo autor.

No regime de juros compostos, os juros de cada período são obtidos pela aplicação da taxa de juros **i** sobre o saldo devedor/credor do início do respectivo período de capitalização. Assim, temos:

a) No 1º período de capitalização (n = 1)
   capital no início do período = PV
   juros do período = PV × i
   saldo no final do período = FV = PV + PV × i = PV (1 + i)

b) No 2º período de capitalização (n = 2)
   saldo no início do período = PV (1 + i)
   juros do período = PV (1 + i) × i
   saldo no final do período = FV = PV (1 + i) + PV (1 + i) × i =
   = PV (1 + i) × (1 + i)

Portanto:

$$FV = PV(1+i)^2$$

c) No 3º período de capitalização $(n = 3)$

A expressão para o valor futuro **FV**, ou montante, no final do 3º período de capitalização pode ser deduzida de forma análoga, e o resultado está indicado a seguir:

$$FV = PV (1 + i)^3$$

d) No enésimo período de capitalização (**n**)

O valor futuro **FV**, ou montante, resultante da aplicação de um principal **PV**, durante **n** períodos de capitalização, com uma taxa de juros **i** por período, no regime de juros compostos, é, portanto, obtido pela expressão:

$$\boxed{FV = PV (1 + i)^n} \tag{3.1}$$

Observe que a unidade referencial de tempo da taxa de juros **i** deve coincidir com a unidade referencial de tempo utilizada para definir o número de períodos **n**.

O Capítulo 4 mostra como as unidades referenciais de tempo das taxas de juros podem ser transformadas nas mesmas unidades de tempo dos períodos, a fim de respeitar as condições da relação **3.1**. No regime de juros compostos, essa transformação de taxas de juros se faz de forma exponencial, e as taxas são denominadas *taxas equivalentes*.

Neste capítulo sempre faremos esse alinhamento por meio da unidade de tempo. Por exemplo: 2 anos = 24 meses, 45 dias = 1,5 mês.

Importante registrar que, a juros compostos, cada movimentação de um valor presente (**PV**) por um período para o futuro é obtida pela sua multiplicação por $(1 + i)$. A movimentação de **PV** por **n** períodos é obtida pela sua multiplicação por $(1 + i)^n$.

3.3.2 Verificação da expressão genérica

A expressão genérica (**3.1**) pode ser verificada pela reprodução dos valores obtidos na seção 2.1, referente ao investimento de $100.000,00 no Banco Beta, pelo prazo de quatro meses, com a taxa de 1,00% a.m. no regime de juros compostos.

O montante **FV**, no final de cada período, está demonstrado na Tabela 3.4:

TABELA 3.4 Verificação da expressão genérica

Final do mês	Valor de n	Valor de FV
1	$n = 1$	$FV = 100.000,00 \times (1 + 0,01)^1 = 101.000,00$
2	$n = 2$	$FV = 100.000,00 \times (1 + 0,01)^2 = 102.010,00$
3	$n = 3$	$FV = 100.000,00 \times (1 + 0,01)^3 = 103.030,10$
4	$n = 4$	$FV = 100.000,00 \times (1 + 0,01)^4 = 104.060,40$

Fonte: elaborada pelo autor.

3.3.3 Cálculo de FV a partir de PV

O problema que envolve o cálculo do valor futuro **FV** a partir do valor presente **PV** consiste na solução da expressão genérica (**3.1**), em que a relação $(1+i)^n$ precisa ser calculada para os parâmetros **i** e **n**.

A expressão $(1+i)^n$ pode ser calculada, para qualquer valor de i e de n, com a utilização da HP 12C ou do Excel, e os cálculos são apresentados no simulador da HP 12C.

Utilização da calculadora HP 12C e do simulador

O simulador da HP 12C, em Excel, para o diagrama-padrão, toma o seguinte aspecto quando aplicado na solução de problemas que envolvem o cálculo de **FV** a partir de **PV**:

Simulador da HP 12C – Cálculo de FV

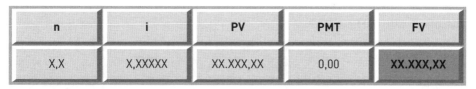

Em relação a esse simulador, destacamos os seguintes pontos:

- na parte inferior são colocados os valores de cada um dos respectivos parâmetros;
- o parâmetro financeiro **PMT**, que não participa do problema, deve ter seu valor registrado como *zero*;
- a célula do parâmetro **FV** está em destaque para indicar que é esse parâmetro que está sendo calculado, e o resultado da operação é mostrado nessa célula em destaque;
- se a operação é realizada com a HP 12C, essa célula em destaque indica que a tecla correspondente ao parâmetro **FV** é a última a ser pressionada para acionar o cálculo desse parâmetro;
- deve ser respeitada a convenção de sinal nos registros dos parâmetros monetários **PV**, **FV** e **PMT**: entradas de caixa com sinal positivo (+) e saídas de caixa com sinal negativo (−).

Cabe ressaltar que esse simulador, usado ao longo de todo o livro, só está preparado para operar com o diagrama-padrão desenvolvido no Capítulo 1, assumindo, portanto, a convenção de final de período (série **PMT** postecipada). Entretanto, isso não representa nenhuma limitação na solução dos problemas.

Exemplo numérico

Calcule o valor acumulado no final de seis anos, no regime de juros compostos, com uma taxa de 10% a.a., a partir de um investimento inicial (*principal*) de $1.000,00.

SOLUÇÃO

n = 6 anos
i = 10,00% a.a.
PV = $1.000,00
PMT = $0,00
FV = ?

Os dados desse problema têm a seguinte apresentação no simulador da HP 12C para o diagrama-padrão:

Cálculo de FV a partir de PV

n	i	PV	PMT	FV
6,0	10,00	−1.000,00	0,00	**1.771,56**

que indica $1.771,56 como resultado do valor futuro (**FV**) no final do 6º ano.

Observe que na HP 12C e no Excel o valor de **PV** é informado com sinal negativo, e que o valor de **FV** é obtido com sinal positivo. Se **PV** for informado com sinal positivo, então o sinal de **FV** será negativo.

3.4 Desconto composto – Racional ou "por dentro"

A principal característica do desconto racional ou "por dentro" é que os cálculos são realizados com a aplicação da taxa de desconto **i** utilizada na capitalização composta descrita no item 3.3, que é aplicada sobre PV para gerar o FV.

3.4.1 Expressão genérica

Pela expressão genérica (**3.1**), podemos obter a seguinte relação:

$$PV = \frac{FV}{(1+i)^n} \quad (3.2)$$

que permite a obtenção do principal **PV** a partir do montante **FV**, em função dos parâmetros **n** e **i**.

Importante registrar que, a juros compostos, cada movimentação de um valor futuro (**FV**) por um período para o presente é obtida pela sua divisão por **(1+i)**. Sua movimentação por **n** períodos é obtida pela expressão **1/(1+i)ⁿ**.

O valor do desconto "por dentro" (**D_d**), ou racional, expresso em $, é obtido pela relação a seguir:

$$D_d = FV - PV = PV\,[(1+i)^n - 1]$$ (3.3)

3.4.2 Cálculo de PV a partir de FV

O problema que envolve o cálculo de um valor presente **PV** a partir do valor futuro **FV** consiste na solução da expressão genérica **(3.2)**, em que a relação $[1/(1+i)^n]$ precisa ser calculada para os parâmetros **i** e **n**.

A expressão **[1/(1+i)ⁿ]** pode ser calculada, para qualquer valor de **i** e de **n**, com a HP 12C ou com a planilha Excel, e os cálculos são apresentados com o simulador da HP 12C para o diagrama-padrão.

Utilização da calculadora HP 12C e do simulador

O simulador da HP 12C para o diagrama-padrão toma o seguinte aspecto quando aplicado na solução de problemas que envolvem o cálculo de **PV** a partir de **FV**:

Simulador da HP 12C – Cálculo de PV

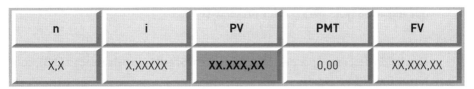

Em relação ao simulador, destacamos os seguintes pontos:

- o parâmetro financeiro **PMT**, que não participa do problema, deve ter seu valor registrado como *zero*;
- a célula do parâmetro **PV** está em destaque para indicar que é esse parâmetro que está sendo calculado, e o resultado da operação é mostrado nessa célula em destaque;
- se a operação é realizada com a HP 12C, essa célula em destaque indica que a tecla correspondente ao parâmetro **PV** é a última a ser pressionada para acionar o cálculo desse parâmetro;
- deve ser respeitada a convenção de sinal nos registros dos parâmetros monetários **PV**, **FV** e **PMT**: entradas de caixa com sinal positivo (+) e saídas de caixa com sinal negativo (–).

Exemplos numéricos

1. Calcule o valor do investimento inicial (*principal*) que deve ser realizado no regime de juros compostos, com uma taxa de 1,00% a.m., para produzir um montante acumulado de $1.000,00 no final de 12 meses. Calcule o valor do desconto "por dentro", expresso em $.

   SOLUÇÃO
   n = 12 meses
   i = 1,00% a.m.
   FV = $1.000,00
   PMT = $0,00
   PV = ?
   D_d = ?

   a) Cálculo do valor presente
      Os dados desse problema têm a seguinte apresentação:

      Cálculo de PV a partir de FV

      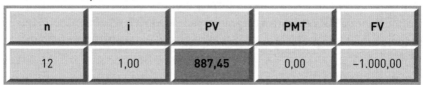

      que indica $887,45 para o valor presente (**PV**).

   b) Desconto "por dentro", em $
      O valor do desconto "*por dentro*", expresso em **$**, é obtido pela relação (**3.3**), conforme indicado a seguir:
      D_d = FV − PV = 1.000,00 − 887,45 = $112,55

2. O montante de $1.000,00, colocado no final do 4º mês do diagrama indicado na Figura 3.4, deve ser capitalizado e descontado com a taxa de 1% a.m. no regime de juros compostos.

   FIGURA 3.4 Obtenção dos valores nos pontos 1 e 7

   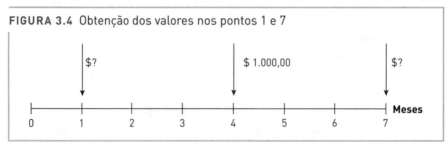

   Fonte: elaborada pelo autor.

CALCULE

a) o valor acumulado no final do 7º mês, pela capitalização do montante de $1.000,00 indicado no diagrama;
b) o valor que deve ser investido no final do 1º mês para se obter o montante de $1.000,00, indicado no diagrama.

SOLUÇÃO

a) Montante no final do 7º mês

A solução desse problema pode ser visualizada no diagrama da Figura 3.5 que enquadra o problema no diagrama-padrão desenvolvido no Capítulo 1.

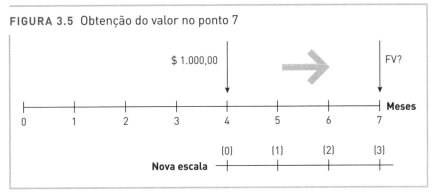

FIGURA 3.5 Obtenção do valor no ponto 7

Fonte: elaborada pelo autor.

Assim, o valor de $1.000,00 fica no ponto *zero* da nova escala de tempo e deve ser tratado como um valor presente **PV**, que precisa ser capitalizado três meses para atingir o final do 7º mês. Usando o simulador da HP 12C para o diagrama-padrão temos:

Cálculo de FV a partir de PV

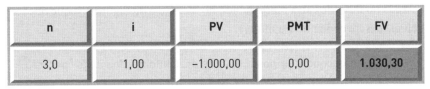

n	i	PV	PMT	FV
3,0	1,00	−1.000,00	0,00	1.030,30

que indica $1.030,30 para o valor futuro (**FV**) no final do 7º mês.

b) Montante no final do 1º mês

Nesse caso, para enquadrarmos o problema no diagrama-padrão, precisaremos colocar o valor **PV** (a ser determinado) no ponto *zero* da nova escala de tempo, conforme indicado na Figura 3.6:

FIGURA 3.6 Obtenção do valor no ponto 1

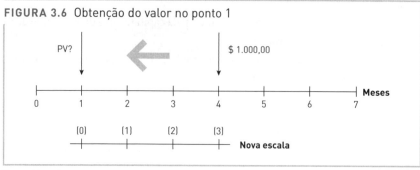

Fonte: elaborada pelo autor.

Assim, o valor de $1.000,00 fica no ponto 3 da nova escala de tempo e deve ser tratado como um valor futuro **FV**, que precisa ser descontado três meses para atingir o final do 1º mês, onde foi feito o investimento. Usando o simulador da HP 12C para o diagrama-padrão temos:

Cálculo de PV a partir de FV

n	i	PV	PMT	FV
3	1,00	970,59	0,00	−1.000,00

que indica $970,59 para o valor presente (**PV**), correspondente ao valor a ser investido no final do 1º mês.

3.5 Desconto composto "por fora"

3.5.1 Expressão genérica

A expressão genérica do valor do desconto "por fora", no regime de juros compostos, é baseada no fluxo de caixa representado no diagrama da Figura 3.7, que obedece à simbologia desenvolvida no Capítulo 1.

FIGURA 3.7 Desconto composto: taxa de desconto **d** – desconto "por fora"

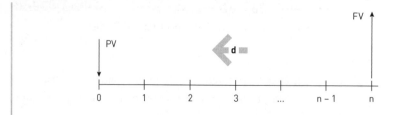

Fonte: elaborada pelo autor.

No regime de juros compostos, os descontos de cada período são obtidos pela aplicação da taxa de desconto **d**, por período, sobre o saldo existente no início do período de desconto. Assim, temos:

a) No 1º período de desconto
saldo no início do período = FV
desconto do período = FV × d
saldo no final do período $= PV = FV - FV \times d = FV\,(1 - d)$

b) No 2º período de desconto
saldo no início do período $= FV\,(1 - d)$
desconto do período $= FV\,(1 - d) \times d$
saldo no final do período $= PV = FV\,(1 - d) - FV\,(1 - d) \times d =$
$= FV\,(1 - d) \times (1 - d)$

Portanto,

$$PV = FV\,(1 - d)^2$$

c) No 3º período de desconto
A expressão para o valor presente **PV**, no final do 3º período de desconto, pode ser deduzida de forma análoga e toma o seguinte aspecto:

$$PV = FV\,(1 - d)^3$$

d) No enésimo período de desconto
O valor presente **PV** (ou *principal*) resultante do desconto de um valor futuro **FV** durante **n** períodos de desconto, com uma taxa de desconto **d** por período, no regime de juros compostos, é obtido pela relação **(3.4)**:

$$PV = FV\,(1 - d)^n \qquad\qquad \textbf{(3.4)}$$

Observe que a unidade referencial de tempo da taxa de desconto "por fora" **d** deve coincidir com a unidade referencial de tempo utilizada para definir o número de períodos **n**.

Importante ressaltar que a taxa de desconto **d** (por fora) é aplicada sobre o valor futuro **FV** para produzir o valor presente **PV**, ao passo que a *taxa* de desconto **i** (por dentro), ou taxa de rentabilidade, é aplicada sobre o valor presente **PV** para produzir o valor futuro **FV**.

O valor do desconto "por fora" (D_f), expresso em $, é obtido pela relação (3.5):

$$D_f = FV - PV = FV [1 - (1 - d)^n]$$ (3.5)

3.5.2 Exemplo numérico

Um título no valor de $10.000,00, com 60 dias para o vencimento, é descontado no regime de juros compostos, com uma taxa de desconto "por fora" igual a 1,20% a.m. Calcule o valor presente do título e o valor do desconto composto, expresso em $.

SOLUÇÃO
FV = $10.000,00
n = 60 dias = 2 meses
d = 1,20% a.m. = 0,012
PV = ?
D_f = ?

a) Valor presente do título
   O valor presente do título é obtido pela relação (3.4), conforme indicado a seguir:

$$PV = FV (1 - d)^n = 10.000,00 \times (1 - 0,012)^2 =$$
$$= 10.000,00 \times 0,97614 = \$9.761,44$$

b) Valor do desconto "por fora", em $
   O valor do desconto composto, "por fora", é obtido pela relação (3.5), conforme indicado a seguir:

$$D_f = FV - PV = 10.000,00 - 9.761,44 = \$238,56$$

3.6 Problemas resolvidos

1. Calcule o valor acumulado no final de 24 meses, com juros compostos de 1,00% a.m., a partir de um investimento inicial (*principal*) de $2.000,00.

   SOLUÇÃO
   n = 24 meses
   i = 1,00% a.m.
   PMT = $0,00
   PV = $2.000,00
   FV = ?

Os dados do problema têm a seguinte apresentação no simulador da HP 12C para o diagrama-padrão:

Cálculo de FV a partir de PV

n	i	PV	PMT	FV
24	1,00	-2.000,00	0,00	**2.539,47**

que indica $2.539,47 para o valor futuro (**FV**) no final do 24º mês.

Observe que na HP 12C e no simulador, o valor de **PV** é informado com sinal negativo e o valor de **FV** é obtido com sinal positivo. Se **PV** for informado com sinal positivo, então o sinal de **FV** será negativo.

2. Calcule o valor do investimento inicial (*principal*) que deve ser realizado no regime de juros compostos, com uma taxa efetiva de 1,25% a.m., para produzir um valor acumulado de $1.000,00 no final de dois anos.

    SOLUÇÃO
    n = 2 anos = 24 meses
    i = 1,25% a.m.
    FV = $1.000,00
    PMT = $0,00
    PV = ?

    Os dados do problema têm a seguinte apresentação no simulador da HP 12C para o diagrama-padrão:

    Cálculo de PV a partir de FV

n	i	PV	PMT	FV
24	1,25	**742,20**	0,00	-1.000,00

    que indica $742,20 para o valor presente (**PV**).

3. Um investimento inicial (*principal*) de $1.000,00 produz um valor acumulado de $1.150,00 no final de 10 meses. Calcule a taxa de rentabilidade mensal desse investimento no regime de juros compostos.

SOLUÇÃO
n = 10 meses
FV = $1.150,00
PV = $1.000,00
PMT = $0,00
i = ? (% a.m.)

Os dados do problema têm a seguinte apresentação no simulador da HP 12C para o diagrama-padrão:

Cálculo de i a partir de PV e FV

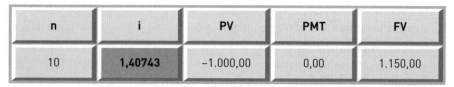

que indica 1,40743% a.m. para a taxa de juros **i**, pois o número de períodos foi informado em meses.

4. Calcule o número de anos necessários para fazer um capital dobrar de valor, com a taxa de juros de 6,00% a.a., no regime de juros compostos.

SOLUÇÃO
Supondo um valor de PV = $100,00, teríamos FV = $200,00, e os dados do problema seriam os seguintes:
i = 6,00% a.a.
FV = $200,00
PV = $100,00
PMT = $0,00
n = ? (anos)

Esses dados têm a seguinte apresentação no simulador da HP 12C para o diagrama-padrão:

Cálculo de n a partir de PV e FV

n	i	PV	PMT	FV
12,00	6,00	−100,00	0,00	200,00

E, portanto, o valor obtido para **n** é igual a 12 anos.

O número correto é 11,896, mas a HP 12C sempre arredonda o valor de **n**, nessa operação, para o 1º número inteiro superior ao valor fracionário encontrado. Assim, seriam necessários 12 anos para o capital dobrar de valor.

5. Um banco comercial realiza suas operações de crédito com uma taxa de juros de 1,00% a.m., ou seja, 6,00% a.s. Entretanto, os juros são pagos antecipadamente, por ocasião da liberação dos recursos. Assim, para cada $1.000,00 de empréstimo, a ser liquidado no prazo de seis meses, esse banco libera um principal de $940,00. Calcule a taxa efetiva mensal cobrada nessas operações no regime de juros compostos.

SOLUÇÃO
n = 6 meses
FV = $1.000,00
PV = $940,00
PMT = $0,00
i = ? (% a.m.)

Os dados do problema têm a seguinte apresentação no simulador da HP 12C para o diagrama-padrão:

Cálculo de i a partir de PV e FV

que indica 1,03659% a.m. para a taxa de juros **i**.

6. Um certificado de depósito bancário tem um valor de resgate de $10.000,00 e um prazo de 90 dias a decorrer até seu vencimento. Calcule o valor a ser aplicado nesse papel para que sua taxa de remuneração efetiva seja de 10,00% a.a. Realize os cálculos no regime de juros compostos, considerando o ano comercial com 360 dias.

SOLUÇÃO:
Usando **n** fracionário

Nesta solução, vamos transformar os 90 dias em fração de ano e utilizar a taxa de 10,00% a.a. Esta solução só é possível porque a HP 12C e o simulador operam com o valor de **n** fracionário no expoente das relações **(3.1)** e **(3.2)**.

Esse mesmo problema está resolvido no Problema 6 da seção 4.5.3 do Capítulo 4 – *Taxas de juros* – mediante a transformação da taxa anual de 10% na sua taxa diária equivalente.

Certifique-se de que a HP 12C apresenta a letra **C** *no visor* (acione as teclas **STO** e **EEX**), para que ela opere a juros compostos na parte fracionária de **n**. O simulador da HP 12C já está preparado para receber o valor de **n** como um número fracionário.

DADOS DO PROBLEMA
n = 90 dias = 90/360 = 0,25 anos
i = 10,00% a.a. = 0,10
FV = $10.000,00
PMT= $0,00
PV = ?

Os dados do problema têm a seguinte apresentação no simulador da HP 12C para o diagrama-padrão:

Cálculo de PV a partir de FV

n	i	PV	PMT	FV
0,25	10,00	9.764,54	0,00	–10.000,00

que indica PV = $9.764,54.

Caso a HP 12C opere sem a letra **C** no visor, o resultado encontrado será igual a $9.756,10, que corresponde ao principal obtido no regime de juros simples, ou seja:

$$PV = \frac{10.000,00}{1 + (0,10 \times 0,25)} = \$9.756,10$$

7. Uma debênture tem valor de resgate de $10.000,00 e prazo de dois anos e três meses a decorrer até seu vencimento. Calcule o valor a ser aplicado nesse papel para que sua taxa de remuneração seja de 12,00% a.a. Realize os cálculos no regime de juros compostos, assumindo o ano comercial com 360 dias.

SOLUÇÃO
Coloque a letra **C** no visor da HP 12C acionando as teclas **STO** e **EEX** para garantir que todos os cálculos sejam realizados a juros compostos, tanto para a parte inteira de **n** como para sua parte fracionária. Como a HP 12C com a letra **C** no visor e o simulador operam da mesma forma, os resultados obtidos são idênticos.

n = 2 anos e 3 meses = 2,25 anos
i = 12,00% a.a.
FV = $10.000,00
PMT = $0,00
PV = ?

Os dados do problema têm a seguinte apresentação no simulador da HP 12C para o diagrama-padrão:

Cálculo de PV a partir de FV

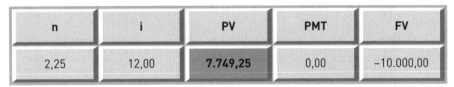

que indica PV = $7.749,25.

Ao se repetirem as mesmas operações com a HP 12C sem a letra **C** no visor, o resultado obtido é $7.739,75, que corresponde ao seguinte:

a) cálculo a juros compostos na parte inteira de **n** (2 anos);
b) cálculo a juros simples na parte fracionária de **n** (0,25 ano).

Para confirmar essa situação, vamos inicialmente calcular o valor do papel, a juros compostos, com dois anos a decorrer até o vencimento. Certifique-se de que a letra **C** está indicada no visor para que o cálculo seja realizado a juros compostos:

Cálculo de PV a partir de FV

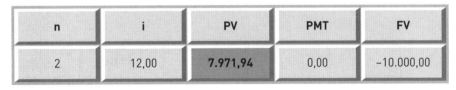

Vamos agora descontar este valor (PV = $7.971,94) por três meses (= 3/12 = 0,25 anos), a juros simples de 12% a.a. (= 0,12):

$$PV = \frac{7.971,94}{[1 + (0,25 \times 0,12)]} = \$7.739,75$$

Esse resultado coincide com o calculado sem a letra **C** no visor, confirmando o que foi enunciado.

8. Um financiamento de um banco de investimentos deve ser liquidado com um único pagamento no final do 6º mês após a liberação dos recursos. A taxa de juros cobrada por esse banco é de 1,20% a.m. no regime de juros compostos. Por razões operacionais, a cobrança dessa taxa é desdobrada em duas parcelas:

   a) uma taxa mensal de 0,80% a.m., cobrada de forma postecipada ao longo do contrato;
   b) uma parcela antecipada cobrada no ato da liberação dos recursos.

   Calcule o valor do percentual que deve ser cobrado antecipadamente por esse banco para que a taxa de 1,20% a.m. seja alcançada.

   SOLUÇÃO
   a) Taxa postecipada de 0,80% a.m.
      Inicialmente precisamos calcular o montante acumulado a partir de um principal de $100,00, aplicado a 0,80% a.m. pelo prazo de seis meses. Os dados para resolver esse problema são os seguintes:
      n = 6 meses
      i = 0,80% a.m.
      PV = $100,00
      PMT = $0,00
      FV = ?

      Os dados do problema têm a seguinte apresentação no simulador da HP 12C para o diagrama-padrão:

      Cálculo de FV a partir de PV

      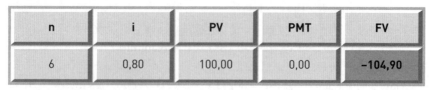

      que indica FV = $104,90.

      Assim, para um principal de $100,00, a taxa postecipada de 0,8% a.m. provoca um pagamento de $104,90 no final do 6º mês.

b) Cálculo da taxa antecipada

Vamos fixar em $104,90 o valor do pagamento da operação, no final do 6º mês, para um principal de $100,00. Precisamos, agora, descontar esse montante com a taxa de 1,20% a.m., desejada pelo banco. Os dados para resolver esse problema são os seguintes:

n = 6 meses
i = 1,20% a.m.
FV = 104,90
PMT = $0,00
PV = ?

Esses dados têm a seguinte apresentação no simulador da HP 12C para o diagrama-padrão:

Cálculo de PV a partir de FV

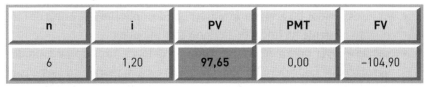

que indica PV = $97,65.

Dessa forma, para cada $100,00 financiados, o valor do pagamento no final do 6º mês é de $104,90, e deve haver uma retenção de $2,35 ($100,00 − $97,65) no ato da liberação dos recursos. O valor do percentual a ser cobrado antecipadamente é igual a:

$$\% \text{ antecipada} = \frac{(\$100,00 - \$97,65)}{\$100,00} = \frac{\$2,35}{100,00} = 2,35\%$$

3.7 Conclusão

Neste capítulo apresentamos o conceito de "capitalização composta" e desenvolvemos as principais fórmulas do regime de juros compostos, com suas aplicações em diversos problemas do mercado. Repetimos exemplos do capítulo anterior, calculados a juros simples, e comparamos os resultados com o objetivo de mostrar as diferenças entre os dois regimes de cálculo de juros.

A expressão genérica $(1+i)^n$, que define o crescimento do dinheiro ao longo do tempo, é a equação fundamental do regime de juros compostos. Todas as demais fórmulas para esse regime de juros são obtidas a partir dessa expressão genérica.

No regime de juros compostos, a taxa de juros **i**, utilizada no desconto "por dentro" ou racional, é praticamente a única utilizada nos cálculos das operações financeiras e na análise de viabilidade econômica de projetos. A taxa de desconto **d** (por fora), ou comercial, não costuma ser utilizada pelo mercado nesse regime de juros.

Nos cálculos realizados no regime de juros compostos estão sempre presentes os seguintes conceitos:

- cada passo do dinheiro para o futuro deve ser feito pela multiplicação do seu valor por $(1+i)$. Se houver dois passos, a multiplicação é por $(1+i)^2$ e será por $(1+i)^n$ se houver **n** passos para o futuro;
- cada passo do dinheiro para o presente deve ser feito pela divisão do seu valor por $(1+i)$. No caso de dois passos, a divisão é por $(1+i)^2$ e será por $(1+i)^n$ se houver **n** passos para o presente.

No regime de juros compostos, os cálculos devem obedecer os seguintes procedimentos:

- os juros devidos do período devem ser obtidos aplicando-se a taxa de juros sobre o saldo existente no início do período correspondente;
- se não houver pagamento no final do período, os juros do período devem ser agregados ao saldo devedor (capitalizados) e assim passarão a participar da base de cálculo dos juros dos períodos subsequentes, havendo a incidência de "juros sobre juros" ou anatocismo;
- se houver qualquer pagamento no final do período, ele deve ser usado na liquidação do saldo apurado para o final do período, dando prioridade à liquidação dos juros do período;
- se o pagamento do final do período for suficiente para liquidar integralmente os juros do período, estes não participarão do saldo para o início do próximo período. Nesse caso não haverá incidência de "juros sobre juros" (anatocismo) no cálculo dos juros do próximo período;
- se no final do período os juros não forem integralmente pagos, a parcela não paga deve ser automaticamente incorporada ao saldo, passando a participar da base de cálculo para os juros dos períodos subsequentes. Nesse caso, haverá capitalização de juros e incidência de "juros sobre juros" no cálculo dos juros dos períodos subsequentes.

Fica, portanto, evidenciado que o regime de juros compostos não implica necessariamente a incidência de "juros sobre juros", ou anatocismo, que tem restrições legais no Brasil.

3.8 Problemas propostos

Considere em todos os problemas o ano comercial com meses de 30 dias.

1 Um investidor aplicou $1.000,00 numa instituição financeira que remunera seus depósitos a uma taxa de 5,00% a.t. no regime de juros compostos. Elabore uma tabela que mostre o crescimento desse capital no final de cada trimestre, a contar da data da aplicação dos recursos, e informe o montante que poderá ser retirado pelo investidor no final do 6º trimestre.

2 Um investidor aplicou $1.000,00, por um prazo de 6 trimestres, num banco que remunera seus depósitos a uma taxa de 5,00% a.t. Os juros são pagos trimestralmente, de acordo com a taxa prometida. Assim, esse investidor receberá dessa instituição, no final de cada trimestre, a quantia de $50,00, a título de juros dessa aplicação financeira, e no último trimestre receberá o principal de $1.000,00 e os $50,00 de juros do último trimestre. Calcule os montantes acumulados por esse investidor no final do 6º trimestre, nas seguintes alternativas:
   a) o investidor não reaplicou os juros recebidos no final de cada trimestre;
   b) o investidor reaplicou os juros recebidos trimestralmente, a uma mesma taxa de 5,00% a.t., com todas as reaplicações vencendo no final do 6º trimestre.

3 Calcule o montante acumulado em seis trimestres, com uma taxa de 1,20% a.m., no regime de juros compostos, a partir de um principal de $10.000,00.

4 Calcule o principal que deve ser investido para produzir um montante de $20.000,00, num prazo de dois anos, com uma taxa de 12,00% a.s., no regime de juros compostos.

5 Um investidor aplicou $10.000,00 para receber $11.200,00 no prazo de um ano. Calcule a taxa de rentabilidade mensal desse investidor, no regime de juros compostos.

6 Calcule o montante acumulado em oito trimestres a partir de um principal aplicado de $10.000,00, com uma taxa de 1,20% a.m., no regime de juros compostos.

7 Calcule o número de meses necessários para se fazer um capital triplicar de valor, com uma taxa de 1,00% a.m., no regime de juros compostos.

8 Um banco comercial realiza suas operações de desconto de títulos a juros simples, com uma taxa de desconto "por fora" de 1,50% a.m., e exige um saldo médio de 20% do valor da operação. Uma empresa descontou $100.000,00 de títulos nesse banco, todos com vencimento no prazo de três meses. Calcule o valor líquido colocado à disposição da empresa, na data da operação, e as taxas mensais de rentabilidade do banco, nos regimes de juros simples e compostos.

9 Um investidor deseja fazer uma aplicação financeira a juros compostos de 1,50% a.m., de forma a garantir uma retirada de $10.000,00 no final do 6º mês e outra de $20.000,00 no final do 12º mês, a contar da data da aplicação. Calcule o menor valor que deve ser investido para permitir a retirada desses valores nos meses indicados.

10 Uma empresa deseja liquidar uma nota promissória de $10.000,00, vencida há três meses, e ainda antecipar o pagamento de outra de $50.000,00 com cinco meses a decorrer até seu vencimento. Calcule o valor do pagamento a ser feito de imediato pela empresa para liquidar essas duas notas promissórias, levando em consideração uma taxa de 1,20% a.m., juros compostos, e assumindo os meses com 30 dias.

11 Uma empresa contraiu um empréstimo a juros compostos de 1,20% a.m. para ser liquidado no prazo de um ano, com dois pagamentos semestrais iguais de $100.000,00. Esse empréstimo, entretanto, pode ser quitado com um único pagamento no valor de $197.755,02. Calcule no final de que mês deve ser feito esse pagamento para que a taxa de 1,20% a.m. seja mantida.

12 Um banco de investimento que opera com juros compostos de 1,00% a.m. está negociando um empréstimo com uma empresa que pode liquidá-lo com um único pagamento de $106.152,02, no final do 6º mês, a contar da assinatura do contrato. Calcule o valor que deve ser abatido do principal desse empréstimo, no ato da contratação, para que esse pagamento seja limitado em $90.000,00 e para que a taxa de 1,00% a.m. seja mantida.

13 Calcule o valor de uma aplicação financeira que produz um valor de resgate de $10.000,00 ao final de 21 dias, com uma taxa de 1,50% a.m., no regime de juros compostos.

14 Calcule o valor de resgate de uma aplicação financeira de $10.000,00, realizada no regime de juros compostos, com uma taxa de 15,00% a.a., pelo prazo de 18 dias.

15 Um investidor tem uma poupança de $100.000,00 aplicada num banco que lhe garante uma remuneração de 0,80% a.m. para os próximos três meses, e lhe são oferecidas as seguintes alternativas de investimentos:
a) aplicação de um valor máximo de $50.000,00, a uma taxa de 1,50% a.m., por um prazo de três meses, com manutenção do saldo aplicado na poupança;
b) aplicação de um valor mínimo de $100.000,00, a uma taxa de 1,00% a.m., por um prazo de três meses.
Defina a política de investimentos para esse investidor, para os próximos três meses, sabendo que todas as aplicações são remuneradas no regime de juros compostos.

16 Um banco de investimentos realiza suas operações de financiamento com uma taxa efetiva de juros de 12,00% a.a. no regime de juros compostos. Entretanto, essa taxa é cobrada em duas parcelas:
a) uma parcela de 8,00% a.a., cobrada de forma postecipada ao longo do contrato;
b) uma parcela antecipada cobrada no ato da liberação dos recursos.
Calcule o valor do percentual que deve ser cobrado antecipadamente, no ato da liberação dos recursos, para que a taxa de 12,00% a.a. seja mantida, sabendo que os financiamentos são liquidados com o pagamento de uma única parcela no final do 6º mês, a contar da liberação dos recursos.

4

Taxas de juros

4.1 Introdução

Os cálculos financeiros realizados pela HP 12C e pelo simulador em Excel estão baseados na condição de que a unidade referencial de tempo da taxa de juros coincide com a unidade referencial de tempo dos períodos de capitalização. Uma taxa de 6%, por exemplo, pode ser interpretada como: a) uma taxa de 6% a.a., e neste caso os períodos de capitalização **n** correspondem a anos; b) uma taxa de 6% a.s., e neste caso os períodos de capitalização **n** correspondem a semestres, e assim por diante.

Entretanto, nos problemas práticos, as taxas de juros e os períodos de capitalização nem sempre satisfazem a essas condições. Neste capítulo, mostraremos como as taxas de juros e/ou o número de períodos de capitalizações podem ser ajustados para atender às condições padronizadas pela HP 12C e pelo simulador sem alterar os resultados das operações.

4.2 Taxa efetiva – Juros compostos

Taxa efetiva é a taxa de juros em que a unidade referencial de seu tempo coincide com a unidade de tempo dos períodos de capitalização. São exemplos de taxas efetivas:

- 2,00% a.m., capitalizados mensalmente;
- 3,00% a.t., capitalizados trimestralmente;
- 6,00% a.s., capitalizados semestralmente;
- 10,00% a.a., capitalizados anualmente.

Nesses casos, tendo em vista a coincidência nas unidades de medida dos tempos da taxa de juros com os períodos de capitalização, costuma-se simplesmente dizer: 2,00% a.m., 3,00% a.t., 6,00% a.s. e 10,00% a.a.

61

A taxa efetiva é a taxa utilizada nas calculadoras financeiras e nas funções financeiras das planilhas eletrônicas para a realização de cálculos financeiros no regime de juros compostos.

4.3 Taxas proporcionais – Juros simples

4.3.1 Conceito

Taxas proporcionais são taxas de juros fornecidas em unidades de tempo diferentes que, ao serem aplicadas ao mesmo principal durante o mesmo prazo, produzem o mesmo montante acumulado no final daquele prazo, no regime de juros simples.

O conceito de taxas proporcionais está, portanto, diretamente ligado ao regime de juros simples e é esclarecido pelos exemplos numéricos e pelas fórmulas desenvolvidas nos próximos itens.

4.3.2 Exemplo numérico

Calcule os montantes acumulados no final de quatro anos, a partir de um *principal* de $100,00, no regime de juros simples, com as seguintes taxas de juros:

a) 12,00% a.a.   b) 6,00% a.s.   c) 1,00% a.m.

SOLUÇÃO

Usando a expressão genérica do crescimento do dinheiro no regime de juros simples (relação **2.1**) e considerando o valor do principal PV = $100,00, teremos as seguintes expressões, para cada taxa de juros:

a) $i = 12,00\%$ a.a. $= 0,12$
$n = 4$ anos
$FV = PV (1 + i \times n) = 100,00 (1 + 0,12 \times 4) = \$148,00$

b) $i = 6,00\%$ a.s. $= 0,06$
$n = 4$ anos $= 8$ semestres
$FV = PV (1 + i \times n) = 100,00 (1 + 0,06 \times 8) = \$148,00$

c) $i = 1,00\%$ a.m. $= 0,01$
$n = 4$ anos $= 48$ meses
$FV = PV (1 + i \times n) = 100,00 (1 + 0,01 \times 48) = \$148,00$

Observe que os cálculos foram realizados no regime de juros simples e que nos três casos o *principal* e o prazo foram os mesmos.

Como o montante obtido no final de quatro anos foi sempre igual a $148,00, podemos concluir que as taxas de 12,00% a.a., 6,00% a.s. e 1,00% a.m. são proporcionais, pois produzem o mesmo montante de $148,00 ao serem aplicadas sobre o mesmo *principal* de $100,00, pelo mesmo prazo de quatro anos, no regime de juros simples.

4.3.3 Fórmulas que relacionam taxas proporcionais

Inicialmente, vamos demonstrar a fórmula que relaciona as taxas proporcionais mensal (i_m) e anual (i_a). Para isso, consideremos as Figuras 4.1 e 4.2:

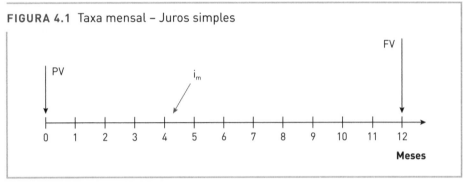

FIGURA 4.1 Taxa mensal – Juros simples

Fonte: elaborada pelo autor.

FIGURA 4.2 Taxa anual – Juros simples

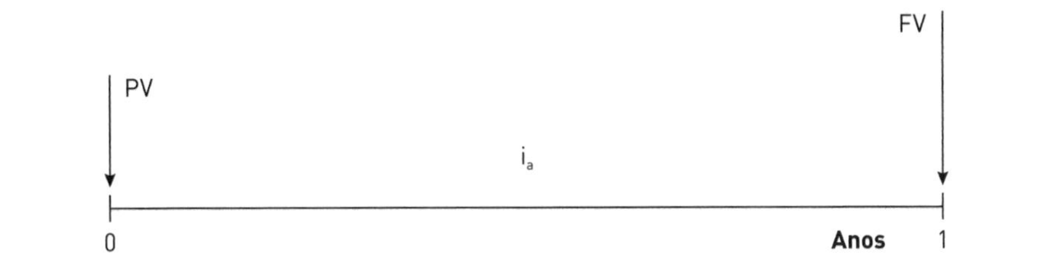

Fonte: elaborada pelo autor.

No regime de juros simples, a Figura 4.1 fornece:

$$FV = PV\,(1 + i_m \times 12) \qquad (4.1)$$

E a Figura 4.2 fornece:

$$FV = PV\,(1 + i_a) \qquad (4.2)$$

Para que essas taxas sejam proporcionais é preciso que os montantes (FV) dos dois esquemas (Figuras 4.1 e 4.2) sejam iguais. Assim, podemos igualar as relações (**4.1**) e (**4.2**), obtendo:

$$(1 + i_a) = (1 + i_m \times 12)$$

E finalmente:

$$i_a = i_m \times 12$$

As demais expressões, que relacionam a taxa anual com as taxas proporcionais semestral, trimestral e diária, podem ser obtidas de maneira análoga. Se considerarmos o ano comercial (360 dias), as fórmulas que permitem o cálculo dessas taxas proporcionais são as indicadas a seguir:

$$\boxed{i_a = i_s \times 2 = i_t \times 4 = i_m \times 12 = i_d \times 360} \qquad \textbf{(4.3)}$$

Sendo:

i_a = taxa de juros anual;

i_s = taxa de juros semestral;

i_t = taxa de juros trimestral;

i_m = taxa de juros mensal;

i_d = taxa de juros diária.

A utilização dessas fórmulas é esclarecida na próxima seção.

4.3.4 Problemas resolvidos

1. Calcule as taxas semestral e mensal que são proporcionais à taxa de 12,00% a.a.

SOLUÇÃO

i_a = 12,00% a.a.

Pela relação (**4.3**) temos:

a) taxa semestral

$$i_a = 12,00\% = i_s \times 2 \quad \rightarrow \quad i_s = i_a / 2 = 0,12 / 2 = 0,06 = 6,00\% \text{ a.s.}$$

b) taxa mensal

$$i_a = 12,00\% = i_m \times 12 \quad \rightarrow \quad i_m = i_a / 12 = 0,12 / 12 = 0,01 = 1,00\% \text{ a.m.}$$

Compare esses resultados com os obtidos na seção 4.3.2.

2. Calcule as taxas semestral, mensal e diária proporcionais à taxa de 6,00% a.t.

SOLUÇÃO

$i_t = 6,00\%$ a.t.

Pela relação **(4.3)** temos:

a) taxa semestral

$$i_t \times 4 = i_s \times 2 \quad \rightarrow \quad i_s = 2 \times i_t = 2 \times 0,06 = 0,12 = 12,00\% \text{ a.s.}$$

b) taxa mensal

$$i_t \times 4 = i_m \times 12 \quad \rightarrow \quad i_m = i_t / 3 = 0,06 / 3 = 0,02 = 2,00\% \text{ a.m.}$$

c) taxa diária

$$i_t \times 4 = i_d \times 360 \quad \rightarrow \quad i_d = i_t / 90 = 0,06 / 90 = 0,000667 = 0,0667\% \text{ a.d.}$$

3. Calcule a taxa mensal proporcional à taxa de 7,50% a.s.

SOLUÇÃO

$i_s = 7,50\%$ a.s.

Pela relação **(4.3)** temos:

$$i_s \times 2 = i_m \times 12 \quad \rightarrow \quad i_m = i_s / 6 = 0,075 / 6 = 0,0125 = 1,25\% \text{ a.m.}$$

4. Calcule a taxa diária proporcional à taxa de 1,50% a.m.

SOLUÇÃO

$i_m = 1,50\%$ a.m.

Pela relação **(4.3)** temos:

$$i_m \times 12 = i_d \times 360 \quad \rightarrow \quad i_d = i_m / 30 = 0,015 / 30 = 0,0005 = 0,05\% \text{ a.d.}$$

5. Um empresário tem uma conta de cheque especial num banco que permite saques a descoberto e que cobra 1,50% a.m. sobre o saldo devedor, a juros simples, pelos dias que a conta ficar descoberta. Calcule o montante de juros cobrado no mês de

abril, assumindo que a conta tem saldo zero no final de março e que em abril são emitidos os seguintes cheques:

Data	Valor do cheque ($)
1º de abril	2.000,00
11 de abril	1.000,00
21 de abril	1.000,00

SOLUÇÃO

Inicialmente devemos transformar a taxa de juros 1,50% a.m. na sua taxa proporcional diária, como segue:

$$i = 1,50\% \text{ a.m.} = (1,50\% / 30) \text{ ao dia} = 0,05\% \text{ a.d.} = 0,0005$$

a) Cálculo dos juros devidos por período
   - Juros de 1º a 10 de abril
     Durante esses 10 dias, o saldo devedor é de $2.000,00, portanto:
     Juros = 2.000,00 × 0,0005 × 10 = $10,00

   - Juros de 11 a 20 de abril
     Durante esses 10 dias, o saldo devedor é de $3.000,00, portanto:
     Juros = 3.000,00 × 0,0005 × 10 = $15,00

   - Juros de 21 a 30 de abril
     Durante esses 10 dias, o saldo devedor é de $4.000,00, portanto:
     Juros = 4.000,00 × 0,0005 × 10 = $20,00

   Assim, temos: juros do mês de abril = (10,00 + 15,00 + 20,00) = $45,00

b) Utilizando o conceito de saldo médio
   O saldo devedor médio no mês de abril é obtido pela relação:

$$\text{Saldo médio} = \frac{2.000,00 \times 10 + 3.000,00 \times 10 + 4.000,00 \times 10}{30} = \$3.000,00$$

   Para o cálculo dos juros mensais, tudo se passa como se a conta corrente tivesse ficado com um saldo devedor de $3.000,00 durante os 30 dias do mês.

   Assim temos: juros do mês de abril = $3.000,00 × 1,50% = $45,00, resultado que coincide com o obtido anteriormente.

Os resultados obtidos pelas duas formas de cálculos são iguais, e a sistemática de cálculo comumente adotada no mercado é a do saldo médio multiplicado pela taxa de juros mensal.

4.4 Taxas equivalentes – Juros compostos

4.4.1 Conceito

Taxas equivalentes são taxas de juros fornecidas em unidades de tempo diferentes que, ao serem aplicadas ao mesmo principal *durante o mesmo prazo, produzem o mesmo montante acumulado no final daquele prazo, no regime de juros compostos.*

O conceito de taxas equivalentes está, portanto, diretamente ligado ao regime de juros compostos e é esclarecido pelos exemplos numéricos e fórmulas desenvolvidos a seguir.

Assim, a diferença entre taxas equivalentes e taxas proporcionais se prende exclusivamente ao regime de juros considerado. As taxas proporcionais se baseiam em juros simples, e as taxas equivalentes se baseiam em juros compostos.

4.4.2 Exemplo numérico

Calcule os montantes acumulados no final de quatro anos, a partir de um *principal* de $100,00, no regime de juros compostos, com as seguintes taxas de juros:

a) 12,6825% a.a.;
b) 6,1520% a.s.;
c) 1,00% a.m..

SOLUÇÃO

Usando a expressão genérica do crescimento do dinheiro, no regime de juros compostos (relação **3.1**), e considerando o valor do *principal* PV = $100,00, teremos as seguintes expressões para cada taxa de juros:

a) Taxa anual
    i = 12,6825% a.a.
    n = 4 anos
    $FV = PV(1+i)^n = 100,00(1+0,126825)^4 = \$100,00 \times 1,6122 = \$161,22$

Podemos obter esse mesmo valor com a HP 12C ou com o simulador para o diagrama-padrão, conforme indicado a seguir:

Cálculo de FV no final de quatro anos

n	i	PV	PMT	FV
4	12,6825	−100,00	0,00	**161,22**

Capítulo 4 » Taxas de juros   **67**

A célula em destaque (abaixo de **FV**) mostra o valor de $161,22 obtido para **FV**, que coincide com o calculado anteriormente.

b) taxa semestral
   $i = 6,1520\%$ a.s.
   $n = 4$ anos $= 8$ semestres
   $FV = PV\,(1+i)^n = 100,00\,(1 + 0,06152)^8 = 100,00 \times 1,6122 = \$161,22$

Podemos obter esse mesmo valor com a HP 12C ou com o simulador para o diagrama-padrão, conforme segue:

Cálculo de FV no final de oito semestres

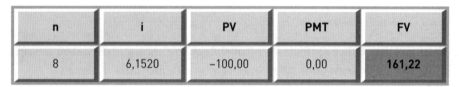

A célula em destaque (abaixo de **FV**) mostra o valor de $161,22 obtido para **FV**, que coincide com o calculado anteriormente.

c) taxa mensal
   $i = 1,00\%$ a.m.
   $n = 4$ anos $= 48$ meses
   $FV = PV\,(1+i)^n = 100,00\,(1 + 0,01)^{48} = 100,00 \times 1,6122 = \$161,22$

Podemos obter esse mesmo valor com a HP 12C ou com o simulador para o diagrama-padrão, como indicado a seguir:

Cálculo de FV no final de 48 meses

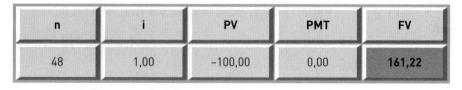

A célula em destaque (abaixo de **FV**) mostra o valor de $161,22 obtido para **FV**, que coincide com o calculado anteriormente.

Convém observar que os cálculos foram realizados no regime de juros compostos, e que nos três casos o *principal* e o prazo foram os mesmos.

Como o montante obtido no final de quatro anos foi sempre igual a $161,22, podemos concluir que as taxas de 12,6825% a.a., 6,1520% a.s. e 1,00% a.m. são taxas equivalentes, pois produzem o mesmo montante de $161,22 ao serem aplicadas sobre o mesmo *principal* de $100,00, pelo mesmo prazo de quatro anos, no regime de juros compostos.

4.4.3 Fórmulas que relacionam taxas equivalentes

Inicialmente vamos demonstrar a fórmula que relaciona as taxas equivalentes mensal (i_m) e anual (i_a). Para isso, consideremos os esquemas indicados a seguir:

FIGURA 4.3 Taxa mensal – Juros compostos

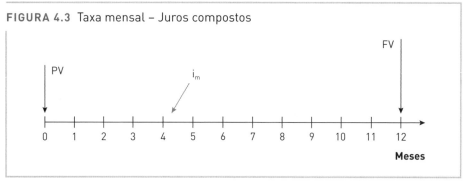

Fonte: elaborada pelo autor.

FIGURA 4.4 Taxa anual – Juros compostos

Fonte: elaborada pelo autor.

No regime de juros compostos, o esquema da Figura 4.3 fornece:

$$FV = PV\,(1 + i_m)^{12} \tag{4.4}$$

E a Figura 4.4 fornece:

$$FV = PV\,(1 + i_a)^1 \tag{4.5}$$

Para que essas taxas sejam equivalentes, é preciso que os montantes (**FV**) dos dois esquemas sejam iguais. Assim, podemos igualar as relações **(4.4)** e **(4.5)**, obtendo:

$$(1 + i_a) = (1 + i_m)^{12}$$

As demais expressões, que relacionam a taxa anual com as taxas equivalentes semestral, trimestral e diária, podem ser obtidas de maneira análoga. Se considerarmos o ano comercial (360 dias), as fórmulas que permitem o cálculo dessas taxas equivalentes serão as indicadas a seguir:

$$\boxed{(1 + i_a) = (1 + i_s)^2 = (1 + i_t)^4 = (1 + i_m)^{12} = (1 + i_d)^{360}}$$

(4.6)

Sendo:

i_a = taxa de juros anual (em % a.a.);

i_s = taxa de juros semestral (em % a.s.);

i_t = taxa de juros trimestral (em % a.t.);

i_m = taxa de juros mensal (em % a.m.);

i_d = taxa de juros diária (em % a.d.).

A utilização dessas fórmulas é esclarecida pelos problemas resolvidos na próxima seção, com o auxílio da HP 12C e do simulador.

4.4.4 Problemas resolvidos

1. Calcule as taxas anual e semestral que são equivalentes à taxa de 1,00% a.m.

SOLUÇÃO

i_m = 1,00% a.m.

Pela relação **(4.6)** temos:

a) taxa anual

$$(1 + i_a) = (1 + i_m)^{12} = (1 + 1\%)^{12} = (1 + 0,01)^{12} = (1,01)^{12} = 1,126825$$

E então:

$$i_a = 1,126825 - 1 = 0,126825 = 12,6825\% \text{ a.a.}$$

Podemos obter esse mesmo valor com a HP 12C ou com o simulador para o diagrama-padrão, conforme indicado a seguir:

Cálculo de FV no final de 12 meses

n	i	PV	PMT	FV
12	1,000	-100,00	0,00	**112,6825**

A célula em destaque (abaixo de **FV**) mostra o valor de $112,6825 obtido para **FV**, que em relação ao valor principal de $100,00 indica uma taxa de 12,6825% a.a.

b) taxa semestral

$$(1 + i_s)^2 = (1 + i_m)^{12} \rightarrow (1 + i_s) = (1 + i_m)^6$$

E então:

$$i_s = (1 + i_m)^6 - 1 = (1,01)^6 - 1 = 1,061520 - 1 = 0,061520 = 6,1520\% \text{ a.s.}$$

Podemos obter esse mesmo valor com a HP 12C ou com o simulador para o diagrama-padrão, conforme indicado a seguir:

Cálculo de FV no final de 6 meses

n	i	PV	PMT	FV
6	1,000	-100,00	0,00	**106,1520**

A célula em destaque (abaixo de **FV**) mostra o valor de $106,1520 obtido para **FV**, que em relação ao valor principal de $100,00 indica uma taxa de 6,1520% a.s.

Compare esses resultados com os obtidos na seção 4.4.2.

2. Calcule as taxas anual e semestral que são equivalentes à taxa de 3,00% a.t.

   SOLUÇÃO
   $i_t = 3,00\%$ a.t.

   Pela relação **(4.6)** temos:

   a) taxa anual

   $$(1 + i_a) = (1 + i_t)^4 = (1 + 3\%)^4 = (1 + 0,03)^4 = (1,03)^4$$

E então:

$$i_a = (1,03)^4 - 1 = 1,125509 - 1 = 0,125509 = 12,5509\% \text{ a.a.}$$

Podemos obter esse mesmo valor com a HP 12C ou com o simulador para o diagrama-padrão, conforme indicado a seguir:

Cálculo de FV no final de 4 trimestres

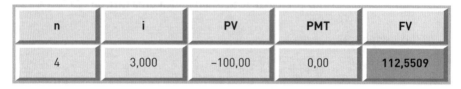

n	i	PV	PMT	FV
4	3,000	-100,00	0,00	**112,5509**

A célula em destaque (abaixo de **FV**) mostra o valor de $112,5509 obtido para **FV**, que em relação ao valor principal de $100,00 indica uma taxa de 12,5509% a.a.

b) taxa semestral

$$(1 + i_s)^2 = (1 + i_t)^4 \rightarrow (1 + i_s) = (1 + i_t)^2 = (1 + 3\%)^2$$

E então:

$$i_s = (1 + 0,03)^2 - 1 = (1,03)^2 - 1 = 1,060900 - 1 = 0,060900 = 6,0900\% \text{ a.s.}$$

Podemos obter esse mesmo valor com a HP 12C ou com o simulador para o diagrama-padrão, conforme indicado a seguir:

Cálculo de FV no final de 2 semestres

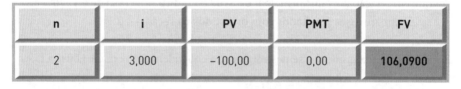

n	i	PV	PMT	FV
2	3,000	-100,00	0,00	**106,0900**

A célula em destaque (abaixo de **FV**) mostra o valor de $106,0900 obtido para **FV**, que em relação ao valor principal de $100,00 indica uma taxa de 6,09% a.s.

3. Calcule a taxa mensal que é equivalente à taxa de 10,00% a.a.

    SOLUÇÃO

    $i_a = 10,00\%$ a.a.

Pela relação **(4.6)** temos:

$$(1 + i_m)^{12} = (1 + i_a) = (1 + 10\%) = (1 + 0{,}10) = 1{,}10$$

E então:

$$i_m = (1{,}10)^{1/12} - 1 = 1{,}007974 - 1 = 0{,}007974 = 0{,}7974\% \text{ a.m.}$$

Com a taxa de 10,00% a.a., um investimento de $100,00 produzirá um montante de $110,00 no final de um ano, ou seja, no final de 12 meses. Assim, podemos obter esse mesmo valor com a HP 12C ou com o simulador para o diagrama-padrão, conforme indicado a seguir:

Cálculo da taxa de juros mensal

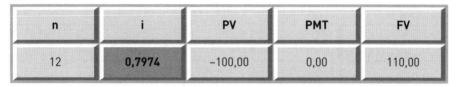

A célula em destaque (abaixo de **i**) mostra o valor de 0,7974% obtido para a taxa **i**, que coincide com o calculado anteriormente.

4. Calcule a taxa diária que é equivalente à taxa de 1,50% a.m.

    SOLUÇÃO
    $i_m = 1{,}50\%$ a.m.

    Pela relação **(4.6)** temos:

    $$(1 + i_d)^{360} = (1 + i_m)^{12} \quad \rightarrow \quad (1 + i_d)^{30} = (1 + i_m) = (1 + 1{,}5\%) = 1{,}015$$

    E então:

    $$i_d = (1{,}015)^{1/30} - 1 = 1{,}000496 - 1 = 0{,}000496 = 0{,}0496\% \text{ a.d.}$$

    Com a taxa de 1,50% a.m., um investimento de $100,00 produzirá um montante de $101,50 no final de um mês, ou seja, no final de 30 dias. Assim, podemos obter esse mesmo valor com a HP 12C ou com o simulador para o diagrama-padrão, conforme indicado a seguir:

Cálculo da taxa de juros diária

n	i	PV	PMT	FV
30	**0,0496**	−100,00	0,00	101,50

A célula em destaque (abaixo de **i**) mostra o valor de 0,0496% obtido para a taxa **i**, que coincide com o calculado anteriormente.

5. Transforme a taxa de juros de 12% a.a. de 360 dias, na sua taxa equivalente anual, para o ano de 365 dias.

SOLUÇÃO

Cálculo da taxa diária equivalente para 360 dias

n	i	PV	PMT	FV
360	**0,03148515**	−100,00	0,00	112,00

Cálculo da taxa anual equivalente para 365 dias

n	i	PV	PMT	FV
365	0,03148515	−100,00	0,00	**112,1764279**

A taxa anual equivalente é igual a 12,1764279% a.a. de 365 dias.

Outra solução é através da utilização do **n** fracionário, como segue:

$$n = 365/360 = 1,013888889$$

n	i	PV	PMT	FV
1,013888889	12,00	−100,00	0,00	**112,1764279**

Observe que os dois resultados são idênticos.

6. Transforme a taxa de juros de 12% a.a. de 365 dias, na sua taxa equivalente anual, para o ano de 360 dias.

SOLUÇÃO
Cálculo da taxa diária equivalente para 365 dias

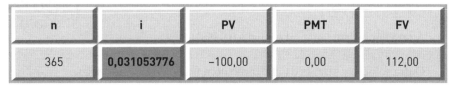

Cálculo da taxa anual equivalente para 360 dias

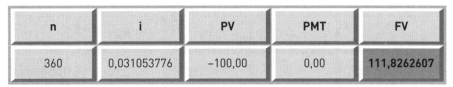

A taxa anual equivalente é igual a 11,8262607 ao ano de 360 dias.

Outra solução é através da utilização do **n** fracionário, como segue:

$$n = 360/365 = 0,986301370$$

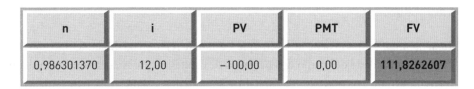

Isso leva ao mesmo resultado anterior.

7. Transforme a taxa de juros de 12% a.a. de 365 dias na sua taxa equivalente mensal.

SOLUÇÃO
Cálculo da taxa diária para 365 dias

n	i	PV	PMT	FV
365	0,031053776	-100,00	0,00	112,00

Cálculo da taxa equivalente mensal

n	i	PV	PMT	FV
30	0,031053776	–100,00	0,00	100,93582032

A taxa equivalente mensal é igual a 0,93582032%.

Outra solução é através da utilização do **n** fracionário, como segue:

$$n = 30/365 = 0,082191781$$

n	i	PV	PMT	FV
0,082191781	12,00	–100,00	0,00	100,93582032

Observe que os dois resultados são idênticos.

4.5 Taxa nominal e taxa efetiva implícita

4.5.1 Conceito

Taxa nominal é uma taxa de juros em que a unidade referencial de seu tempo não coincide com a unidade de tempo dos períodos de capitalização. A taxa nominal é sempre referente ao ano e os períodos de capitalização podem ser semestrais, trimestrais, mensais ou diários. São exemplos de taxas nominais:

- 12,00% a.a., capitalizados mensalmente;
- 24,00% a.a., capitalizados semestralmente;
- 10,00% a.a., capitalizados trimestralmente;
- 18,00% a.a., capitalizados diariamente.

A taxa nominal, bastante utilizada no mercado, não representa uma taxa efetiva e, por isso, não deve ser usada nos cálculos financeiros, no regime de juros compostos.

Toda taxa nominal traz em seu enunciado uma taxa efetiva implícita, que é a taxa de juros a ser aplicada em cada período de capitalização. Essa taxa efetiva implícita é sempre calculada de forma proporcional, no regime de juros simples.

Nos exemplos anteriores, as taxas efetivas que estão implícitas nos enunciados das taxas nominais são as seguintes:

- 12,00% a.a., capitalizados mensalmente: 12,00% a.a. / 12 meses = 1,00% a.m.;
- 24,00% a.a., capitalizados semestralmente: 24,00% a.a. / 2 semestres = 12,00% a.s.;
- 10,00% a.a., capitalizados trimestralmente: 10,00% a.a. / 4 trimestres = 2,50% a.t.;
- 18,00% a.a., capitalizados diariamente: 18,00% a.a. / 360 dias = 0,050% a.d.

Devemos então abandonar os valores das taxas nominais e realizar todos os cálculos financeiros, no regime de juros compostos, com os valores das taxas efetivas correspondentes, ou seja, 1,00% a.m., 12,00% a.s., 2,50% a.t. e 0,050% a.d.

Conforme podemos observar, a taxa efetiva implícita de uma taxa nominal anual é sempre obtida no regime de juros simples. A taxa anual equivalente a essa taxa efetiva implícita é sempre maior que a taxa nominal que lhe deu origem, pois essa equivalência é sempre feita no regime de juros compostos. Essa taxa anual equivalente será tanto maior quanto maior for o número de períodos de capitalização da taxa nominal.

4.5.2 Fórmulas

Vamos, inicialmente, assumir o ano comercial com 360 dias e adotar as seguintes simbologias e denominações:

i_N = taxa de juros nominal anual (em % a.a.);
i_s = taxa semestral efetiva implícita (em % a.s.);
i_t = taxa trimestral efetiva implícita (em % a.t.);
i_m = taxa mensal efetiva implícita (em % a.m.);
i_d = taxa diária efetiva implícita (em % a.d.).

As taxas efetivas, que estão implícitas nas taxas nominais anuais, são obtidas em função do número de períodos de capitalização da taxa nominal, pelas expressões relacionadas na Tabela 4.1:

TABELA 4.1 Taxas nominais e taxas efetivas implícitas

Períodos de capitalização da taxa nominal i_N	Nº de períodos de capitalização no ano	Taxa efetiva implícita
Diária	360	$i_d = i_N / 360$
Mensal	12	$i_m = i_N / 12$
Trimestral	4	$i_t = i_N / 4$
Semestral	2	$i_s = i_N / 2$

Fonte: elaborada pelo autor.

4.5.3 Problemas resolvidos

1. Calcule as taxas efetivas anuais que são equivalentes a uma taxa nominal de 9,00% a.a., com os seguintes períodos de capitalização: *a*) mensal; *b*) trimestral e *c*) semestral.

SOLUÇÃO
$i_N = 9{,}00\%$ a.a.

a) capitalização mensal – taxa efetiva mensal

$$i_m = 9{,}00\% \text{ a.a.} / 12 = 0{,}75\% \text{ a.m.}$$

Pela relação **(4.6)** temos:

$$(1 + i_a) = (1 + i_m)^{12} = (1 + 0{,}75\%)^{12} = (1{,}0075)^{12}$$
$$i_a = (1{,}0075)^{12} - 1 = 1{,}093807 - 1 = 0{,}093807 = 9{,}3807\% \text{ a.a.}$$

Podemos obter esse mesmo valor com a HP 12C ou com o simulador para o diagrama-padrão, conforme indicado a seguir:

Cálculo da taxa de juros anual

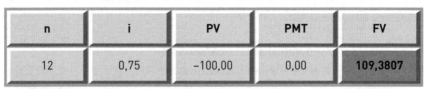

A célula em destaque (abaixo de **FV**) mostra o valor de $109{,}3807$ obtido para **FV**, que em relação ao valor principal de $100{,}00$ indica uma taxa de 9,3807% a.a.

b) capitalização trimestral – taxa efetiva trimestral

$$i_t = 9{,}00\% \text{ a.a.} / 4 = 2{,}25\% \text{ a.t.}$$

Pela relação **(4.6)** temos:

$$(1 + i_a) = (1 + i_t)^4 = (1 + 2{,}25\%)^4 = (1{,}0225)^4$$
$$i_a = (1{,}0225)^4 - 1 = 1{,}093083 - 1 = 0{,}093083 = 9{,}3083\% \text{ a.a.}$$

Podemos obter esse mesmo valor com a HP 12C ou com o simulador para o diagrama-padrão, conforme indicado a seguir:

Cálculo da taxa de juros anual

n	i	PV	PMT	FV
4	2,25	-100,00	0,00	**109,3083**

A célula em destaque (abaixo de **FV**) mostra o valor de $109,3083 obtido para **FV**, que em relação ao valor principal de $100,00 indica uma taxa de 9,3083% a.a.

c) capitalização semestral – taxa efetiva semestral

$$i_s = 9,00\% \text{ a.a.} / 2 = 4,50\% \text{ a.s.}$$

Pela relação **(4.6)** temos:

$$(1 + i_a) = (1 + i_s)^2 = (1 + 4,5\%)^2 = (1,045)^2$$
$$i_a = (1,045)^2 - 1 = 1,092025 - 1 = 0,092025 = 9,2025\% \text{ a.s.}$$

Podemos obter esse mesmo valor com a HP 12C ou com o simulador para o diagrama-padrão, conforme indicado a seguir:

Cálculo da taxa de juros anual

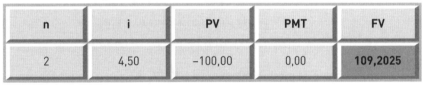

A célula em destaque (abaixo de **FV**) mostra o valor de $109,2025 obtido para **FV**, que em relação ao valor principal de $100,00 indica uma taxa de 9,2025% a.a.

Se repetirmos esse mesmo problema para as taxas nominais de 12,00% a.a., 24,00% a.a. e 36,00% a.a., obteremos os resultados indicados na Tabela 4.2.

TABELA 4.2 Taxas nominais e taxas efetivas anuais

Taxa nominal	Taxas efetivas anuais equivalentes		
Anual (%)	Capitalização semestral	Capitalização trimestral	Capitalização mensal
9,00	9,20	9,31	9,38
12,00	12,36	12,55	12,68
24,00	25,44	26,25	26,82
36,00	39,24	41,16	42,58

Fonte: elaborada pelo autor.

Ao analisarmos os valores da Tabela 4.2 podemos tirar as seguintes conclusões:

a) a taxa efetiva anual é sempre maior do que a taxa nominal anual correspondente a ela;
b) a diferença entre essas duas taxas aumenta quando:

- aumenta o número de períodos de capitalização;
- aumenta o valor da taxa nominal.

2. Calcule a taxa efetiva trimestral que é equivalente a uma taxa nominal de 15,00% a.a., capitalizados mensalmente.

SOLUÇÃO

Taxa nominal
$i_N = 15,00\%$ a.a.

Taxa efetiva implícita para capitalização mensal

$$i_m = 15,00\% / 12 = 1,25\% \text{ a.m.}$$

Pela relação (**4.6**) temos:

$$(1 + i_t)^4 = (1 + i_m)^{12} \rightarrow (1 + i_t) = (1 + i_m)^3$$
$$(1 + i_t) = (1 + 1,25\%)^3 = (1,0125)^3$$
$$i_t = (1,0125)^3 - 1 = 1,037971 - 1 = 0,037971 = 3,7971\% \text{ a.t.}$$

Podemos obter esse mesmo valor com a HP 12C ou com o simulador para o diagrama-padrão, conforme indicado a seguir:

Cálculo da taxa de juros trimestral

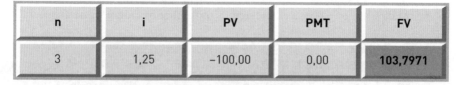

n	i	PV	PMT	FV
3	1,25	−100,00	0,00	**103,7971**

A célula em destaque (abaixo de **FV**) mostra o valor de $103,7971 obtido para **FV**, que em relação ao valor principal de $100,00 indica uma taxa de 3,7971% a.t.

3. Calcule a taxa efetiva mensal que é equivalente a uma taxa nominal de 10,00% a.a. capitalizados trimestralmente.

SOLUÇÃO

Taxa nominal

$i_N = 10,00\%$ a.a. capitalizados trimestralmente

Taxa efetiva implícita para capitalização trimestral:

$$i_t = 10,00\% \text{ a.a.} / 4 = 2,25\% \text{ a.t.}$$

Pela relação **(4.6)** temos:

$$(1 + i_m)^{12} = (1 + i_t)^4 \rightarrow (1 + i_m)^3 = (1 + i_t)$$
$$(1 + i_m) = (1 + 2,5\%)1/3 = (1,025)1/3$$
$$i_m = (1,025)1/3 - 1 = 1,008265 - 1 = 0,008265 = 0,8265\% \text{ a.m.}$$

Podemos obter esse mesmo valor com a HP 12C ou com o simulador em Excel pelos valores indicados a seguir:

Cálculo da taxa de juros mensal

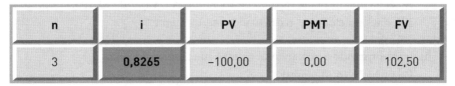

A célula em destaque (abaixo de **i**) mostra o valor de 0,8265 obtido para a taxa **i**, que coincide com o calculado anteriormente.

4. Calcule o montante acumulado no final de dois anos, ao se aplicar $1.000,00 à taxa de 9,00% a.a. capitalizados mensalmente.

SOLUÇÃO

Taxa nominal:
$i_N = 9,00\%$ a.a. capitalizados mensalmente

Taxa efetiva implícita para capitalização mensal:

$$i_t = 9,00\% \text{ a.a.} / 12 = 0,75\% \text{ a.m.}$$

Podemos resolver esse problema de duas maneiras, conforme mostrado a seguir:

a) transformando o ano em meses
   PV = $1.000,00

n = 2 anos = 24 meses
i_m = 0,75% a.m.

O valor de **FV** pode ser assim obtido:

$$FV = PV (1 + i_m)^{24} = 1.000,00 (1 + 0,75\%)^{24} = 1.000,00 (1,0075)^{24} =$$
$$= 1.000,00 \times 1,196414 = \$1.196,41$$

Podemos obter esse mesmo valor com a HP 12C ou com o simulador, conforme indicado a seguir:

Cálculo de FV no final de 24 meses

n	i	PV	PMT	FV
24	0,75	−1.000,00	0,00	**1.196,41**

A célula em destaque (abaixo de **FV**) mostra o valor de $1.196,41 obtido para **FV**, que coincide com o calculado anteriormente.

b) transformando a taxa mensal na taxa anual equivalente
Pela relação **(4.6)** temos:

$$(1 + i_a) = (1 + i_m)^{12} \rightarrow (1 + i_a) = (1 + 0,75\%)^{12}$$
$$i_a = (1,0075)^{12} - 1 = 1,093807 - 1 = 0,093807 = 9,3807\% \text{ a.a.}$$

Temos então os seguintes dados:
PV = $1.000,00
n = 2 anos
i_a = 9,3807% a.a.

O valor de **FV** pode ser assim obtido:

$$FV = PV (1 + i_a)^2 = 1.000,00 (1 + 9,3807\%)^2 = 1.000,00 (1,093807)^2 =$$
$$= 1.000,00 \times 1,196414 = \$1.196,41$$

Podemos obter esse mesmo valor com a HP 12C ou com o simulador, conforme indicado a seguir:

Cálculo da taxa anual equivalente

n	i	PV	PMT	FV
12	0,75	−100,00	0,00	**109,3807**

Cálculo de FV no final de 2 anos

n	i	PV	PMT	FV
2	9,3807	−100,00	0,00	**1.196,41**

5. Calcule o montante do problema anterior se a capitalização for trimestral.

SOLUÇÃO

Taxa nominal

i_N = 9,00% a.a. capitalizados trimestralmente

Taxa efetiva implícita para capitalização trimestral:

$$i_t = 9,00\% \text{ a.a.} / 4 = 2,25\% \text{ a.t.}$$

Transformando o ano em trimestres teremos:

PV = $1.000,00

n = 2 anos = 8 trimestres

i_t = 2,25% a.t.

O valor de FV pode ser assim obtido:

$$FV = PV (1 + i_t)^8 = 1.000,00 (1 + 2,25\%)^8 = 1.000,00 (1,0225)^8 =$$
$$= 1.000,00 \times 1,194831 = \$1.194,83$$

Podemos obter esse mesmo valor com a HP 12C ou com o simulador, conforme indicado a seguir:

Cálculo do montante FV no final de 8 trimestres

n	i	PV	PMT	FV
8	2,25	−1.000,00	0,00	**1.194,83**

Capítulo 4 » Taxas de juros

A célula em destaque (abaixo de **FV**) mostra o valor de $1.194,83 obtido para **FV**, que coincide com o calculado anteriormente.

6. Um certificado de depósito bancário tem um valor de resgate de $10.000,00 e um prazo de 90 dias a decorrer até seu vencimento. Calcule o valor a ser aplicado nesse papel para que sua taxa de remuneração efetiva seja de 10,00% a.a. Realize os cálculos no regime de juros compostos, considerando o ano comercial com 360 dias.

SOLUÇÃO
n = 90 dias
i = 10,00% a.a.
FV = $10.000,00
PMT = $0,00
PV = ?

Temos de alinhar a unidade de medida de tempo dos períodos (dias) com a unidade referencial de tempo da taxa de juros (ano).

No Problema 6, item 3.6 do Capítulo 3, este mesmo problema foi resolvido mudando os 90 dias para fração de ano, como segue:

Cálculo de PV com n fracionário

n	i	PV	PMT	FV
0,25	10,00	**9.764,54**	0,00	−10.000,00

que indica o seguinte resultado: PV = $9.764,54.

Outra opção seria transformar a taxa de juros anual na sua taxa equivalente diária. Em um ano, com uma taxa de 10,00% a.a., $100,00 de *principal* (**PV**) produzem um montante (**FV**) de $110,00 no final de 360 dias. Assim temos:

N = 360 dias
PV = $100,00
FV = $110,00
PMT = 0,00
i = ? (% a.d.)

Os dados desse problema têm a seguinte apresentação no simulador da HP 12C para o diagrama-padrão:

Cálculo da taxa diária equivalente

n	i	PV	PMT	FV
360	0,0264786	−100,00	0,00	110,00

que indica a taxa diária de 0,0264786%.

Com a utilização da taxa equivalente diária, os dados para a obtenção do valor de aplicação têm a seguinte apresentação no simulador da HP 12C para o diagrama-padrão:

Cálculo de PV usando a taxa diária

n	i	PV	PMT	FV
90	0,0264786	9.764,54	0,00	−10.000,00

que indica o mesmo resultado de PV = $9.764,54.

Alternativamente poderíamos transformar o tempo em meses e usar a taxa efetiva mensal equivalente à taxa anual de 10,00% a.a. Você pode verificar que essa solução conduzirá à mesma resposta de $9.764,54.

A utilização do **n** fracionário para o alinhamento das unidades de medida do tempo é sempre a solução mais prática, porém existem diversas situações em que esse caminho não é viável, ao passo que o uso de taxas equivalentes funciona em todos os casos.

4.5.4 Tabela Price

A Tabela Price, que tem grande aceitação no mercado, é utilizada principalmente para calcular o valor das prestações de financiamentos imobiliários. Sua grande característica consiste em ter a taxa nominal como elemento de entrada para obtenção dos fatores. Entretanto, os fatores são calculados com a taxa efetiva decorrente da taxa nominal, em função do número de períodos de capitalização. Assim, por exemplo, uma Tabela Price de 12,00% a.a., capitalizados mensalmente, tem as seguintes características:

- a taxa de entrada para a obtenção dos fatores é de 12,00% a.a., capitalizados mensalmente;

- os períodos dessa tabela correspondem a meses;
- a taxa utilizada no cálculo dos fatores é a taxa efetiva de 1,00% a.m.

Assim, uma Tabela Price de 12,00% a.a., capitalizados mensalmente, corresponde a uma tabela de 1,00% a.m., que representa, em termos equivalentes, uma taxa efetiva de 12,68% a.a.

4.6 Taxas proporcionais *versus* taxas equivalentes

4.6.1 Comparação de taxas anuais

As taxas de juros proporcionais e equivalentes são obtidas, respectivamente, nos regimes de juros simples e compostos.

A Tabela 4.3 apresenta uma comparação de diversas taxas anuais, proporcionais e equivalentes para determinadas taxas mensais.

TABELA 4.3 Taxas proporcionais e taxas equivalentes

Taxas efetivas mensais	Taxas anuais proporcionais (*) Juros simples	Taxas anuais equivalentes Juros compostos
1,00%	12,00%	12,68%
3,00%	36,00%	42,58%
5,00%	60,00%	79,59%
7,00%	84,00%	125,22%
10,00%	120,00%	213,84%
20,00%	240,00%	791,61%

(*) Correspondem às taxas nominais.
Fonte: elaborada pelo autor.

4.6.2 Capitalizações simples e composta – Análise final

Neste item vamos desenvolver dois exemplos numéricos que mostram a capitalização de $100.000,00 ao longo de 8 trimestres sucessivos, com a taxa de 20,00% a.a., considerando os regimes de juros simples e compostos, para constatarmos que o crescimento do capital a juros compostos nem sempre é maior do que o crescimento do capital a juros simples.

a) Capitalização simples a 20,00% a.a.

No regime de juros simples devemos usar a taxa trimestral proporcional, isto é:

$$i_t = 20,00\% \text{ a.a.} / 4 = 5,00\% \text{ a.t.}$$

Assim, no final de cada trimestre o capital inicial de $100.000,00 tem um incremento constante de $100.000,00 × 5,00% = $5.000,00, e os valores dos montantes no final de cada trimestre constam da Tabela 4.4.

TABELA 4.4 Crescimento de $100.000,00 (juros simples e compostos) – Taxa de 20% a.a.

TRIMESTRES	MONTANTES NO FINAL DO TRIMESTRE		
	Juros simples	Juros compostos	Diferenças JC – JS
0	100.000,00	100.000,00	0,00
1	105.000,00	104.663,51	(–)336,49
2	110.000,00	109.544,51	(–)455,49
3	115.000,00	114.653,14	(–)346,86
4	120.000,00	120.000,00	0,00
5	125.000,00	125.596,22	596,22
6	130.000,00	131.453,41	1.453,41
7	135.000,00	137.583,76	2.583,76
8	140.000,00	144.000,00	4.000,00

Fonte: elaborada pelo autor.

b) Capitalização composta a 20,00% a.a.

No regime de juros compostos devemos usar a taxa trimestral equivalente obtida pela aplicação do simulador da HP 12C para o diagrama-padrão, como segue:

Cálculo da taxa trimestral equivalente

n	i	PV	PMT	FV
4	4,663514	–100.000,00	0,00	120.000,00

Os valores dos montantes acumulados no final de cada trimestre, que constam da Tabela 4.4, foram obtidos com o uso do simulador da HP 12C para o diagrama-padrão, como segue:

Cálculo de montantes FV com a taxa trimestral equivalente

n	i	PV	PMT	FV
1	4,663514	–100.000,00	0,00	104.663,51
2	4,663514	–100.000,00	0,00	109.544,51
3	4,663514	–100.000,00	0,00	114.653,14
4	4,663514	–100.000,00	0,00	120.000,00
5	4,663514	–100.000,00	0,00	125.596,22
6	4,663514	–100.000,00	0,00	131.453,41
7	4,663514	–100.000,00	0,00	137.583,76
8	4,663514	–100.000,00	0,00	144.000,00

Capítulo 4 » Taxas de juros

Observe na Tabela 4.4 que no final dos três primeiros trimestres os montantes acumulados pelo capital de $100.000,00, a juros compostos de 20,00% a.a., são inferiores aos montantes acumulados a juros simples de 20,00% a.a. A partir do 2º ano todos os valores dos montantes a juros compostos passam a ser superiores aos valores dos montantes a juros simples.

A Figura 4.5 mostra a evolução gráfica do crescimento desse capital, nos regimes de juros simples e compostos.

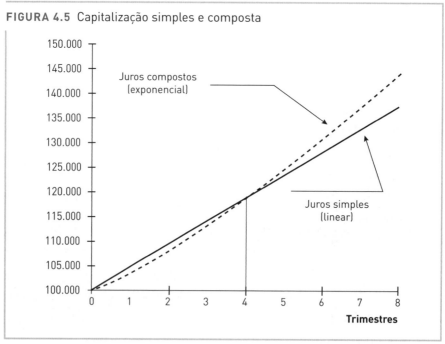

FIGURA 4.5 Capitalização simples e composta

Fonte: elaborada pelo autor.

Já registramos que o crescimento do dinheiro a juros simples é uma linha reta e que a juros compostos é uma curva exponencial, mas isso não significa que o crescimento linear será sempre inferior ao crescimento exponencial.

Verifique que, nesse exemplo, essas duas curvas partem do mesmo ponto (capital inicial de $100.000,00) e se encontram no final do quarto trimestre, onde a taxa de 20,00% a.a., ao ser aplicada nos dois regimes de cálculos, produz o mesmo montante de $120.000,00.

Assim, necessariamente, a curva dos juros compostos tem de passar por baixo da linha reta até o final do quarto trimestre, e somente a partir desse ponto é que a curva exponencial dos juros compostos estará sempre acima da linha reta dos juros simples.

4.7 Outras denominações

4.7.1 Taxa bruta e taxa líquida

Costuma-se denominar como *taxa bruta* de uma aplicação financeira a taxa de juros obtida considerando o valor da aplicação e o valor do resgate bruto, sem levar em conta o desconto do imposto de renda, que é retido pela instituição financeira.

Entretanto, denomina-se *taxa líquida* de uma aplicação financeira a taxa de juros obtida considerando o valor da aplicação e o valor do resgate líquido, já levando em conta o desconto do imposto de renda, que é retido pela instituição financeira. Assim, a taxa líquida é sempre menor do que a taxa bruta.

4.7.2 Taxa real e taxa nominal

Essas duas denominações estão diretamente ligadas ao fenômeno da inflação. Costuma-se denominar *taxa real* a taxa de juros obtida após se eliminar o efeito da inflação, e *taxa nominal*, a taxa de juros que inclui a inflação. Assim, a taxa real é sempre menor do que a taxa nominal.

Importante é não confundir este novo conceito de taxa nominal com a taxa nominal definida na seção 4.5.

4.8 Conclusão

Neste capítulo foram apresentadas diversas formas de informar e calcular taxas de juros. Destacamos os seguintes pontos:

- a *taxa efetiva* é a taxa utilizada nos cálculos financeiros, a juros compostos, pelas calculadoras financeiras e pelas funções financeiras das planilhas eletrônicas;
- a *taxa nominal* tem uma taxa efetiva implícita em seu enunciado, que depende do número de períodos de capitalização. Essa taxa efetiva implícita é a que deve ser utilizada nos cálculos financeiros, a juros compostos;
- *taxas proporcionais* são taxas de juros que proporcionam o mesmo crescimento do dinheiro no regime de juros simples;
- *taxas equivalentes* são taxas de juros que proporcionam o mesmo crescimento do dinheiro no regime de juros compostos;
- *taxa bruta* e *taxa líquida* estão ligadas à questão do imposto de renda;
- *taxa real* e *taxa nominal* estão ligadas ao fenômeno da inflação.

Os cálculos financeiros realizados pela HP 12C e pela planilha Excel exigem que a unidade referencial de tempo da taxa de juros coincida com a unidade referencial de tempo dos períodos de capitalização.

Mostramos neste capítulo como as taxas de juros podem ser transformadas em taxas equivalentes no regime de juros compostos, o que permite que essas condições padronizadas sejam sempre atendidas.

4.9 Problemas propostos

Considere em todos os problemas o ano comercial com 360 dias.

1 Calcule as taxas mensal e diária proporcionais à taxa de 3,60% a.t.

2 Calcule as taxas trimestral e anual proporcionais à taxa de 0,90% a.m.

3 Calcule as taxas mensal e trimestral equivalentes à taxa de 9,00% a.a.

4 Calcule a taxa diária equivalente à taxa de 6,00% a.s.

5 Calcule as taxas efetivas trimestral e anual equivalentes à taxa de 1,05% a.m.

6 Calcule as taxas efetivas anuais equivalentes às taxas de 2,00% a.t. e 4,00% a.s.

7 Calcule a taxa efetiva mensal equivalente a uma taxa nominal de 8,50% a.a., capitalizados trimestralmente.

8 Calcule as taxas efetivas trimestral e anual equivalentes à taxa nominal de 11,40% a.a., capitalizados mensalmente.

9 Calcule o montante acumulado no final de dois anos ao se aplicar um *principal* de $1.000,00 à taxa de 10,20% a.a., capitalizados mensalmente.

10 Uma instituição financeira remunera suas aplicações com uma taxa de 1,20% a.m., no regime de juros simples. Calcule os valores de resgate e as taxas efetivas mensais de uma aplicação de $10.000,00 nas seguintes hipóteses para o prazo da operação: *a)* 10 dias e *b)* 60 dias.

11 Uma instituição financeira remunera suas aplicações com uma taxa efetiva de 1,20% a.m., no regime de juros compostos. Calcule os valores de resgate e as taxas mensais, a juros simples, de uma aplicação de $10.000,00, nas seguintes hipóteses para o prazo da operação: *a)* 10 dias e *b)* 60 dias.

5

Prestações iguais – Tabela Price

5.1 Introdução

Neste capítulo vamos desenvolver as fórmulas usadas nas soluções de problemas que envolvem prestações iguais, no regime de juros compostos, e mostrar suas aplicações por meio de exemplos numéricos.

Essa modalidade de pagamentos é usualmente conhecida como Sistema de prestações iguais ou Tabela Price, na qual todas as prestações têm o mesmo valor, genericamente representamos por **PMT**, seguindo a simbologia da HP 12C.

O fato de todas as prestações terem o mesmo valor permite a obtenção de fórmulas simplificadas para a capitalização e o desconto dessas parcelas mediante a utilização da expressão para a soma de termos de uma progressão geométrica.

Essas fórmulas assumem o ano comercial com 360 dias, o semestre com 180 dias, o trimestre com 90 dias e o mês com 30 dias para que as prestações sejam equidistantes e haja o mesmo número de períodos de capitalização de juros entre elas.

Para facilitar a realização dos cálculos inicialmente utilizamos a HP 12C e seu simulador em Excel na solução de problemas, com seus fluxos de caixa obedecendo às convenções do diagrama-padrão definido na Figura 1.4 do Capítulo 1.

Posteriormente os exercícios são dedicados a problemas com fluxos de caixa que não obedecem a essas convenções. Eles também são resolvidos pelo simulador da HP 12C, mediante as transformações desses fluxos de caixa em outros equivalentes, enquadrados no diagrama-padrão.

5.2 Relação entre PMT e FV

5.2.1 Expressões genéricas

Consideremos o fluxo de caixa da Figura 5.1, que atende às definições do diagrama-padrão da Figura 1.4, do Capítulo 1, na convenção de final de período.

FIGURA 5.1 Relação entre PMT e FV

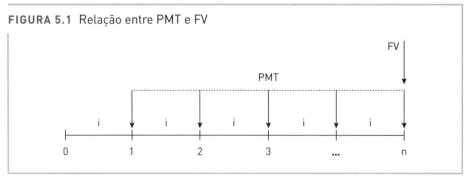

Fonte: elaborada pelo autor.

Inicialmente vamos desenvolver a expressão genérica que permite a obtenção do valor do montante acumulado FV, no final de **n** períodos, a partir da capitalização das **n** prestações iguais, todas com o mesmo valor PMT e com a mesma taxa de juros **i** por período, no regime de juros compostos.

Esse montante **FV** corresponde à soma dos montantes individualmente calculados para cada prestação até o final do período **n**. Assim temos o que segue.

- A 1ª prestação capitaliza juros durante $(n-1)$ períodos e seu valor futuro no final do período **n** é igual a **PMT $(1+i)^{n-1}$**.
- A 2ª prestação capitaliza juros durante $(n-2)$ períodos e seu valor futuro no final do período **n** é igual a **PMT $(1+i)^{n-2}$**.
- A penúltima prestação capitaliza juros durante **1** período e seu valor futuro no final do período **n** é igual a **PMT $(1+i)$**.
- A última prestação não capitaliza juros e seu valor no final do período **n** é igual a **PMT**.

Todos esses montantes estão referenciados no mesmo ponto **n** da escala do tempo e podem, portanto, ser somados, pois são grandezas monetárias de uma mesma data.

Assim, o montante FV é obtido pela soma dessas parcelas, isto é:

$$FV = PMT\,[(1+i)^{n-1} + (1+i)^{n-2} + \ldots + (1+i) + 1] \quad (5.1)$$

As expressões entre colchetes correspondem à soma dos termos de uma progressão geométrica com razão $(1+i)$, cuja fórmula pode ser obtida multiplicando-se ambos os lados da expressão **(5.1)** por $(1+i)$, obtendo-se:

$$FV\,(1+i) = PMT\,[(1+i)^{n} + (1+i)^{n-1} + \ldots + (1+i)^{2} + (1+i)] \quad (5.2)$$

Subtraindo-se a expressão (**5.1**) da expressão (**5.2**) obtém-se:

$$FV \times i = PMT\,[(1+i)^n - 1]$$

Portanto,

$$FV = PMT\left[\frac{(1+i)^n - 1}{i}\right] \quad (5.3)$$

A relação (**5.3**) serve para calcular o valor futuro (montante) FV a partir do valor de cada prestação PMT, e a expressão entre colchetes pode ser calculada para os parâmetros **i** e **n** com a utilização da calculadora HP 12C ou com o simulador em Excel.

A prestação **PMT** a partir do valor futuro **FV** é obtida pela relação inversa da relação (**5.3**), isto é:

$$PMT = FV\left[\frac{i}{(1+i)^n - 1}\right] \quad (5.4)$$

A relação (**5.4**) serve para calcular o valor da prestação PMT a partir do valor futuro FV, e a expressão entre colchetes também pode ser calculada para os parâmetros **i** e **n** com a utilização da calculadora HP 12C ou com o simulador em Excel.

Cabe, ainda, registrar que quando FV e PMT são valores conhecidos, tanto **i** como **n** podem ser as incógnitas do problema, e a obtenção desses parâmetros é feita com facilidade pela HP 12C ou com o simulador em Excel.

5.3 Relação entre PMT e PV

5.3.1 Expressões genéricas

Consideremos o fluxo de caixa da Figura 5.2, que atende às convenções do diagrama-padrão na convenção de final de período.

FIGURA 5.2 Relação entre PMT e PV

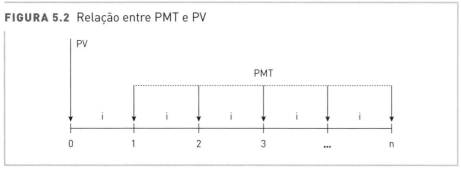

Fonte: elaborada pelo autor.

O problema consiste em determinar o valor presente PV (*principal*) a partir do desconto das **n** prestações iguais, todas com valor igual a PMT, com uma taxa de juros **i** por período, no regime de juros compostos.

Esse problema pode ser resolvido em duas etapas, conforme indicado no esquema da Figura 5.3.

FIGURA 5.3 Relação entre PMT e PV

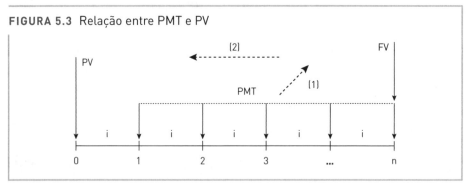

Fonte: elaborada pelo autor.

Inicialmente vamos calcular o montante acumulado **FV** por essas **n** prestações **PMT**, no final de **n** períodos de capitalização da taxa de juros **i**, com o auxílio da relação **(5.3)**, isto é:

$$FV = PMT \left[\frac{(1+i)^n - 1}{i} \right]$$

Esse valor futuro FV substitui as **n** prestações PMT de forma *equivalente* e, assim, podemos obter o valor de PV a partir do valor futuro FV ou, diretamente, a partir das **n** prestações PMT. O conceito de equivalência financeira está explicado de forma mais ampla no Capítulo 7.

Podemos agora transformar esse valor futuro FV no valor presente PV (*principal*) usando a relação **(3.1)**, isto é:

$$FV = PV (1+i)^n$$

Ao substituirmos o valor de **FV** na 1ª relação, obtemos:

$$PV (1+i)^n = PMT \left[\frac{(1+i)^n - 1}{i} \right]$$

E finalmente:

$$\boxed{PV = PMT \left[\frac{(1+i)^n - 1}{i(1+i)^n} \right]} \qquad (5.5)$$

A expressão entre colchetes pode ser calculada para os parâmetros **i** e **n** com a utilização da calculadora HP 12C ou com o simulador em Excel.

A prestação PMT a partir do valor presente PV é obtida pela relação inversa à relação **(5.5)**, isto é:

$$PMT = PV \times \left[\frac{i(1 + i)^n}{(1 + i)^n - 1} \right]$$

(5.6)

A expressão entre colchetes pode ser calculada para os parâmetros **i** e **n** com a utilização da calculadora HP 12C ou com o simulador em Excel.

Essa mesma expressão **(5.6)** foi desenvolvida no Capítulo 10, seção 10.4.3, segundo o conceito de juros sobre saldo devedor, que é o principal fundamento do regime de juros compostos.

5.4 Relação entre PMT, PV e FV

A maioria dos problemas do mercado financeiro envolve apenas quatro parâmetros do diagrama-padrão descrito na seção 1.7 do Capítulo 1. Os parâmetros **n** e **i** são obrigatórios, seja como dados ou como incógnitas, e normalmente os três parâmetros monetários (**PV**, **PMT** e **FV**) aparecem aos pares, podendo ser **PV** com **FV**, **PV** com **PMT** e **PMT** com **FV**.

Alguns problemas, entretanto, envolvem todos os cinco elementos (**n**, **i**, **PV**, **PMT** e **FV**). Tanto a calculadora HP 12C como o simulador em Excel foram desenvolvidos para resolver os problemas com a presença desses cinco elementos, e mostramos a seguir as expressões genéricas utilizadas nesses casos.

Nos problemas que envolvem apenas quatro elementos – **n** e **i** são obrigatórios –, o parâmetro com valor monetário que não participar do problema deve ser anulado, caso contrário vai interferir incorretamente no resultado final.

O simulador sempre considera as prestações iguais a PMT como postecipadas, isto é, que obedecem à convenção de final de período, e o registro dos valores PV, FV e PMT deve ser feito segundo a convenção de sinal, na qual as entradas de caixa têm sinal (+) e as saídas de caixa têm sinal (−).

5.4.1 Expressão genérica

A expressão genérica para resolver os problemas que envolvem os cinco parâmetros (n, i, PV, PMT e FV) está baseada no diagrama-padrão, que repetimos na Figura 5.4.

FIGURA 5.4 Relação entre PV, PMT e FV

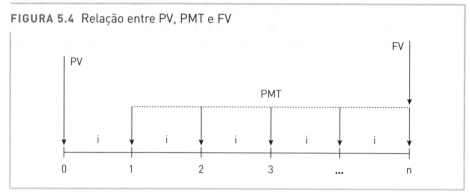

Fonte: elaborada pelo autor.

Tanto a calculadora HP 12C como o simulador em Excel interligam os cinco parâmetros (n, i, PV, PMT e FV), de modo que o valor presente (PV), para uma taxa de juros **i**, é sempre obtido pela seguinte relação:

$$PV = \text{valor presente de FV} + \text{valor presente das prestações PMT} \quad (5.7)$$

Os valores presentes de FV e das prestações PMT são obtidos pelas relações **(3.2)** e **(5.5)**, respectivamente; substituídos na relação **(5.7)** fornecem a expressão genérica a seguir:

$$PV = \left[\frac{FV}{(1+i)^n}\right] + PMT\left[\frac{(1+i)^n - 1}{i(1+i)^n}\right] \quad (5.8)$$

As expressões genéricas para o cálculo dos outros parâmetros – FV e PMT – podem ser obtidas de maneira análoga.

O importante é lembrar que os cinco parâmetros estão sempre interligados e que a convenção de sinal deve ser sempre observada ao se registrar os três parâmetros financeiros – PV, PMT e FV.

5.5 Exemplos numéricos com o diagrama-padrão

Neste item vamos resolver problemas financeiros cujos fluxos de caixa atendam às convenções do diagrama-padrão. O objetivo é familiarizar o leitor com o uso da calculadora HP 12C e do simulador para o diagrama-padrão, que está subdividido em cinco segmentos, conforme mostrado a seguir:

Cálculo do valor futuro FV

n	i	PV	PMT	FV
X,XX	X,XXXXX	XX.XXX,XX	XX.XXX,XX	**XX.XXX,XX**

Cálculo do valor presente PV

n	i	PV	PMT	FV
X,XX	X,XXXXX	**XX.XXX,XX**	XX.XXX,XX	XX.XXX,XX

Cálculo da prestação PMT

n	i	PV	PMT	FV
X,XX	X,XXXXX	XX.XXX,XX	**XX.XXX,XX**	XX.XXX,XX

Cálculo da taxa de juros i

n	i	PV	PMT	FV
X,XX	**X,XXXXX**	XX.XXX,XX	XX.XXX,XX	XX.XXX,XX

Cálculo do número de períodos n

n	i	PV	PMT	FV
X,XX	X,XXXXX	XX.XXX,XX	XX.XXX,XX	XX.XXX,XX

O segmento a ser selecionado deve ser aquele que calcula a incógnita do problema. Como os cinco segmentos estão na mesma página da planilha Excel, essa escolha é muito simples e espontânea.

O segmento que for escolhido para resolver o problema terá a célula abaixo da incógnita destacada por um sombreamento para indicar que nela aparecerá a resposta do problema. Por exemplo, ao selecionar o segmento para realizar o cálculo do valor futuro **FV**, a célula abaixo de FV ficará sombreada para indicar que vai conter a resposta do problema. Caso você use a HP 12C, essa convenção indica que a tecla FV da calculadora deve ser a última a ser acionada para disparar o cálculo desse parâmetro. Assim, o simulador não só resolve os problemas como serve também para organizar os dados de uma forma didática, facilitando a utilização da calculadora.

O simulador segue a convenção de final de período, com as prestações PMT postecipadas, e os parâmetros financeiros (PV, FV e PMT), ao serem registrados, devem obedecer à convenção de sinal, na qual as entradas de caixa têm sinal (+) e as saídas de caixa têm sinal (−). Quando **n** ou **i** for a incógnita do problema, a HP 12C e o simulador indicarão **erro** se a convenção de sinal não for respeitada.

1. Um banco remunera seus depósitos com uma taxa efetiva de juros de 10,00% a.a., no regime de juros compostos. Calcule o saldo acumulado nesse banco, imediatamente após o depósito do 5º ano, por um investidor que realizou cinco depósitos anuais de $1.000,00, conforme mostra a Figura 5.5.

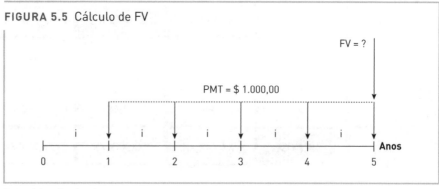

FIGURA 5.5 Cálculo de FV

Fonte: elaborada pelo autor.

SOLUÇÃO

n = 5 anos
i = 10,00% a.a.
PMT = $1.000,00
PV = 0,00
FV = ?

Esses dados, colocados no simulador da HP 12C para o diagrama-padrão, têm a seguinte apresentação:

Cálculo de FV a partir de PMT

n	i	PV	PMT	FV
5	10,00	0,00	−1.000,00	**6.105,10**

que indica $6.105,10 para o valor futuro no final do 5º ano, que só será alcançado nesse período, imediatamente após a efetivação do último depósito.

2. Um investidor efetua os quatro depósitos anuais de $5.000,00 indicados no fluxo de caixa da Figura 5.6.

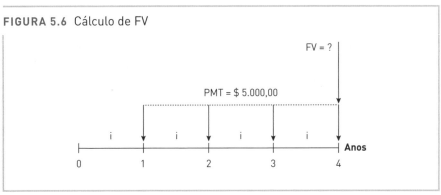

FIGURA 5.6 Cálculo de FV

Fonte: elaborada pelo autor.

Sabendo que esses depósitos são remunerados com uma taxa efetiva de 8,00% a.a., no regime de juros compostos, calcule o valor acumulado por esse investidor no final do quarto ano, imediatamente antes da realização do quarto depósito.

SOLUÇÃO

Inicialmente devemos calcular o saldo acumulado imediatamente após o 4º depósito, com os seguintes dados:

n = 4 anos
i = 8,00% a.a.
PMT = $5.000,00
PV = 0,00
FV = ?

Esses dados, colocados no simulador da HP 12C para o diagrama-padrão, têm a seguinte apresentação:

Cálculo de FV a partir de PMT

n	i	PV	PMT	FV
4	8,00	0,00	−5.000,00	**22.530,56**

que indica $22.530,56 para o saldo após o 4º depósito.

O saldo acumulado imediatamente antes da realização do 4º depósito é obtido subtraindo-se o valor do último depósito do saldo calculado após o 5º depósito, conforme indicado a seguir:

$$\$22.530,56 - \$5.000,00 = \$17.530,56$$

3. Calcule o valor dos quatro depósitos trimestrais do fluxo de caixa da Figura 5.7, capazes de produzir o montante de $ 10.000,00 no final do 4º trimestre, com uma taxa efetiva de 3,00% a.t., no regime de juros compostos.

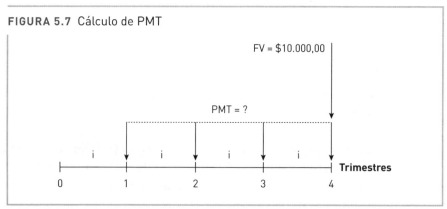

FIGURA 5.7 Cálculo de PMT

Fonte: elaborada pelo autor.

SOLUÇÃO

n = 4 trimestres
i = 3,00% a.t.
FV = $10.000,00
PV = 0,00
PMT = ?

Esses dados, colocados no simulador da HP 12C para o diagrama-padrão, têm a seguinte apresentação:

Cálculo de PMT a partir de FV

n	i	PV	PMT	FV
4	3,00	0,00	**2.390,27**	−10.000,00

que indica o resultado de PMT = $2.390,27.

4. Calcule o valor de seis depósitos mensais, iguais e sucessivos, capazes de produzir um montante de $5.000,00 no final do 6º mês, imediatamente após a realização do 6º depósito, sabendo que esses depósitos são remunerados com uma taxa de 12,00% a.a., capitalizados mensalmente.

SOLUÇÃO

A taxa de juros é uma taxa nominal, cuja taxa efetiva implícita está indicada a seguir.

n = 6 meses
i = 12,00% / 12 = 1,00% a.m.
FV = $5.000,00
PV = 0,00
PMT = ?

O fluxo de caixa desse problema está indicado na Figura 5.8:

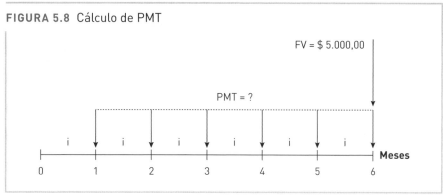

FIGURA 5.8 Cálculo de PMT

Fonte: elaborada pelo autor.

Esses dados, colocados no simulador da HP 12C para o diagrama-padrão, têm a seguinte apresentação:

Cálculo de PMT a partir de FV

n	i	PV	PMT	FV
6	1,00	0,00	812,74	-5.000,00

que indica o resultado de PMT = $812,74.

5. Seis depósitos mensais de $10.000,00 produziram um saldo acumulado de $65.000,00 imediatamente após a realização do último depósito mensal. Calcule a taxa de juros mensal praticada por essa instituição financeira, que opera no regime de juros compostos.

SOLUÇÃO
n = 6 meses
FV = $65.000,00
PV = 0,00
PMT = $10.000,00
i = ? (% a.m.)

O fluxo de caixa desse problema está indicado na Figura 5.9:

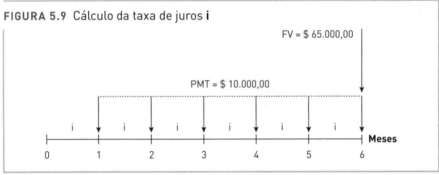

FIGURA 5.9 Cálculo da taxa de juros i

Fonte: elaborada pelo autor.

Esses dados, colocados no simulador da HP 12C para o diagrama-padrão, têm a seguinte apresentação:

Cálculo de i a partir de PMT e FV

n	i	PV	PMT	FV
6	3,194	0,00	10.000,00	-65.000,00

que indica a taxa de 3,194% a.m.

6. Calcule o número de depósitos mensais de $10.000,00 que devem ser efetuados numa instituição financeira, que opera a juros compostos com uma taxa efetiva de juros de 3,00% a.m., para proporcionar um saldo acumulado de $65.000,00, imediatamente após a realização do último depósito mensal.

SOLUÇÃO

FV = $65.000,00

PV = 0,00

PMT = $10.000,00

i = 3,00% a.m.

n = ? meses

O fluxo de caixa desse problema é o mesmo do problema anterior, que está indicado na Figura 5.9.

Esses dados, colocados no simulador da HP 12C para o diagrama-padrão, têm a seguinte apresentação:

Cálculo de n a partir de PMT e FV

n	i	PV	PMT	FV
6,03	3,00	0,00	–10.000,00	65.000,00

que indica n = 6,03 meses.

Observe que o resultado obtido pela HP 12C para esses mesmos dados é **n = 7**, pois a calculadora arredonda o resultado do valor de **n** para o primeiro número inteiro acima do resultado fracionário.

7. Calcule o valor do *principal* de um financiamento realizado com uma taxa efetiva de 1,00% a.m., no regime de juros compostos, que deve ser liquidado em 12 prestações mensais, sucessivas e iguais a $1.000,00, sendo que a 1ª prestação ocorre 30 dias após liberação do *principal* do financiamento.

SOLUÇÃO

n = 12 meses

i = 1,00% a.m.

PMT = $1.000,00

FV = 0,00

PV = ?

Capítulo 5 » Prestações iguais –Tabela Price 103

Esses dados, colocados no simulador da HP 12C para o diagrama-padrão, têm a seguinte apresentação:

Cálculo de PV a partir de PMT

n	i	PV	PMT	FV
12	1,00	**11.255,08**	−1.000,00	0,00

que indica o resultado de PV = $11.255,08.

8. Calcule o valor do investimento necessário para garantir um recebimento anual de $10.000,00 no final de cada um dos próximos oito anos, sabendo que esse investimento é remunerado com uma taxa efetiva de 10,00% a.a., no regime de juros compostos.

SOLUÇÃO
n = 8 anos
i = 10,00% a.a.
PMT = $10.000,00
FV = 0,00
PV = ?

Esses dados, colocados no simulador da HP 12C para o diagrama-padrão, têm a seguinte apresentação:

Cálculo de PV a partir de PMT

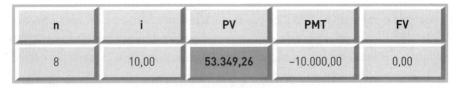

n	i	PV	PMT	FV
8	10,00	**53.349,26**	−10.000,00	0,00

que indica o resultado de PV = $53.349,26.

9. Calcule o valor das prestações anuais de um financiamento realizado com a taxa efetiva de 8,00% a.a., no regime de juros compostos, sabendo que o valor do *principal* é de $1.000,00, o prazo da operação é de quatro anos e a 1ª prestação ocorre um ano após a liberação do *principal* do financiamento.

SOLUÇÃO
n = 4 anos
i = 8,00% a.a.
PV = $1.000,00
FV = 0,00
PMT = ?

Esses dados, colocados no simulador da HP 12C para o diagrama-padrão, têm a seguinte apresentação:

Cálculo de PMT a partir de PV

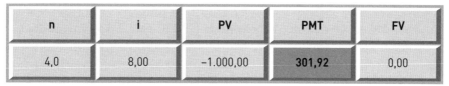

que indica o resultado de PMT = $301,92.

10. Uma loja de eletrodomésticos financia seus produtos em seis prestações mensais, iguais e sucessivas, e obtém nessas operações uma remuneração efetiva de 1,50% a.m., no regime de juros compostos. A primeira prestação ocorre 30 dias após a operação de venda. Calcule o valor dessas prestações para um financiamento com um *principal* de $3.000,00.

SOLUÇÃO
n = 6 meses
i = 1,50% a.m.
PV = $3.000,00
FV = 0,00
PMT = ?

Esses dados, colocados no simulador da HP 12C para o diagrama-padrão, têm a seguinte apresentação:

Cálculo de PMT a partir de PV

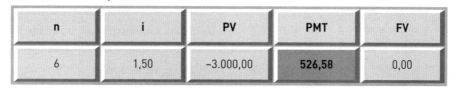

que indica o resultado de PMT = $526,58.

11. Um eletrodoméstico, cujo preço à vista é de $1.600,00, está sendo financiado em seis prestações mensais, iguais e sucessivas, no valor de $290,00, com a primeira prestação para 30 dias após a operação de venda. Calcule a taxa de juros compostos que está sendo cobrada nesse financiamento.

SOLUÇÃO
n = 6 meses
PV = $1.600,00
FV = 0,00
PMT = $290,00
i = ? (% a.m.)

Esses dados, colocados no simulador da HP 12C para o diagrama-padrão, têm a seguinte apresentação:

Cálculo de i a partir de PV e PMT

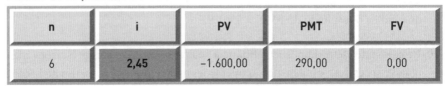

n	i	PV	PMT	FV
6	2,45	−1.600,00	290,00	0,00

que indica o resultado de 2,45% a.m.

12. Um eletrodoméstico, cujo preço à vista é de $1.000,00, está sendo financiado em prestações mensais, iguais e sucessivas, no valor de $270,00, com a primeira prestação para 30 dias após a operação de venda. Sabendo que a taxa de juros compostos desse financiamento é de 3,00% a.m., calcule o número de meses necessários para sua liquidação.

SOLUÇÃO
PV = $1.000,00
FV = 0,00
PMT = $270,00
i = 3,00% a.m.
n = ? meses

Cálculo de n a partir de PMT e PV

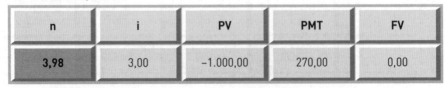

n	i	PV	PMT	FV
3,98	3,00	−1.000,00	270,00	0,00

que indica o resultado de n = 3,98 meses.

O resultado obtido pela HP 12C para esses mesmos dados é **n = 4**, pois a calculadora arredonda o resultado do valor de **n** para o primeiro número inteiro acima do resultado fracionário.

13. Uma financeira emite letras de câmbio de renda mensal num prazo de 12 meses, com uma taxa efetiva de juros mensais de 1,00% a.m. O valor de resgate dessa letra de câmbio é de $10.000,00 e os 12 cupons mensais de juros têm o mesmo valor de $100,00.

    CALCULE
    a) o valor de emissão do papel;
    b) o valor de venda, na data de emissão, caso se queira proporcionar uma rentabilidade de 1,50% a.m. para o investidor que conservar o papel até a data do seu resgate;
    c) o valor de venda, na data de emissão, caso se queira oferecer apenas rentabilidade de 0,80% a.m. para o investidor que conservar o papel até a data do seu resgate;
    d) a rentabilidade do investidor que adquirir o título com um deságio de 5,00% sobre o valor de emissão de $10.000,00.

    SOLUÇÃO
    FV = $10.000,00
    PMT = $100,00
    i = 1,00% a.m.
    n = 12 meses
    PV = ?

O fluxo de caixa do investidor que comprar essa letra de câmbio está indicado na Figura 5.10.

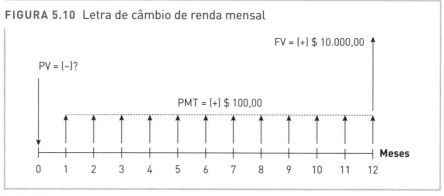

FIGURA 5.10 Letra de câmbio de renda mensal

Fonte: elaborada pelo autor.

Observe que, neste caso, os cinco parâmetros do diagrama-padrão fazem parte do problema, e tanto a HP 12C como o simulador em Excel estão preparados para solucionar esse problema sem qualquer dificuldade.

a) Cálculo do valor de emissão do papel (PV)
O valor de emissão é o valor presente (PV) do título, para 1,00% a.m. de rentabilidade, e os dados da letra de câmbio colocados no simulador da HP 12C para o diagrama-padrão têm a seguinte apresentação:

Cálculo do valor de emissão a partir do valor de PMT e FV

n	i	PV	PMT	FV
12	1,00	−10.000,00	100,00	10.000,00

que indica o valor de emissão igual a $10.000,00.

Esse valor de emissão ($10.000,00) tem de ser igual à soma do valor presente dos 12 cupons de $100,00 (PMT) com o valor presente dos $10.000,00 de resgate (FV), conforme mostrado a seguir.

Cálculo de PV dos 12 cupons mensais (PMT)

n	i	PV	PMT	FV
12	1,00	−1.125,51	100,00	0,00

Cálculo de PV a partir do valor de resgate (FV)

n	i	PV	PMT	FV
12	1,00	−8.874,49	0,00	10.000,00

Verifique que a soma desses dois valores ($1.125,51 e $8.874,49) é exatamente igual a $10.000,00, confirmando o valor de emissão do papel para uma taxa de rentabilidade de 1% a.m.

b) Cálculo do valor de venda para rentabilidade de 1,50% a.m.
O valor de venda do título para uma taxa de rentabilidade de 1,50% a.m. corresponde ao valor presente (PV) do fluxo de caixa da Figura 5.10 para uma

taxa de juros de 1,50% a.m., e o simulador da HP 12C para o diagrama-padrão passa a ter a seguinte apresentação:

Cálculo do valor de venda para rentabilidade de 1,50% a.m.

n	i	PV	PMT	FV
12	1,50	−9.454,62	100,00	10.000,00

Neste caso, o valor de venda teve um *deságio* de 5,4538% sobre o valor de emissão para atingir a taxa de rentabilidade de 1,50% a.m., a ser oferecida ao investidor.

c) Cálculo do valor de venda para rentabilidade de 0,80% a.m.

O valor de venda do título para uma taxa de rentabilidade de 0,80% a.m. corresponde ao valor presente (PV) da Figura 5.10 para uma taxa de juros de 0,80% a.m., e o simulador da HP 12C para o diagrama-padrão passa a ter a seguinte apresentação:

Cálculo do valor de venda para rentabilidade de 0,80% a.m.

n	i	PV	PMT	FV
12	0,80	−10.227,97	100,00	10.000,00

Nesse caso, o valor de venda teve um *ágio* de 2,2797% sobre o valor de emissão para reduzir a taxa de rentabilidade para 0,80% a.m., a ser oferecida ao investidor.

d) Cálculo da rentabilidade para um deságio de 5,00% sobre o valor de emissão

Nesse caso, o valor de venda, com um deságio de 5,00%, é representado por 95% × $10.000,00 = $9.500,00, e os dados do problema passam a ser os seguintes:

FV = $10.000,00
PMT = $100,00
n = 12 meses
PV = $9.500,00
i = ? (% a.m.)

Esses dados, colocados no simulador da HP 12C para o diagrama-padrão, têm a seguinte apresentação:

Cálculo de i a partir de PV e PMT

que indica o resultado de 1,46% a.m. para a rentabilidade do investidor.

14. Uma operação de *leasing* (arrendamento mercantil) foi realizada, pelo prazo de dois anos, para a aquisição de um equipamento que tem um preço à vista de $1.000.000,00, com uma taxa de juros efetiva de 2,00% a.m. Calcule o valor da taxa mensal de arrendamento (prestação postecipada) para essa operação de *leasing*, que tem um valor residual garantido (VRG) de 20% do valor do equipamento, a ser pago no final da operação para garantir ao arrendatário a compra do equipamento:

SOLUÇÃO
PV = $1.000.000,00
FV = VRG = 20% × 1.000.000,00 = $200.000,00
n = 24 meses
i = 2,00% a.m.
PMT = $0,00

O fluxo de caixa dessa operação está indicado na Figura 5.11.

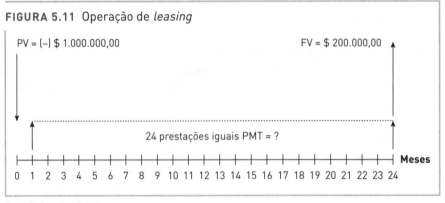

FIGURA 5.11 Operação de *leasing*

Fonte: Elaborada pelo autor.

Observe que, nesse problema, estão presentes os cinco parâmetros do diagrama-padrão, e tanto a HP 12C como o simulador em Excel estão preparados para solucioná-lo.

Esses dados, colocados no simulador da HP 12C para o diagrama-padrão, têm a seguinte apresentação:

Cálculo de PMT a partir do valor de PV

n	i	PV	PMT	FV
24	2,00	-1.000.000,00	**46.296,88**	200.000,00

que indica o valor de $46.296,88 para a prestação do arrendamento mercantil.

Vamos, agora, verificar o resultado obtido calculando o valor presente (PV) do fluxo de caixa, com taxa de juros de 2,00% a.m., através da soma do valor presente das prestações com o valor do VRG ($200.000,00), como segue:

Cálculo do PV a partir de PMT e de FV (VRG)

n	i	PV	PMT	FV
24	2,00	**-875.655,74**	46.296,88	0,00
24	2,00	**-124.344,30**	0,00	200.000,00
		Soma dos PVs	**-1.000.000,04**	

que indica $1.000.000,04 para o valor da operação. A pequena diferença de $0,04 para o valor original da operação se deve ao arredondamento das parcelas.

5.6 Prestações perpétuas

5.6.1 Prestações perpétuas sem crescimento

Neste item vamos desenvolver a fórmula para o cálculo das prestações PMT quando o número de períodos (**n**) tende ao infinito, isto é, para o cálculo de prestações perpétuas, ou perpetuidades, sem crescimento.

Vamos nos basear no problema 13 do item anterior, que apresenta o fluxo de caixa mostrado na Figura 5.12, com taxa de juros de 1,00% a.m.

FIGURA 5.12 Séries perpétuas

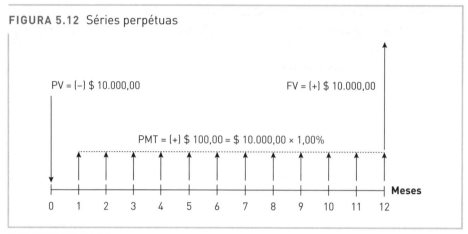

Fonte: elaborada pelo autor.

É importante lembrar que esse título obedece ao conceito fundamental do regime de juros compostos, senão vejamos.

No 1º mês, o *principal* (PV) de $10.000,00 rende juros de $100,00, obtidos conforme indicado a seguir:

$$\$100{,}00 = \text{PMT} = \$10.000{,}00 \times 1{,}00\% = \text{PV} \times i$$

Assim, no final do 1º mês, temos:

- saldo devedor = $10.000,00 + $100,00 = $10.100,00;
- pagamento dos $100,00 de juros;
- saldo devedor para o início do 2º mês = $10.100,00 − $100,00 = $10.000,00.

Essa sistemática é mantida em todos os meses até o mês de vencimento do papel, em que o investidor recebe os juros de $100,00 e os $10.000,00 originalmente aplicados.

Quanto maior for o número de meses (**n**), menor será a importância do valor de resgate do *principal* colocado no último mês do fluxo de caixa e, portanto, menor será seu valor presente. Se o valor de **n** tender ao infinito, então o valor presente dessa parcela futura de $10.000,00 tenderá a zero.

Assim, quando **n** tende ao infinito, o principal PV passa a ser equivalente a uma série perpétua de prestações **PMT = PV × i**, e são válidas as relações:

Valor presente de prestações perpétuas com valor igual a PMT

$$\boxed{\text{PV} = \frac{\text{PMT}}{i}} \qquad (5.9)$$

Valor das prestações perpétuas PMT para um principal PV

$$PMT = PV \times i$$ (5.10)

Exemplos numéricos

1. Calcule o valor do investimento necessário para garantir um recebimento anual de $1.000,00, de forma perpétua, sem crescimento, sabendo que esse investimento é remunerado com uma taxa efetiva de 10,00% a.a., no regime de juros compostos.

SOLUÇÃO

A partir da relação **(5.9)** podemos escrever

$$PV = \$1.000,00 / 10,00\% = \$10.000,00$$

2. Calcule o valor da prestação mensal perpétua, sem crescimento, que remunera um investimento de $100.000,00 com taxa de 1,20% a.m., no regime composto.

SOLUÇÃO

Com base na relação **(5.10)** podemos escrever:

$$PMT = \$100.000,00 \times 1,20\% = \$1.200,00$$

3. As ações preferenciais de determinada empresa pagam um dividendo anual de $5,00 por ação, sem crescimento. Calcule o valor da ação preferencial dessa empresa, sabendo que a taxa de desconto utilizada no mercado é de 8,00% a.a.

SOLUÇÃO

Assumindo que essas ações preferenciais pagam regularmente esses dividendos anuais, e que ações preferenciais não têm data de resgate, podemos considerar os dividendos pagos por essa ação como uma perpetuidade, sem crescimento. Dessa forma, o valor dela é obtido pela relação **(5.9)**, isto é:

$$PV = \$5,00 / 8,00\% = \$62,50$$

5.6.2 Prestações perpétuas com crescimento

No cálculo de séries perpétuas, quando temos uma taxa periódica (g) de crescimento, o valor presente das prestações é obtido pela relação a seguir:

$$PV = \frac{PMT}{(i - g)}$$ (5.11)

Portanto,

$$PMT = PV \times (i - g)$$ (5.12)

Sendo i = taxa de desconto do fluxo de caixa e g = taxa de crescimento (inflação).

Exemplo numérico

Determine o valor do capital um mês antes do 1º pagamento que permita usufruir perpetuamente $2.000,00 por mês, reajustados mensalmente a uma taxa de 6%, supondo uma taxa de juros compostos de 10% a.m.

SOLUÇÃO

Pela relação (5.11) podemos escrever:

$$PV = PMT / (i - g) = 2.000,00 / (10\% - 6\%) = 2.000,00 / 0,04 = \$50.000,00$$

5.7 Enquadramento no diagrama-padrão

No item 5.5 mostramos, através de diversos exemplos numéricos, como é simples resolver com o simulador da HP 12C os problemas financeiros cujos fluxos de caixa atendem às convenções do diagrama-padrão.

Neste item vamos mostrar como resolver, com o mesmo simulador, aqueles problemas que têm taxas de juros conhecidas e que envolvem prestações iguais (PMT), porém, com o posicionamento das parcelas PV e/ou FV em relação às prestações PMT, que não atende à convenção do diagrama-padrão.

O Capítulo 6 mostra a solução de problemas financeiros quando os fluxos de caixa são totalmente heterogêneos e suas parcelas não têm nenhuma lei de formação. Apresenta também uma solução genérica para a obtenção da taxa de juros de qualquer fluxo de caixa.

A Figura 5.13 é fundamental para o enquadramento, no diagrama-padrão, das parcelas que não atendem à convenção adotada na obtenção das expressões genéricas que relacionam PV, PMT e FV.

Observe que na convenção de final de período do diagrama-padrão o relacionamento entre PV e PMT se estabelece somente quando a parcela PV está posicionada um período antes da 1ª prestação PMT. Da mesma forma, o relacionamento entre FV e PMT ocorre somente quando a parcela FV está posicionada no final do mesmo período da última prestação PMT.

Para explicar como se fazer o enquadramento de parcelas que não estão corretamente posicionadas em relação à prestação, colocamos as parcelas **A**, **B** e **C** nas posições indicadas na Figura 5.13.

114   Matemática Financeira

FIGURA 5.13 Enquadramento no diagrama-padrão

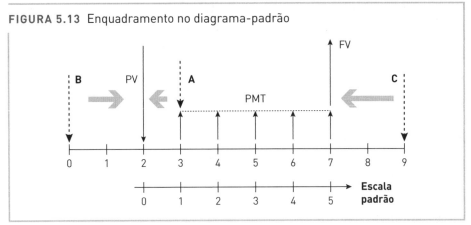

Fonte: elaborada pelo autor.

As parcelas **A** e **B**, em tracejado, representam situações em que o *principal* do financiamento está mal posicionado em relação ao diagrama-padrão. A parcela **A** representa a situação das prestações antecipadas (resolvida com a tecla **BEGIN** da HP 12C) e a parcela **B** representa a situação de financiamentos com prazo de carência para iniciar os pagamentos das prestações.

Para as parcelas **A** e **B** se transformarem em PMT, ou vice-versa, elas precisam se movimentar para o local onde deve estar posicionado o principal PV, o que pode ser feito com facilidade quando a taxa de juros é conhecida.

No exemplo da Figura 5.13, a parcela **A** tem que se movimentar um período para a esquerda, ou seja, precisa ser descontado um período com a taxa de juros **i**. Para isso ser alcançado, basta dividi-la por **(1 + i)**. Alternativamente, no simulador da HP 12C, a parcela **A** pode ser um FV para se calcular o PV, com a taxa **i** e com **n = 1**.

No caso da parcela **B**, ela tem que se movimentar dois períodos para a direita, ou seja, precisa ser capitalizada dois períodos com a taxa de juros **i**. Para isso ser alcançado, basta multiplicá-la por **(1 + i)²**. Alternativamente, no simulador da HP 12C, a parcela **B** pode ser um PV para se calcular o FV, com a taxa **i** e com **n = 2**.

Observe que no diagrama-padrão o montante FV só é alcançado após a efetivação do último depósito PMT. Assim, quem quiser resgatar o montante FV no final do último período n terá que, primeiramente, depositar o valor PMT para depois resgatar o montante FV.

Para contornar essas situações, indicamos na Figura 5.13 a parcela **C** (em tracejado), que não atende a essa convenção do diagrama-padrão e, portanto, só pode ser transformada em PMT após ser movimentada para o final do período da última prestação.

Assim, a parcela **C** tem que se movimentar dois períodos para a esquerda, ou seja, precisa ser descontada dois períodos com a taxa de juros **i**. Para isso ser alcançado, basta dividi-la por $(1+i)^2$. Alternativamente, no simulador da HP 12C, a parcela **C** pode ser um FV para se calcular o PV, com a taxa **i** e com **n = 2**.

No próximo item desenvolveremos diversos exemplos numéricos que esclarecem, em detalhe, todas essas situações.

Importante ressaltar que essas movimentações de valores só se enquadram no diagrama-padrão quando a taxa de juros **i** é conhecida.

Quando a taxa de juros **i** é a incógnita do problema, não é possível movimentar as parcelas financeiras para ficarem dentro das condições do diagrama-padrão. Nesses casos, a obtenção da taxa de juros só é possível através da função **IRR** da HP 12C ou da função **TIR** da Planilha Excel, conforme será mostrado no Capítulo 6.

5.8 Problemas resolvidos

1. Um banco de investimentos financia a venda de equipamentos num prazo de dois anos, com uma taxa efetiva de 3,00% a.t., no regime de juros compostos. Calcule o valor da prestação trimestral de um equipamento cujo valor à vista é de $20.000,00, sabendo que a 1ª prestação ocorre 90 dias após a liberação dos recursos.

SOLUÇÃO
n = 2 anos = 8 trimestres
i = 3,00% a.t.
PV = $20.000,00
FV = 0,00
PMT = ?

Esses dados, colocados no simulador da HP 12C para o diagrama-padrão, têm a seguinte apresentação:

Cálculo de PMT a partir de PV

que indica o resultado de PMT = $2.849,13.

2. O preço à vista de um equipamento é igual a $11.400,00. Uma loja o está anunciando por $ 1.400,00 de entrada e mais quatro prestações trimestrais de $2.580,00. Calcule a taxa efetiva trimestral de juros cobrada na parte financiada, sabendo que a 1ª prestação ocorre 90 dias após a liberação dos recursos.

SOLUÇÃO

n = 4 trimestres
PV = $11.400,00 − $1.400,00 = $10.000,00 (parcela financiada)
FV = 0,00
PMT = $2.580,00
i = ? (% a.t.)

Esses dados, colocados no simulador da HP 12C para o diagrama-padrão, têm a seguinte apresentação:

Cálculo de i a partir de PV e PMT

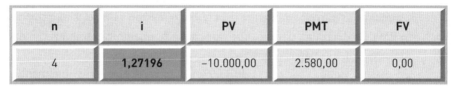

n	i	PV	PMT	FV
4	1,27196	−10.000,00	2.580,00	0,00

que indica a taxa efetiva de juros de 1,27196% a.t.

3. Uma dívida deve ser liquidada em três prestações trimestrais iguais de $ 1.000,00. Calcule o valor do *principal* dessa dívida, sabendo que o custo efetivo desse financiamento é de 1,00% a.m., no regime de juros compostos, assumindo o mês com 30 dias e o trimestre com 90 dias.

SOLUÇÃO

O fluxo de caixa dessa dívida pode ser visualizado nos diagramas das Figuras 5.14 e 5.15:

FIGURA 5.14 Medida do tempo em meses

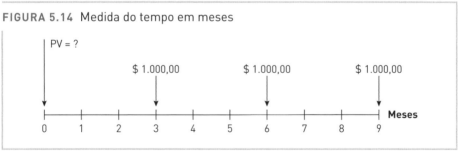

Fonte: elaborada pelo autor.

FIGURA 5.15 Medida do tempo em trimestres

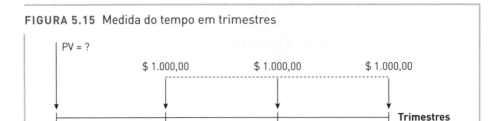

Fonte: elaborada pelo autor.

a) Utilizando a medida do tempo em meses – Figura 5.14

Apesar de as parcelas da Figura 5.14 terem o mesmo valor, elas não constituem o PMT do diagrama-padrão, que exige apenas uma única capitalização da taxa de juros entre as parcelas iguais.

Assim, vamos usar a taxa de 1,00% a.m. e descontar individualmente cada parcela de $1.000,00. Em seguida, devemos somar os valores assim obtidos, conforme indicado a seguir.

Podemos realizar essas operações com o simulador da HP 12C para o diagrama-padrão:

Cálculo do PV a partir das parcelas individuais

n	i	PV	PMT	FV
3	1,00	970,59	0,00	–1.000,00
6	1,00	942,05	0,00	–1.000,00
9	1,00	914,34	0,00	–1.000,00
	Soma dos PVs	2.826,98		

que indica o valor do principal como sendo igual a $2.826,98.

b) Utilizando a medida do tempo em trimestres – Figura 5.15

Na Figura 5.15, as parcelas iguais passam a se enquadrar num PMT do diagrama-padrão, desde que a taxa de juros seja a taxa trimestral equivalente a 1,00% a.m., que pode ser obtida pela operação indicada a seguir.

Cálculo de FV para PV = $100,00 e i = 1% a.m.

n	i	PV	PMT	FV
3	1,00	−100,00	−0,00	103,03010

que indica a taxa de 3,03010% a.t.

Os dados do problema passam, então, a ser os seguintes:
n = 3 trimestres
i = 3,03010% a.t.
PMT = $1.000,00
FV = 0,00
PV = ?

Esses dados, colocados no simulador da HP 12C para o diagrama-padrão, têm a seguinte apresentação:

Cálculo do PV a partir das parcelas individuais

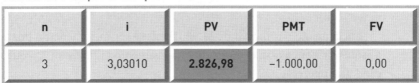

n	i	PV	PMT	FV
3	3,03010	2.826,98	−1.000,00	0,00

que indica resultado idêntico ao alcançado anteriormente.

4. Um financiamento de $1.000,00 de *principal* deve ser liquidado em cinco prestações mensais, iguais e sucessivas. Sabendo que a taxa efetiva de juros é de 1,00% a.m. no regime de juros compostos, e admitindo meses com 30 dias, calcule o valor da prestação mensal desse financiamento nas seguintes hipóteses:

a) pagamento da 1ª prestação um mês após a liberação dos recursos (série postecipada);
b) pagamento da 1ª prestação no ato da liberação dos recursos (série antecipada).

SOLUÇÃO
a) Série postecipada
n = 5 meses
i = 1,00% a.m.
PV = $1.000,00
FV = 0,00
PMT = ?

Esses dados, colocados no simulador da HP 12C para o diagrama-padrão, têm a seguinte apresentação:

Cálculo de PMT a partir de PV

n	i	PV	PMT	FV
5	1,00	−1.000,00	**206,04**	0,00

que indica o resultado de $206,04 como o valor da prestação mensal diagrama-padrão.

b) Série antecipada

A calculadora HP 12C permite uma solução imediata para esse problema usando a opção **BEGIN**, que está programada para resolver o fluxo de caixa da série antecipada que consta da Figura 1.5 do Capítulo 1.

O simulador em Excel só está programado para a solução da série postecipada, mas isso não representa nenhuma limitação a seu uso, como demonstramos a seguir.

Inicialmente o *principal* de $1.000,00 deve ser movimentado um mês para a esquerda, com a taxa de juros do financiamento (1,00% a.m.), o que é alcançado pela operação:

$$PV = \$1.000,00 / 1,01 = \$990,10$$

Os diagramas das Figuras 5.16 e 5.17 permitem uma visualização dessa movimentação do *principal*, que possibilita seu enquadramento nas condições exigidas pelo diagrama-padrão:

FIGURA 5.16 Série antecipada

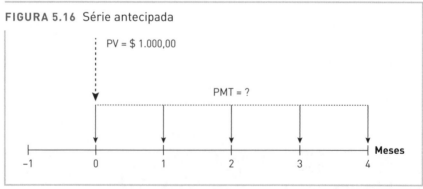

Fonte: elaborada pelo autor.

FIGURA 5.17 Série postecipada – *Principal* descontado

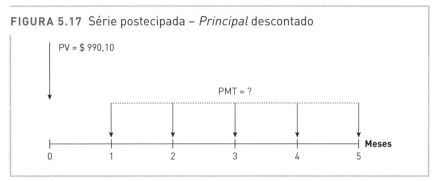

Fonte: elaborada pelo autor.

Ressaltamos que o *principal* de $1.000,00 no ponto zero da Figura 5.16 e o *principal* descontado de $990,10 no ponto zero da Figura 5.17 produzem o mesmo **PMT**, pois são valores equivalentes a 1,00% a.m.

Com esse novo posicionamento da Figura 5.17, o *principal descontado*, de $990,10, foi enquadrado no diagrama-padrão da série postecipada, e o valor do **PMT** pode ser obtido pelo simulador da HP 12C para o diagrama-padrão, como indicado a seguir:

Cálculo de PMT a partir de PV descontado

n	i	PV	PMT	FV
5	1,00	-990,10	**204,00**	0,00

que indica o resultado de $204,00 como o valor da prestação mensal antecipada.

Observe que o valor da prestação antecipada ($204,00) é igual ao valor da prestação postecipada ($206,04) dividido por 1,01 = (1 + 1%) = (1 + i). Assim, essas duas prestações guardam, sempre, a seguinte relação:

$$\text{PMT}_{antecipada} = \frac{\text{PMT}_{postecipada}}{(1 + i)} \qquad (5.13)$$

5. Uma empresa anuncia que seus financiamentos são concedidos com uma taxa de juros de 1,50% a.m. Para simplicidade operacional, as prestações mensais são calculadas pela sistemática indicada a seguir.

- cálculos dos juros do financiamento

$$\text{Juros} = \text{taxa de juros (\% ao mês)} \times \text{prazo} \times \text{valor financiado}$$

- cálculo do valor da prestação

$$\text{Prestação} = (\text{valor financiado} + \text{juros}) / \text{prazo}$$

Assumindo os meses com 30 dias, calcule as taxas efetivas de juros mensais desses financiamentos para o prazo de quatro meses nas seguintes hipóteses:

a) pagamento da 1ª prestação um mês após a liberação dos recursos (série postecipada);
b) pagamento da 1ª prestação no ato da liberação dos recursos (série antecipada).

SOLUÇÃO

Vamos inicialmente calcular o valor da prestação mensal para um financiamento de $1.000,00 no prazo de quatro meses.

- juros = 1,50% a.m. × 4 meses × $1.000,00 = $60,00
- prestação = (1.000,00 + 60,00) / 4 = $265,00

a) Prestação postecipada
 n = 4 meses
 PV = $1.000,00
 PMT = $265,00
 FV = 0,00
 i = ? (% a.m.)

Esses dados, colocados no simulador da HP 12C para o diagrama-padrão, têm a seguinte apresentação:

Cálculo de i para a prestação postecipada

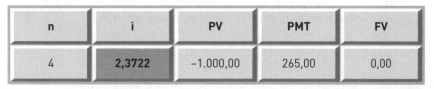

n	i	PV	PMT	FV
4	2,3722	−1.000,00	265,00	0,00

que indica a taxa efetiva de 2,3722% a.m. para a hipótese da prestação postecipada.

b) Prestação antecipada
 Como a 1ª prestação de $265,00 é paga no ato da liberação dos $1.000,00, podemos considerar um *principal líquido* conforme indicado a seguir:

$$PV = \$1.000,00 - \$265,00 = \$735,00$$

Esse *principal* líquido de $735,00 representa a parcela financiada, que deve ser liquidada com três prestações postecipadas de $265,00. Assim, os dados do problema passam a ser:

n = 3 meses
PV = $735,00
PMT = $265,00
FV = 0,00
i = ? (% a.m.)

Esses dados, colocados no simulador da HP 12C para o diagrama-padrão, têm a seguinte apresentação:

Cálculo de i para a prestação antecipada

n	i	PV	PMT	FV
3	**4,0286**	−735,00	265,00	0,00

que indica a taxa efetiva de 4,0286% a.m. para a hipótese da prestação antecipada.

6. Uma loja de eletrodomésticos oferece seu Plano de Natal, no qual as vendas de dezembro podem ser financiadas em quatro prestações mensais, iguais e sucessivas, com o 1º pagamento 120 dias após a data da venda. A taxa de juros efetiva cobrada nesse financiamento é de 1,50% a.m., no regime de juros compostos, e os cálculos são feitos assumindo-se que os meses têm 30 dias.

Calcule o valor das prestações mensais de um cliente que realizou, em dezembro, compras no valor de $1.000,00, aproveitando essa oferta da loja.

SOLUÇÃO

Inicialmente devemos capitalizar o *principal* de $1.000,00 durante três meses para obter o saldo do financiamento no final do prazo de carência de 90 dias, conforme indicado a seguir:

Capitalização de PV por três meses

n	i	PV	PMT	FV
3	1,50	−1.000,00	−0,00	**1.045,68**

O diagrama da Figura 5.18 permite visualizar essa movimentação do *principal*, que possibilita seu enquadramento nas condições exigidas pelo diagrama-padrão.

FIGURA 5.18 Financiamento com carência

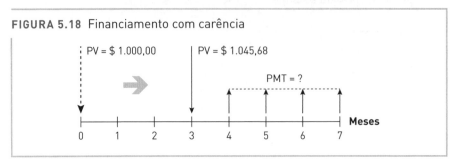

Fonte: elaborada pelo autor.

Ressaltamos que o *principal* de $1.000,00 no ponto zero e o *principal capitalizado* de $1.045,68 no ponto três produzem o mesmo PMT, pois são valores equivalentes a 1,50% a.m.

Com esse novo posicionamento, o *principal capitalizado* de $1.045,68 foi enquadrado no diagrama-padrão da série postecipada, e o valor do PMT pode ser obtido pelo simulador da HP 12C para o diagrama-padrão, como indicado a seguir:

Cálculo de PMT a partir de PV capitalizado

n	i	PV	PMT	FV
4	1,50	−1.045,68	**271,30**	0,00

que indica a prestação mensal de $271,30, para ser paga a partir de abril.

7. Um banco de investimentos realiza seus financiamentos num prazo de 12 meses, com uma taxa de juros compostos de 1,00% a.m. Até o final dos quatro primeiros meses, os mutuários pagam apenas os juros mensais, e a liquidação do financiamento começa a ocorrer a partir do quinto mês, mediante o pagamento de oito prestações mensais, iguais e sucessivas. Calcule os valores dos pagamentos mensais de um mutuário que contratou um financiamento com esse banco no valor de $50.000,00.

SOLUÇÃO

Esse financiamento tem um período de carência de quatros meses, durante o qual são pagos somente os juros sobre o *principal* do financiamento.

O valor dos juros mensais a serem pagos no final dos quatro primeiros meses é igual $50.000,00 × 1,00% = $500,00, senão vejamos:

- no final do 1º mês, o saldo devedor atinge o valor de $50.500,00 ($50.000,00 + 1,00% × $50.000,00) e, com o pagamento dos $500,00 de juros, o saldo devedor para o início do próximo mês retorna ao valor de $50.000,00;
- no final dos três meses seguintes, a operação se repete, e o saldo devedor após o quarto pagamento de juros de $500,00 volta ao valor de $50.000,00.

Assim, o valor de PV para o cálculo das oito prestações mensais é igual ao *principal* do contrato ($50.000,00), pois os juros durante o prazo de carência foram integralmente pagos.

A Figura 5.19 mostra o fluxo de caixa dos pagamentos desse financiamento:

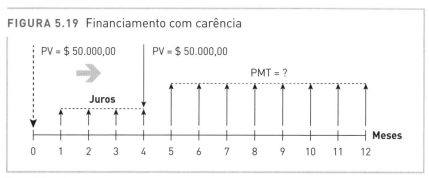

FIGURA 5.19 Financiamento com carência

Fonte: elaborada pelo autor.

Assim, os dados para o cálculo do valor das oito prestações mensais PMT têm a seguinte apresentação no simulador da HP 12C para o diagrama-padrão:

Cálculo de PMT após o período de carência

n	i	PV	PMT	FV
8	1,00	−50.000,00	6.534,51	0,00

que indica a prestação mensal de $6.534,51, para ser paga após o final do período de carência.

8. Uma instituição financeira remunera seus depósitos na base de 1,50% a.m., no regime de juros compostos, e realiza seus cálculos assumindo os meses com 30 dias. Um investidor efetua, nessa instituição, seis depósitos mensais, iguais e sucessivos de

$800,00, ocorrendo o 1º depósito no final de janeiro e o último no final de junho. Calcule o valor do saldo acumulado por esse investidor no final de setembro.

SOLUÇÃO

O diagrama da Figura 5.20 permite uma visualização do fluxo de caixa que facilita o entendimento da solução do problema.

FIGURA 5.20 Cálculo do saldo credor no final de setembro

Fonte: elaborada pelo autor.

Inicialmente devemos obter o saldo credor acumulado imediatamente após o último depósito no final do mês de junho, com os dados indicados a seguir:

n = 6 meses
i = 1,50% a.m.
PMT = $800,00
PV = 0,00
FV_1 = ?

Esses dados, colocados no simulador da HP 12C para o diagrama-padrão, têm a seguinte apresentação:

Cálculo do saldo credor no final de junho após o último depósito

n	i	PV	PMT	FV
6	1,50	0,00	−800,00	4.983,64

que indica o resultado de FV_1 = $4.983,64 para o valor do saldo credor.

Agora precisamos capitalizar o saldo credor do final de junho por mais três meses para obter o saldo no final de setembro, conforme indicado a seguir:

Cálculo do saldo credor no final de setembro

n	i	PV	PMT	FV
3	1,50	−4.983,64	0,00	**5.211,28**

que indica o resultado de $FV_1 = \$5.211,28$ para o saldo credor no final de setembro.

9. Um banco comercial remunera seus depósitos na base de 1,00% a.m., no regime de juros compostos, e assume os meses com 30 dias nos cálculos de suas operações. Um investidor efetua, nesse banco, seis depósitos mensais e iguais, ocorrendo o 1º depósito no final de janeiro e o último, no final de junho.

Calcule o valor do depósito mensal necessário para produzir saldo de $5.000,00 no final de dezembro.

SOLUÇÃO

O diagrama da Figura 5.21 permite uma visualização do fluxo de caixa que facilita o entendimento da solução do problema.

FIGURA 5.21 Cálculo do valor do depósito mensal

Fonte: elaborada pelo autor.

Inicialmente devemos descapitalizar seis meses o montante de $5.000,00 do final de dezembro para achar seu valor equivalente no final de junho, que é igual ao saldo credor acumulado pelos depósitos até o final desse mês. Assim temos:

n = 6 meses
i = 1,00% a.m.
FV = $5.000,00
PMT = 0,00
PV = ?

Esses dados, colocados no simulador da HP 12C para o diagrama-padrão, têm a seguinte apresentação:

Cálculo do saldo credor no final de junho

n	i	PV	PMT	FV
6	1,00	**4.710,23**	0,00	–5.000,00

que indica $4.710,23 como o valor do saldo no final de junho para ser utilizado no cálculo do valor do depósito mensal, com os dados indicados a seguir:

n = 6 meses
i = 1,00% a.m.
FV = $4.710,23
PV = 0,00
PMT = ?

Esses dados, colocados no simulador da HP 12C para o diagrama-padrão, têm a seguinte apresentação:

Cálculo do valor dos seis depósitos mensais

n	i	PV	PMT	FV
6	1,00	0,00	**765,64**	4.710,23

Isso leva a $765,64 como valor do depósito mensal.

5.9 Conclusão

Neste capítulo desenvolvemos fórmulas que permitem transformar o valor PMT de prestações uniformes no valor presente PV e no valor futuro FV correspondente a ele.

Desenvolvemos também fórmulas que realizam as operações inversas, permitindo transformar o valor presente PV e o valor futuro FV em suas respectivas prestações de valor igual a PMT.

Todas as simplificações proporcionadas pela série uniforme PMT são baseadas na fórmula da soma de termos de uma progressão geométrica, que só são alcançadas na medida em que as prestações uniformes são consideradas equidistantes no tempo. Assim, se as prestações são mensais, as fórmulas que envolvem o cálculo com PMT assumem que todos os meses têm 30 dias.

Essa situação não ocorre, normalmente, nas operações de crediário, em que as prestações costumam ter vencimento numa mesma data de calendário. Entretanto, é praxe do mercado realizar os cálculos assumindo os meses com 30 dias e cobrar as prestações em datas fixas de calendário.

As soluções de todos os problemas foram alcançadas com o uso do simulador da HP 12C, apenas com a convenção de final de período, que corresponde às prestações postecipadas. Demonstramos que isso não representa nenhuma limitação, pois os fluxos de caixa de qualquer problema podem ser transformados em outros equivalentes, que obedecem à convenção adotada pelo simulador da HP 12C, desde que a taxa de juros seja conhecida.

Os problemas que envolvem o cálculo da taxa de juros de fluxos de caixa que obedecem ao diagrama-padrão são resolvidos pelo simulador da HP 12C com a maior facilidade.

Entretanto, quando os fluxos de caixa não obedecem ao diagrama-padrão, a própria calculadora utiliza outros recursos (função **IRR**) para encontrar a taxa de juros desses fluxos de caixa, conforme será mostrado no Capítulo 6. Para facilitar essas operações, desenvolvemos, nesta edição, outro simulador – em Excel, que facilita o registro dos dados dos fluxos de caixa heterogêneos e opera de forma idêntica à HP 12C.

5.10 Problemas propostos

Considere em todos os problemas o ano comercial com 360 dias.

1 Um empréstimo, cujo *principal* é de $20.000,00, foi realizado a juros compostos e deve ser liquidado mediante o pagamento de 12 prestações mensais, iguais e sucessivas. Calcule o valor dessas prestações, sabendo que a taxa de juros cobrada é de 12,00% a.a., capitalizados mensalmente, e que a 1ª prestação ocorre 30 dias após a liberação dos recursos.

2 Um financiamento cujo *principal* tem valor de $10.000,00 deve ser liquidado em quatro prestações semestrais, iguais e sucessivas, ocorrendo a 1ª prestação 180 dias após a liberação dos recursos. Calcule o valor dessas prestações para uma taxa de 1,50% a.m., a juros compostos.

3 Um empresário deseja obter um financiamento para adquirir um equipamento cujo valor à vista é de $10.000,00. Para diminuir o valor das prestações dará um sinal, a título de entrada, no valor de $ 3.000,00, por ocasião da compra. Calcule o valor das 24 prestações mensais, iguais e sucessivas, para a parte financiada, sabendo que o financiamento é realizado a juros compostos de 15,00% a.a., capitalizados mensalmente, e que a 1ª prestação ocorre 30 dias após a liberação dos recursos.

4 Um equipamento cujo valor à vista é de $25.000,00 está sendo financiado a juros compostos de 12,00% a.a., capitalizados mensalmente, no prazo de um ano. Calcule o valor que deve ser dado de sinal, a título de entrada, para que o valor das 12 prestações mensais, iguais e sucessivas seja limitado a $1.700,00, assumindo que a 1ª prestação ocorre 30 dias após a liberação dos recursos.

5 Um equipamento tem valor de $25.000,00 à vista e pode ser financiado num prazo de seis meses, com um multiplicador de $172,50 para cada $1.000,00 de *principal*. Calcule o valor da prestação mensal do financiamento desse equipamento e sua taxa mensal de juros, no regime de juros compostos, assumindo que a 1ª prestação ocorre 30 dias após a liberação dos recursos.

6 Um financiamento cujo *principal* é igual a $10.000,00 deve ser liquidado com dez prestações mensais, sucessivas e iguais a $1.075,00. Calcule a taxa interna de retorno desse financiamento, no regime de juros compostos, assumindo que a 1ª prestação ocorre 30 dias após a liberação dos recursos.

7 Um financiamento com *principal* de $10.000,00 deve ser liquidado em dez prestações mensais, iguais e sucessivas, com uma taxa de 1,20% a.m., no regime de juros compostos. Considere os meses com 30 dias e calcule o valor dessas prestações nas seguintes hipóteses:
a) 1ª prestação deve ser paga 30 dias após a liberação dos recursos;
b) 1ª prestação deve ser paga no ato da liberação dos recursos, a título de entrada;
c) 1ª prestação deve ser paga 120 dias após a liberação dos recursos.

8 Um financiamento de $10.000,00 deve ser liquidado mediante o pagamento de 12 prestações mensais de $900,00. Calcule a taxa efetiva mensal desse financiamento, no regime de juros compostos, nas seguintes hipóteses:
a) 1ª prestação ocorre 30 dias após a liberação do *principal*;
b) 1ª prestação ocorre na mesma data da liberação do *principal*.

9 Uma loja de eletrodomésticos realiza financiamentos de $1.000,00 para serem pagos em prestações mensais iguais, calculadas a 1,00% a.m., pelo seguinte plano:
• juros = 1,00% × prazo (meses) × $1.000,00;
• prestação = ($1.000,00 + juros) / prazo (meses).
Calcule as taxas efetivas mensais desses financiamentos, a juros compostos, para o prazo de seis meses, nas seguintes hipóteses:
a) pagamento da 1ª prestação 30 dias após a liberação dos recursos;
b) pagamento da 1ª prestação no ato da liberação dos recursos, a título de entrada.

10 Um empréstimo de $100.000,00 é realizado com uma taxa de 10,00% a.a., no regime de juros compostos, e deve ser liquidado no prazo de dez anos, sendo que nos dois primeiros anos de carência não haverá nenhum pagamento. Calcule o valor das oito prestações anuais, iguais e sucessivas que deverão ser pagas a partir do final do terceiro ano, nas seguintes hipóteses:
a) os juros devidos nos dois primeiros anos de carência são integralmente pagos no final de cada ano;
b) os juros devidos nos dois primeiros anos de carência não são pagos e sim capitalizados.

11 Um investidor efetuou dez depósitos mensais de $2.000,00 numa instituição financeira e verificou que o saldo à sua disposição, imediatamente após a efetivação do seu

130   Matemática Financeira

último depósito, era de $21.000,00. Calcule a taxa efetiva de remuneração mensal desses depósitos, no regime de juros compostos.

12 Um investidor resolveu efetuar seis depósitos trimestrais sucessivos de $5.000,00 numa caderneta de poupança que oferece uma remuneração de 12,00% a.a., capitalizados trimestralmente. O primeiro depósito é efetuado no ato da decisão do investidor e os cinco depósitos restantes, no final de cada um dos próximos trimestres. Calcule os saldos acumulados por esse investidor nessa poupança nas seguintes ocasiões:
a) imediatamente após o último depósito;
b) no final do segundo trimestre após a efetivação do último depósito.

13 Uma caderneta de poupança que remunera seus depósitos a juros compostos, com uma taxa de 15,00% a.a., capitalizados trimestralmente, recebeu de um cliente seis depósitos trimestrais consecutivos, todos de mesmo valor. Calcule o valor desses depósitos trimestrais para que esse cliente possa retirar dessa caderneta de poupança a quantia de $20.000,00 no final do sexto trimestre após a efetivação do último depósito.

14 Num determinado ano civil um empresário efetua quatro depósitos mensais, iguais e sucessivos num banco que remunera seus depósitos a juros compostos com uma taxa de 1,20% a.m. No final de dezembro do mesmo exercício, o total acumulado por esse empresário, através desses depósitos, é de $100.000,00. Assumindo os meses com 30 dias, determine o valor desses depósitos mensais nas seguintes hipóteses:
a) o primeiro depósito ocorre no final de janeiro;
b) o primeiro depósito ocorre no final de abril.

15 Considere que no problema anterior os depósitos sejam efetuados em meses alternados. Assim, se o primeiro depósito ocorrer no final de janeiro, os outros três depósitos ocorrerão no final dos meses de março, maio e julho, respectivamente. Mantidas as demais condições do problema anterior, calcule o valor desses depósitos mensais alternados nas seguintes hipóteses:
a) o primeiro depósito ocorre no final de janeiro;
b) o primeiro depósito ocorre no final do mês de abril.

16 Um banco de investimentos realiza suas operações de financiamento com uma taxa efetiva de juros de 15,00% a.a., no regime de juros compostos. Entretanto, essa taxa é cobrada em duas parcelas:
• uma parcela de 10,00% a.a., cobrada de forma postecipada ao longo do contrato;
• uma parcela antecipada cobrada no ato da liberação dos recursos.
Calcule o percentual que deve ser cobrado antecipadamente, no ato da liberação dos recursos, para que a taxa de 15,00% a.a. seja mantida, nos seguintes esquemas de liquidação do financiamento:
a) liquidação do financiamento em uma única parcela, no final do 12º mês da liberação dos recursos;
b) liquidação do financiamento em quatro parcelas trimestrais de mesmo valor, ocorrendo a 1ª parcela 90 dias após a liberação dos recursos.

17 Uma loja de eletrodomésticos que só realizava suas vendas com pagamento à vista decidiu passar a financiar todas as vendas em quatro vezes "sem juros" mediante pagamentos mensais, iguais e sucessivos a partir do 30° dia da data da venda.

Calcule o percentual de acréscimo que essa loja deve aplicar em seus preços à vista para que possa obter uma remuneração efetiva de 1,40% a.m. no financiamento das vendas.

18 Uma instituição financeira que opera no regime de juros compostos com uma taxa efetiva de 1,00% a.m. oferece aos seus clientes os seguintes planos de financiamento:

a) *plano mensal*: 12 prestações mensais, iguais e sucessivas, ocorrendo o pagamento da 1ª prestação 30 dias após a data da operação;

b) *plano trimestral*: quatro prestações trimestrais, iguais e sucessivas, ocorrendo o pagamento da 1ª prestação 90 dias após a data da operação.

Um cliente dessa instituição financeira deseja tomar um financiamento de $100.000,00 para ser pago parte pelo *plano mensal* e parte pelo *plano trimestral*. Calcule o valor a ser financiado em cada plano de forma que a prestação do plano trimestral seja o dobro do valor da prestação do plano mensal.

19 Uma debênture foi emitida com valor de $10.000,00 e com valor de resgate de $10.000,00 no final de cinco anos. Os juros desse título são pagos anualmente com uma taxa efetiva de 8,00% a.a. e, portanto, os cupons anuais de juros têm valor de $800,00. Calcule a rentabilidade de um investidor que adquirir esse título, na data da sua emissão, com deságio de 5,00% e o conservar até a data do seu vencimento.

20 Um título de $100.000,00 é emitido com prazo de quatro anos, pagando-se juros no final de cada semestre, com a taxa de 5,00% a.s. No último semestre, além dos juros semestrais, é pago o valor de emissão de $100.00,00. Determine o percentual de deságio do preço de emissão necessário para garantir uma rentabilidade de 5,50% a.s. ao investidor que adquirir esse título, na data de emissão, e o conservar até seu resgate, no final do 4° ano.

21 Uma operação de *leasing* (arrendamento mercantil) foi realizada, pelo prazo de três anos, para a aquisição de um equipamento que tem um preço à vista de $10.000,00, com uma taxa de juros efetiva de 1,50% a.m. Calcule o valor da taxa mensal de arrendamento (prestação postecipada) para essa operação de *leasing*, que tem um valor residual garantido (**VRG**) de 25% do valor do equipamento, a ser pago no final da operação para garantir ao arrendatário a compra do equipamento.

22 Um autor de livro didático tem um contrato de edição, em caráter perpétuo, com uma editora que paga direitos autorais anualmente, na base de 10,00% do preço de capa de cada livro vendido. O volume de vendas dessa obra é de 3.000 exemplares por ano e seu preço de capa é de $50,00. Calcule o valor presente desse contrato, assumindo uma taxa de desconto de 10,00% a.a., no regime de juros compostos.

6

Fluxos de caixa heterogêneos – Valor presente, VPL e TIR

6.1 Introdução

Neste capítulo apresentaremos os conceitos de Valor Presente (**VP** ou **PV**), Taxa de Desconto, Valor Presente Líquido (**VPL** ou **NPV**) e Taxa Interna de Retorno (**IRR** ou **TIR**) de fluxos de caixa, no regime de juros compostos.

Vamos reforçar, com exemplos numéricos selecionados, os conceitos de VPL e TIR, que são indispensáveis para o entendimento do Capítulo 9 – *Métodos de análise de investimentos*.

Os fluxos de caixa dos exercícios são heterogêneos, com valores distintos e que não guardam nenhuma lei de formação em suas parcelas. As soluções desses problemas são encontradas com o uso das funções amarelas NPV e IRR da HP 12C, com as funções financeiras VPL e TIR do Excel e ainda com o simulador para fluxos de caixa heterogêneos, desenvolvido por meio da Planilha Excel.

Esse simulador está disponível no *site* <www.saraivauni.com.br/9788547220259> para ser baixado, sem qualquer custo, e compõe o artigo *Funções financeiras básicas do Excel*, que mostra a montagem desse simulador a partir das funções financeiras VPL e TIR.

As funções financeiras da HP 12C e do Excel para fluxos de caixa heterogêneos tratam cada parcela isoladamente, e a vantagem do simulador em relação à HP 12C é a grande facilidade de manuseio, que dispensa qualquer conhecimento da planilha Excel e permite a visualização completa do fluxo de caixa.

6.2 Valor Presente (VP), Valor Presente Líquido (VPL) e Taxa Interna de Retorno (TIR)

Para enunciarmos os conceitos de Valor Presente (VP), Valor Presente Líquido (VPL) e Taxa Interna de Retorno (TIR) usamos o fluxo de caixa genérico indicado na Figura 6.1:

FIGURA 6.1 Fluxo de caixa genérico

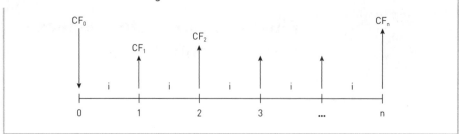

Fonte: elaborada pelo autor.

Sendo:

CF_0 – parcela do fluxo de caixa no ponto **0** (*cash flow* no ponto **0**);
CF_1 – parcela do fluxo de caixa no ponto **1** (*cash flow* no ponto **1**);
CF_2 – parcela do fluxo de caixa no ponto **2** (*cash flow* no ponto **2**);
….
CF_n – parcela do fluxo de caixa no ponto **n** (*cash flow* no ponto **n**).

A parcela do fluxo de caixa colocada no ponto 0 da escala de tempo, genericamente denominada de **CF_0**, em geral corresponde ao investimento inicial, ou ao valor do *principal* de um financiamento. Costuma, nesses casos, representar um desembolso, ou seja, uma saída de caixa.

Vamos denominar genericamente de **CF_j** qualquer parcela do fluxo de caixa que ocorra a partir do final do 1º período até o final do último período (**n**).

6.2.1 Valor Presente (VP) e taxa de desconto

O valor presente (VP) de um fluxo de caixa é um valor monetário do ponto 0 da escala de tempo equivalente à soma das suas parcelas futuras **CF_j**, descontadas para o ponto 0, com determinada taxa de juros, denominada taxa de desconto.

Assim, o Valor Presente (VP) do fluxo de caixa da Figura 6.1, para determinada taxa de desconto **i**, tem a seguinte sintaxe:

$$VP\,(i\%) = CF_1\,x + CF_2\,x^2 + \ldots + CF_n\,x^n$$

Ela corresponde a um polinômio de grau **n**, no qual temos:

$$x = \frac{1}{(1+i)}$$

O Valor Presente (VP) de qualquer fluxo de caixa depende diretamente da taxa de desconto que é utilizada para fazer o desconto das parcelas. Ele corresponde ao valor à vista de qualquer bem ou serviço. De forma mais ampla, representa, para determinada taxa de desconto, o preço à vista de um fluxo de caixa com parcelas futuras.

A única maneira correta de comparar diversas propostas de pagamentos parcelados para a aquisição de um bem ou serviço é mediante a substituição dos fluxos de caixa dessas propostas pelos seus valores presentes, que representam os preços equivalentes à vista de cada proposta. Escolher entre diversas propostas com pagamento à vista é decisão trivial.

6.2.2 Valor Presente Líquido (VPL) e Taxa Interna de Retorno (TIR)

O valor presente líquido (VPL) ou *net present value* (NPV) está diretamente ligado ao Valor Presente (VP) do fluxo de caixa.

O VPL de um fluxo de caixa é igual à soma algébrica da parcela CF_0 do ponto zero com o Valor Presente (VP) das suas parcelas futuras descontadas com determinada taxa de desconto.

O VPL do fluxo de caixa da Figura 6.1, para determinada taxa de desconto i, tem a seguinte sintaxe:

$$VPL\ (i\%) = CF_0 + VP\ (i\%) =$$
$$= CF_0 + CF_1\ x + CF_2\ x^2 + \ldots + CF_n\ x^n \tag{6.1}$$

A taxa interna de retorno (TIR) ou *internal rate of return* (IRR) de um fluxo de caixa é a taxa de desconto que faz seu VPL ser igual a zero. Essa condição, colocada na equação **(6.1)**, fornece:

$$VPL\ (IRR\%) = CF_0 + CF_1\ x + CF_2\ x^2 + \ldots + CF_n\ x^n = 0 \tag{6.2}$$

O VPL é igual a zero quando as parcelas futuras, ao serem descontadas com determinada taxa de juros, produzem um Valor Presente (VP) para o fluxo de caixa igual ao seu investimento inicial, colocado no ponto zero da escala de tempo.

A TIR do fluxo de caixa corresponde a uma das **n** raízes da equação **(6.2)**, de grau **n**, que podem ser valores positivos, negativos e imaginários. As únicas raízes que têm sentido econômico são aquelas que correspondem a valores reais positivos.

De acordo com a regra de sinal de Descartes, os polinômios com apenas uma variação de sinal nos seus coeficientes têm apenas uma raiz real positiva. A quase totalidade dos problemas práticos do mercado só costuma apresentar uma variação de sinal em seus coeficientes e, portanto, só apresentam uma raiz real positiva. Usualmente o valor inicial (CF_0) é negativo e todos os valores futuros (CF_j) são positivos, ou vice-versa, havendo nesses casos, portanto, apenas uma variação de sinal.

O VPL e a TIR de qualquer fluxo de caixa heterogêneo são calculados com as funções financeiras NPV e IRR da HP 12C, com as funções financeiras VPL e TIR da planilha Excel e, ainda, com o simulador, desenvolvido no Excel.

Capítulo 6 » Fluxos de caixa heterogêneos – Valor presente, VPL e TIR   **135**

Importante ressaltar que o valor da TIR é obtido tanto pela função **IRR** da HP 12C como pela função **VPL** do Excel, através de um processo iterativo de cálculo numérico. O VPL do fluxo de caixa é calculado para diversas taxas de desconto e o processo se interrompe quando se obtém VPL = 0, com uma certa tolerância de erro.

6.3 Funções financeiras NPV e IRR da HP 12C

As funções financeiras NPV e IRR da HP 12C são funções amarelas gravadas no corpo da calculadora, acima das teclas **PV** e **FV**, respectivamente, que entram em operação quando os acionamentos dessas teclas forem precedidos do acionamento da tecla amarela **f**. Essas funções servem para calcular o VPL e a TIR de qualquer fluxo de caixa que tenha sido previamente registrado na calculadora através das seguintes funções:

- CF_0 – para registrar a parcela do fluxo de caixa do ponto zero;
- CF_j – para registrar uma parcela futura do fluxo de caixa num ponto genérico **j**;
- N_j – para registrar o número de parcelas individuais CF_j de mesmo valor e repetidas sequencialmente. Na falta da informação de N_j, a HP 12C adota $N_j = 1$.

Essas três funções da HP 12C (CF_0, CF_j e N_j) são funções azuis gravadas no corpo das teclas **PV**, **PMT** e **FV**, respectivamente, que entram em operação quando os acionamentos dessas teclas forem precedidos do acionamento da tecla azul **g**.

As funções financeiras **NPV** e **IRR** exigem que o fluxo de caixa seja informado de modo sequencial, respeitando a convenção de sinal, sendo indispensável o registro de todas as parcelas do fluxo de caixa, inclusive aquelas que tiverem valor igual a zero.

6.4 Funções financeiras VPL e TIR da planilha Excel

As funções financeiras **VPL** e **TIR** da planilha Excel calculam, respectivamente, o Valor Presente e a TIR de fluxos de caixa que tenham sido previamente registrados, de forma sequencial, nas células da planilha.

Todos os valores do fluxo de caixa devem ser informados, inclusive os que tiverem valor igual a zero, pois cada célula corresponde, necessariamente, a um período de capitalização de juros.

A fórmula da função financeira **VPL** tem a seguinte sintaxe:

$$= VPL \text{ (taxa; valor 1; valor 2; ...)}$$

E os parâmetros correspondem a:

- **taxa** – taxa de desconto em %, cuja unidade referencial de tempo deve coincidir com a unidade referencial de tempo utilizada para definir o número de períodos;
- **valor 1** – valor da parcela do fluxo de caixa colocada no final do 1º período, ou seja, na 1ª célula após o investimento inicial;

- **valor 2** – valor da parcela do fluxo de caixa colocada no final do 2º período, ou seja, na 2ª célula após o investimento inicial.

Observe que o investimento inicial (CF_0) não está incluído nos parâmetros da função **VPL**, que só calcula o valor presente das parcelas futuras a partir da parcela CF_1 do final do 1º período.

Assim, muita atenção deve ser dada ao fato de a função **VPL** só calcular o valor presente das parcelas futuras do fluxo de caixa. Para se obter o VPL é necessário somar algebricamente o valor obtido pela função **VPL** com o valor do investimento inicial (CF_0).

A fórmula da função financeira **TIR** tem a seguinte sintaxe:

$$= \text{TIR (valores; estimativa)}$$

E os parâmetros correspondem a:

- **valores** – valores de *todas* as parcelas individuais do fluxo de caixa, incluindo o investimento inicial (CF_0), que devem ser informadas sequencialmente nas células da planilha;
- **estimativa** – valor da estimativa inicial para a taxa interna de retorno, em %. Se esse parâmetro for omitido, a função **TIR** assume esse valor inicial como sendo igual a zero.

6.5 Simulador para fluxos de caixa heterogêneos

O artigo *Funções financeiras básicas do Excel*, que consta do *site* <www.saraivauni.com.br/9788547220259>, mostra o desenvolvimento do simulador para resolver os problemas de fluxos de caixa heterogêneos, que consiste de duas tabelas, conforme indicado a seguir:

n	Valor ($)	
0	−1.000,00	CF_0
1	180,00	CF_1
2	180,00	CF_2
3	180,00	CF_3
4	180,00	CF_4
5	180,00	CF_5
6	180,00	CF_6
Soma	**80,00**	

Cálculo do VPL e da TIR	
Taxa	VPL
1,00	43,19
TIR	2,24

A tabela à esquerda está preparada para receber a digitação de todas as parcelas individuais do fluxo de caixa. A outra, à direita, está programada para receber o valor da taxa de desconto e calcular o VPL do fluxo de caixa e, ainda, para calcular o valor da TIR do fluxo de caixa.

O primeiro passo é registrar as parcelas do fluxo de caixa na tabela localizada à esquerda, cujos valores serão utilizados pela tabela do lado direito. No exemplo ilustrado foi inserido o fluxo de caixa de uma instituição financeira que liberou um *principal* de $1.000,00 para ser liquidado em seis prestações mensais de $180,00.

A seguir, o parâmetro **taxa** deve ser digitado na tabela à direita, abaixo da palavra **taxa**, para ser utilizado pela função **VPL** do Excel no desconto das parcelas futuras do fluxo de caixa, contidas na tabela à esquerda. A fórmula do VPL do simulador está na célula sombreada da tabela à direita, e inclui sua soma algébrica com o valor de CF_0 para fornecer o VPL. No exemplo, foi fixada uma taxa de desconto de 1,00% a.m., que gerou um VPL de $43,19. Tal como na HP 12C, a taxa de juros deve ser inserida com valor 1,00, e não em %.

A TIR é calculada com a função **TIR** do Excel, cuja fórmula está na célula sombreada, ao lado da palavra **taxa**, na tabela à direita. No exemplo mostrado, o simulador obteve o valor 2,24 para a TIR, que corresponde à taxa de 2,24% a.m.

As vantagens desse simulador sobre a HP 12C são a facilidade da entrada dos valores das parcelas individuais dos fluxos de caixa, que estão sempre visíveis e a possibilidade de alterar os valores a qualquer tempo, como pode ser verificado nos exemplos numéricos a seguir.

6.6 Exemplos numéricos

1. Calcule o VP do fluxo de caixa indicado na Tabela 6.1 com uma taxa de desconto de 10,00% a.a., no regime de juros compostos.

TABELA 6.1 Fluxo de caixa

Ano	Valor ($)	Referência
0	0,00	CF_0
1	0,00	CF_1
2	1.000,00	CF_2
3	2.000,00	CF_3
4	2.000,00	CF_4
5	2.000,00	CF_5
Soma	**7.000,00**	

Fonte: elaborada pelo autor.

1ª SOLUÇÃO

Desconto individual das parcelas usando o diagrama-padrão

A partir do conceito de VP podemos fazer o desconto individual de cada uma das parcelas, a 10,00% a.a. de juros compostos, com a ajuda do simulador da HP 12C para o diagrama-padrão, e somar os resultados desses descontos, como segue:

Cálculo do PV de cada parcela

n	i	PV	PMT	FV
2	10,00	826,45	0,00	-1.000,00
3	10,00	1.502,63	0,00	-2.000,00
4	10,00	1.366,03	0,00	-2.000,00
5	10,00	1.241,84	0,00	-2.000,00
Soma		4.936,95		

que indica o resultado de $4.936,95 para o valor presente do fluxo de caixa.

2ª SOLUÇÃO

Utilizando a função NPV da HP 12C

Inicialmente devemos registrar o fluxo de caixa na HP 12C, com as seguintes operações:

	f	REG	(limpeza dos registros)
0,00	g	CF_0	(parcela do ano 0 = 0,00)
0,00	g	CF_j	(parcela do ano 1 = 0,00)
1000	g	CF_j	(parcela do ano 2 = $1.000,00)
2000	g	CF_j	(parcela do ano 3 = $2.000,00)
2000	g	CF_j	(parcela do ano 4 = $2.000,00)
2000	g	CF_j	(parcela do ano 5 = $2.000,00)

Nesse caso, não utilizamos a função N_j, que facilita a entrada das parcelas iguais do fluxo de caixa. Em contrapartida, cada uma delas fica armazenada em sua respectiva memória da HP 12C. O valor de **CF_0** é armazenado na memória zero, a parcela **CF_1** na memória 1, e assim por diante.

O uso da função **N_j** para facilitar a entrada das parcelas do fluxo de caixa está mostrado a seguir:

	f	REG	(limpeza dos registros)
0,00	g	CF_0	(parcela do ano 0 = $0,00)
0,00	g	CF_j	(parcela do ano 1 = 0,00)
1000	g	CF_j	(parcela do ano 2 = $1.000,00)
2000	g	CF_j	(parcela do ano 3 = $2.000,00)
3	g	N_j	(repetir $2.000,00 três vezes)

Como utilizamos a função **N_j**, perdemos a relação direta entre as posições da memória e as parcelas do fluxo de caixa.

Capítulo 6 » Fluxos de caixa heterogêneos – Valor presente, VPL e TIR   139

Com o fluxo de caixa registrado na HP 12C podemos, com a função **NPV**, fazer o cálculo do valor presente para diversas taxas de desconto, conforme indicado a seguir:

0	i	(taxa de desconto = 0,00%)
	f NPV	(NPV = $7.000,00 = soma das parcelas)
10	i	(taxa de desconto = 10,00%)
	f NPV	(NPV = $4.936,95)

que indica o mesmo resultado de $4.936,95 para o valor presente do fluxo de caixa, com taxa de desconto de 10,00% a.a.

3ª SOLUÇÃO

Utilizando a função VPL da planilha Excel

Inicialmente devemos registrar o fluxo de caixa na planilha Excel, conforme abaixo indicado:

C16			fx	=VPL(B16;C5:C9) + C4	
	A	B	C	D	E
1					
2		Tabela 6.1 - Fluxo de caixa			
3		Ano	Valor ($)	Referência	
4		0	0,00	CF_0	
5		1	0,00	CF_1	
6		2	1.000,00	CF_2	
7		3	2.000,00	CF_3	
8		4	2.000,00	CF_4	
9		5	2.000,00	CF_5	
10		Soma	7.000,00		
11					
12					
13		Taxa de	Valor		
14		desconto	Presente		
15		(% ao ano)	($)		
16		10,00%	=VPL(B16;C5:C9) + C4		
17					

Observe que a fórmula da função **VPL** colocada na célula C16 tem a seguinte sintaxe:

$$= VPL \ (B16; \ C5:C9) + C4$$ (fórmula da célula C16)

140   Matemática Financeira

E os parâmetros correspondem a:

- **B16** – célula que contém a taxa de desconto de 10,00% a.a.;
- **C5:C9** – intervalo entre as células **C5** e **C9** que contém os valores das parcelas futuras do fluxo de caixa, do 1º ao 5º ano.

O valor presente (VP) obtido pela execução da fórmula colocada na célula **C16** é igual a $4.936,95 e está indicado na planilha a seguir:

	Picture 2		fx	
	A	**B**	**C**	**D**
1				
2				
3		Ano	Valor ($)	Referência
4		0	0,00	CF_0
5		1	0,00	CF_1
6		2	1.000,00	CF_2
7		3	2.000,00	CF_3
8		4	2.000,00	CF_4
9		5	2.000,00	CF_5
10		Soma	7.000,00	
11				
12				
13		Taxa de	Valor	
14		desconto	Presente	
15		(% ao ano)	($)	
16		10,00%	4.936,95	
17				

4ª SOLUÇÃO

Utilizando o simulador para fluxos de caixa heterogêneos

Esta solução é extremamente simples e espontânea, pois basta registrar a taxa de desconto de 10,00% a.a. e as parcelas do fluxo de caixa que o simulador automaticamente fornece o valor presente de $4.936,95, conforme indicado a seguir:

n	Valor ($)	Ref.
0	0,00	CF_0
1	0,00	CF_1
2	1.000,00	CF_2
3	2.000,00	CF_3
4	2.000,00	CF_4
5	2.000,00	CF_5
Soma	7.000,00	

Cálculo do VPL e da TIR	
Taxa	**VPL**
10,00	4.936,95
TIR	#NUM!

2. Calcule o VPL do fluxo de caixa indicado na Tabela 6.2 com uma taxa de desconto de 10,00% a.a., no regime de juros compostos, e a TIR do investimento inicial de $5.000,00. Elabore, também, o gráfico do VPL em função da taxa de desconto.

TABELA 6.2 Fluxo de caixa

Ano	Valor ($)	Referência
0	(−)5.000,00	CF_0
1	0,00	CF_1
2	1.000,00	CF_2
3	2.000,00	CF_3
4	2.000,00	CF_4
5	2.000,00	CF_5
Soma	**3.000,00**	

Fonte: elaborada pelo autor.

SOLUÇÃO

Observe que as parcelas futuras desse fluxo de caixa são idênticas às do fluxo de caixa do problema anterior, cujo valor presente para a taxa de 10,00% a.a. foi obtido através de quatro soluções diferentes, que chegaram ao mesmo resultado de $4.936,95.

Assim, temos a seguinte relação:

CF_0 = (−) $5.000,00
VP (10,00%) = $4.936,95

$$VPL\ (10,00\%) = (-)\ \$5.000,00 + \$4.936,951 = (-)\ \$63,05$$

A TIR é a taxa de desconto que faz o VPL ser igual a zero, ou seja, é aquela taxa que faz o valor presente das parcelas futuras do fluxo de caixa ser igual ao investimento inicial (CF_0).

Podemos, assim, afirmar que o valor da TIR é inferior a 10,00% a.a., pois se o valor do investimento fosse igual a $4.936,95, a TIR teria o valor de 10,00% a.a. Como o investimento de $5.000,00 é superior a esse valor, é óbvio que a sua TIR é inferior a 10,00% a.a.

O valor da TIR é obtido por um processo iterativo realizado pelas funções IRR da HP 12C e TIR do Excel. O processo iterativo só é encerrado quando duas aproximações sucessivas do valor da TIR estão dentro de um nível de precisão aceitável.

1ª SOLUÇÃO

Utilizando a função NPV da HP 12C

Inicialmente devemos registrar o fluxo de caixa na HP 12C com as seguintes operações:

142 Matemática Financeira

	f	REG	(limpeza dos registros)	
5000,00	CHS	g	CF$_0$	(parcela do ano 0 = (-) $7.000,00)
	0,00	g	CF$_j$	(parcela do ano 1 = $0,00)
	1000	g	CF$_j$	(parcela do ano 2 = $1.000,00)
	2000	g	CF$_j$	(parcela do ano 3 = $2.000,00)
	3	g	N$_j$	(repetir $2.000,00 três vezes)

A partir desse fluxo de caixa registrado na HP 12C podemos utilizar a função **IRR** para obter o valor da TIR, conforme indicado a seguir:

$$\text{f} \quad \text{IRR} \quad (\text{TIR} = 9,61\%\ \text{a.a.})$$

que indica o valor de 9,61% a.a. para a TIR.

Podemos, ainda, utilizar a função **NPV** para fazer o cálculo do VPL para diversas taxas de desconto, conforme indicado a seguir:

0	i	(taxa de desconto = 0,00%)
	f NPV	(VPL = $3.000,00 = soma das parcelas)
10	i	(taxa de desconto = 10,00%)
	f NPV	(VPL = (-) $63,05

Esses resultados são usados no gráfico do VPL em função da taxa de desconto.

2ª SOLUÇÃO
Utilizando o simulador para fluxos de caixa heterogêneos

Esta solução é extremamente simples e espontânea, pois basta registrar as parcelas do fluxo de caixa que o simulador automaticamente fornece na tabela à direita o valor de 9,61% a.a. para sua TIR, conforme indicado a seguir:

n	Valor [$]	Ref.
0	–5.000,00	CF$_0$
1	0,00	CF$_1$
2	1.000,00	CF$_2$
3	2.000,00	CF$_3$
4	2.000,00	CF$_4$
5	2.000,00	CF$_5$
Soma	**2.000,00**	

Cálculo do VPL e da TIR	
Taxa	**VPL**
10,00	–63,05

TIR	9,61%

O simulador, além da TIR, também fornece na tabela à direita, automática e simultaneamente, o valor do VPL do fluxo de caixa para qualquer taxa de desconto. No exemplo citado, o simulador indica um VPL de (−) $63,05 para a taxa de desconto de 10,00% a.a.

3ª SOLUÇÃO
Utilizando a função VPL da planilha Excel

Inicialmente devemos registrar o fluxo de caixa na planilha Excel, conforme indicado a seguir:

	C15		⊗ ⊘ ⊙ fx	=VPL(B15;C$6:C$10)+C$5		
	A	B	C	D	E	F
1						
2						
3		Tabela 6.2 - Fluxo de caixa				
4		Ano	Valor ($)	Referência		
5		0	-5.000,00	CF_0		
6		1		CF_1		
7		2	1.000,00	CF_2		
8		3	2.000,00	CF_3		
9		4	2.000,00	CF_4		
10		5	2.000,00	CF_5		
11		Soma	2.000,00			
12						
13		Taxa i	VPL			
14		(% ao ano)	($)			
15		0%	=VPL(B15;C$6:C$10)+C$5			
16		5,00%	=VPL(B16;C$6:C$10)+C$5			
17		10,00%	=VPL(B17;C$6:C$10)+C$5			
18		15,00%	=VPL(B18;C$6:C$10)+C$5			
19		20,00%	=VPL(B19;C$6:C$10)+C$5			
20						
21		TIR	=TIR(C5:C10)			
22						

Verifique que a fórmula para o cálculo do VPL colocada na célula C15 tem a seguinte sintaxe:

$$= VPL\ (B15;\ C\$6:C\$10) + C\$5$$ (fórmula da célula C15)

E os parâmetros correspondem a:

- **B15** – célula que contém a taxa de desconto de 0,00% a.a.;
- **C6:C10** – intervalo entre as células **C6** e **C10** que contém os valores das parcelas futuras do fluxo de caixa, do 1º ao 5º ano.

144   Matemática Financeira

Observe que o valor presente das cinco parcelas futuras, a ser obtido pela função **VPL**, é somado ao conteúdo da célula **C5**, que contém o valor do investimento inicial (CF_0), a fim de se obter o VPL do fluxo de caixa.

As fórmulas para os cálculos do VPL colocadas nas células **C16** a **C19** são semelhantes e calculam o VPL do fluxo de caixa para as taxas de desconto de 5,00%, 10,00%, 15,00% e 20,00%.

Ao mesmo tempo, a fórmula da função **TIR**, colocada na célula **C21** tem a seguinte sintaxe:

$$= \text{TIR (C5:C10)}$$

(fórmula da célula C21)

E os parâmetros correspondem a:

- **C5:C10** – intervalo entre as células **C5** e **C10** que contém o valor de CF_0 e os valores das cinco parcelas futuras do fluxo de caixa, do 1º ao 5º ano.

Os resultados da execução das fórmulas do VPL e da TIR estão nas respectivas células da planilha indicada a seguir:

C15			fx	=VPL(B15;C$6:C$10)+C$5	
	A	B	C	D	E	F
1						
2						
3						
4		Ano	Valor ($)	Referência		
5		0	-5.000,00	CF_0		
6		1	0,00	CF_1		
7		2	1.000,00	CF_2		
8		3	2.000,00	CF_3		
9		4	2.000,00	CF_4		
10		5	2.000,00	CF_5		
11		Soma	2.000,00			
12						
13		Taxa i	VPL			
14		(% ao ano)	($)			
15		0%	2.000,00			
16		5,00%	847,16			
17		10,00%	-63,05			
18		15,00%	-790,96			
19		20,00%	-1.379,89			
20						
21		TIR	9,61%			
22						

Os valores obtidos para a TIR (9,61% a.a.) e para os VPLs com as taxas de 0,00% ($2.000,00) e 10,00% ((–) $63,05) coincidem com aqueles obtidos anteriormente pela HP 12C e pelo simulador.

O gráfico do VPL em função da taxa de desconto está indicado na Figura 6.2:

Capítulo 6 » Fluxos de caixa heterogêneos – Valor presente, VPL e TIR   145

FIGURA 6.2 Gráfico do VPL × taxa de desconto

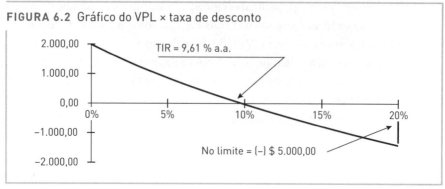

Fonte: elaborada pelo autor.

Observe que o gráfico do VPL em função da taxa de desconto tem as seguintes características:

- quando a taxa de desconto é zero, o VPL é igual à soma algébrica de todas as parcelas do fluxo de caixa ($3,000,00), pois nesse caso as parcelas futuras não sofrem nenhum desconto;
- quanto maior a taxa de desconto, menor o valor presente das parcelas futuras que estão sendo descontadas. No limite, esse valor presente tende para zero e o VPL será igual ao valor do investimento inicial: (−) $5.000,00.

3. Calcule a TIR e o VPL do fluxo de caixa indicado na Tabela 6.3 para uma taxa de juros de 1,00% a.m.

TABELA 6.3 Fluxo de caixa

Mês	Valores em $
0	−8.000,00
1	1.000,00
2	1.000,00
3	1.000,00
4	0,00
5	1.000,00
6	1.000,00
7	1.000,00
8	4.000,00
Soma	**2.000,00**

Fonte: elaborada pelo autor.

1ª SOLUÇÃO
Utilizando o simulador para fluxos de caixa heterogêneos

A solução com este simulador é extremamente simples e espontânea, pois basta registrar as parcelas dos fluxos de caixa na tabela à esquerda que ele automaticamente fornece os valores do VPL e da TIR na tabela à direita conforme indicado a seguir.

Simulador – Fluxos heterogêneos

n	Valor ($)	Ref.
0	–8.000,00	CF_0
1	1.000,00	CF_1
2	1.000,00	CF_2
3	1.000,00	CF_3
4	0,00	CF_4
5	1.000,00	CF_5
6	1.000,00	CF_6
7	1.000,00	CF_7
8	4.000,00	CF_8
Soma	**2.000,00**	

Cálculo do VPL e da TIR	
Taxa	VPL
1,00	1.461,15

TIR	4,17

O registro no simulador, para fluxos de caixa heterogêneos, dos valores do fluxo de caixa está indicado acima e os resultados obtidos foram VPL (1,00%) = $1.461,15 e TIR = 4,17% a.m.

2ª SOLUÇÃO
Utilizando a HP 12C

A entrada dos dados do fluxo de caixa na HP 12C está indicada a seguir:

		f	REG	(limpeza dos registros)
8000,00	CHS	g	CF_0	(parcela do mês 0 = (–) $8.000,00)
	1000	g	CF_j	(parcela do mês 1 = $1.000,00)
	3	g	N_j	(repetir $1.000,00 três vezes)
	0	g	CF_j	(parcela do mês 4 = $0,00)
	1000	g	CF_j	(parcela do mês 5 = $1.000,00)
	3	g	N_j	(repetir $1.000,00 três vezes)
	4000	g	CF_j	(parcela do mês 8 = $4.000,00)

Com esse fluxo de caixa registrado na HP 12C podemos utilizar a função **IRR** para obter o valor da TIR, conforme indicado a seguir:

f   IRR   (TIR = 4,17% a.m.)

que indica 4,17% a.m. para o valor da TIR, idêntico ao obtido pelo simulador.

Podemos, ainda, utilizar a função **NPV** para fazer o cálculo do VPL para a taxa de 1,00% a.m., como segue:

1   i   (taxa de desconto = 1,00%)
f   NPV   (VPL = $1.461,15)

que indica $1.461,15 para o valor do VPL, idêntico ao obtido pelo simulador.

4. Um título é lançado no mercado com valor de emissão de $100.000,00 e prazo de vencimento de três anos. Esse título tem pagamentos de cupons semestrais na base de 12,00% a.a., capitalizados semestralmente. Considere o ano comercial com dois semestres de 180 dias e calcule:

a) o valor dos cupons semestrais que serão pagos semestralmente até o vencimento do título;

b) o percentual de deságio no preço de emissão para que os investidores tenham rentabilidade de 14,00% a.a., capitalizados semestralmente, no caso de realizarem a compra do título na data da sua emissão e conservarem o título até a data de seu vencimento, no final de dois anos;

c) a taxa nominal, capitalizada semestralmente, dos investidores que comprarem esse título, na data da sua emissão, com deságio de 2,00% e o conservarem até a data de seu vencimento, no final de dois anos.

SOLUÇÃO

a) Valor dos cupons semestrais

A taxa de juros nominal de 12,00% a.a., capitalizados semestralmente, implica uma taxa de juros efetiva de:

$$= 12,00\% / 2 = 6,00\% \text{ a.s.}$$

Assim, o valor dos cupons semestrais é de 6,00% × $100.000,00 = $6.000,00, e o fluxo de caixa do título está indicado na Tabela 6.4:

148   Matemática Financeira

TABELA 6.4 Fluxo de caixa		
Semestre	Valor ($)	Referência
0	(–) 100.000,00	CF_0
1	6.000,00	CF_1
2	6.000,00	CF_2
3	6.000,00	CF_3
4	6.000,00	CF_4
5	6.000,00	CF_5
6	106.000,00	CF_6
Soma	36.000,00	

b) Percentual de deságio para rentabilidade de 14,00% a.a., capitalizados semestralmente

A taxa de juros nominal de 14,00% a.a., capitalizados semestralmente, implica uma taxa de juros efetiva de:

$$= 14,00\% \: / \: 2 = 7,00\% \text{ a.s.}$$

Precisamos, agora, achar o valor presente das parcelas futuras desse título, com a taxa de juros efetiva de 7,00% a.s.

b.1) 1ª solução – Simulador da HP 12C no diagrama-padrão

O registro das parcelas futuras do fluxo de caixa desse título, no simulador da HP 12C para o diagrama-padrão, está indicado a seguir:

Cálculo do PV do título a 7,00% a.s.

n	i	PV	PMT	FV
6	7,00	**95.233,46**	–6.000,00	–100.000,00

A diferença desse valor presente ($95.233,46) para o valor de emissão ($100.000,00) é obtido como segue:

$$\text{Deságio} = \$100.000,00 - \$95.233,46 = \$4.766,54$$

O percentual de deságio em relação ao valor de emissão é assim obtido:

$$\text{Percentual de deságio} = \frac{\$4.766,54}{100.000,00} \times 100,00 = 4,77\%$$

Capítulo 6 » Fluxos de caixa heterogêneos – Valor presente, VPL e TIR

b.2) 2ª solução – Simulador de fluxos de caixa heterogêneos

Para essa solução, basta registrar as parcelas do fluxo de caixa na tabela à esquerda e a taxa de desconto de 7,00% na tabela à direita, que o simulador automaticamente fornece seu valor presente de $95.233,46, conforme indicado a seguir:

n	Valor [$]	Ref.
0	0,00	CF_0
1	6.000,00	CF_1
2	6.000,00	CF_2
3	6.000,00	CF_3
4	6.000,00	CF_4
5	6.000,00	CF_5
6	106.000,00	CF_6
Soma	**136.000,00**	

Cálculo do VPL e da TIR	
Taxa	VPL
7,00	95.233,46
TIR	#NUM!

Portanto, o valor do deságio também será de 4,77%, idêntico ao anterior.

c) Taxa nominal, com capitalização semestral, para deságio de 2,00% no valor de emissão.

Com o deságio de 2,00% sobre o valor de emissão de $100.000,00, o valor de venda do título na data da emissão será:

$$= \$100.000,00 - 2,00\% \times \$100.000,00 = \$98.000,00$$

c.1) 1ª solução – Simulador da HP 12C no diagrama-padrão

A taxa efetiva semestral dos investidores que comprarem o título por $98.000,00 e o mantiverem por três anos, até a data do seu vencimento, é obtida pelo simulador da HP 12C para o diagrama-padrão, como segue:

Cálculo da taxa semestral para deságio de 2,00%

n	i	PV	PMT	FV
6	6,41	−98.000,00	−6.000,00	−100.000,00

A taxa nominal, capitalizada semestralmente, é igual a 2 × 6,41% = 12,82% a.a.

c.2) 2ª solução – Simulador para fluxos de caixa heterogêneos

Neste caso, basta registrar as parcelas do fluxo de caixa no simulador, que automaticamente fornece na tabela à direita o mesmo valor de 6,41% para a taxa de juros semestral, conforme indicado a seguir:

n	Valor ($)	Ref.
0	-98.000,00	CF_0
1	6.000,00	CF_1
2	6.000,00	CF_2
3	6.000,00	CF_3
4	6.000,00	CF_4
5	6.000,00	CF_5
6	106.000,00	CF_6
Soma	**38.000,00**	

Cálculo do VPL e da TIR	
Taxa	VPL
6,412	0,00
TIR	6,412

Observe, na tabela à direita, que fixamos o valor da taxa de desconto em 6,412%, e o simulador forneceu automaticamente o valor zero para o VPL, comprovando que esse valor da TIR está correto.

6.7 Significado de um VPL positivo

Vamos, através do próximo exemplo numérico, ratificar a definição de taxa interna de retorno (TIR) e esclarecer o significado de um VPL positivo para um fluxo de caixa descontado com determinada taxa de desconto.

6.7.1 Exemplo – 1ª parte: Cálculo da TIR e dos VPLs

Em relação ao fluxo de caixa indicado na Tabela 6.5, calcule sua TIR e elabore o gráfico do VPL em função da taxa de desconto, no regime de juros compostos.

TABELA 6.5 Fluxo de caixa

Ano	Valor ($)	Referência
0	(–) 100,00	CF_0
1	0,00	CF_1
2	121,00	CF_2
Soma	**21,00**	

Fonte: elaborada pelo autor.

SOLUÇÃO

O cálculo da TIR pode ser feito com o uso do simulador da HP 12C para o diagrama-padrão, como segue:

Cálculo da TIR a partir de PV e FV

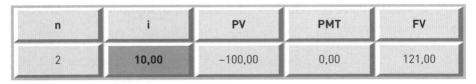

que indica o valor da TIR = 10,00% a.a.

Capítulo 6 » Fluxos de caixa heterogêneos – Valor presente, VPL e TIR   151

Nesse caso, poderíamos obter o valor da TIR resolvendo a seguinte equação:

$$\text{VPL (TIR)} = 0,00 = -100,00 + 121,00 \, x^2 = 0$$

(6.6)

Sendo:

$$x = \frac{1}{(1 + i)}$$

(6.7)

A relação **(6.6)** é uma equação de 2º grau, portanto, tem duas raízes e permite escrever: $x = (100,00 / 121,00)^{1/2}$. Assim, as duas raízes dessa equação estão indicadas a seguir:

$$x_1 = [10,00 / 11,00] \text{ e } x_2 = (-) [10,00 / 11,00]$$

Substituídas na relação **(6.6)** fornecem:

$$i_1 = (+) \, 10,00\% \text{ e } i_2 = (-) \, 210,00\%$$

A taxa de juros negativa de (−) 210% não tem sentido econômico, e a taxa de 10,00% a.a. coincide com a TIR obtida anteriormente pelo simulador.

Para a elaboração do gráfico do VPL em função da taxa de desconto, vamos inicialmente obter os valores presentes do fluxo de caixa da Tabela 6.5, conforme indicado a seguir:

Cálculo dos VPs a partir de FV

n	i	PV	PMT	FV
2	5,00%	(−) 109,75	0,00	121,00
2	15,00%	(−) 91,49	0,00	121,00

Então, os **VPLs** para essas taxas de desconto são iguais a:

$$\text{VPL (5,00\%)} = (-) \, 100,00 + 109,75 = (+) \, 9,75$$
$$\text{VPL (15,00\%)} = (-) \, 100,00 + 91,49 = (-) \, 8,51$$

Sabemos que o VPL (0%) é igual à soma das parcelas do fluxo de caixa, isto é, 121,00 − 100,00 = (+) \$21,00. Se a taxa de desconto tender para o infinito, o VPL (∞) será igual ao investimento inicial (−) \$100,00.

Assim, observe o gráfico a seguir:

FIGURA 6.3 VPL × taxa de desconto

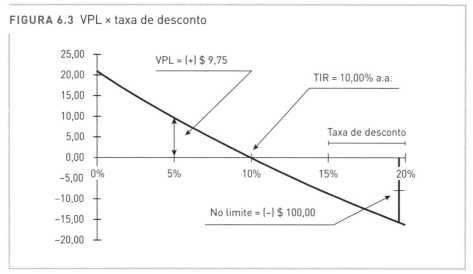

Fonte: elaborada pelo autor.

6.7.2 Exemplo – 2ª parte: Significado de um VPL > 0

Vamos agora esclarecer o significado de um VPL positivo para determinada taxa de desconto.

Para o caso do fluxo de caixa da Tabela 6.5, vamos explicar o que significa

$$VPL\ (5\%) = (+)\ \$9{,}75$$

Inicialmente vamos capitalizar $100,00 com a taxa de 5,00% a.a. pelo prazo de dois anos, como segue:

Cálculo de FV a partir de PV com a taxa de 5% a.a.

n	i	PV	PMT	FV
2	5,00	−100,00	0,00	110,25

Agora vamos subdividir o montante de $121,00 no final do 2º ano em duas parcelas, a saber:

$$\$121{,}00 = \$110{,}25 + \$10{,}75$$

E a seguir representamos esses valores em gráfico:

FIGURA 6.4 Significado de VPL > 0

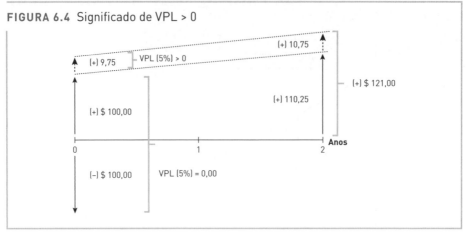

Fonte: elaborada pelo autor.

Uma análise desse gráfico nos permite tirar as seguintes conclusões em relação ao desconto do fluxo de caixa da Tabela 6.5, com taxa de 5,00% a.a.:

a) o investimento inicial de $100,00 garante um recebimento de $121,00 no final do 2º ano, que pode ser desdobrado em duas parcelas: (+) $110,25 e (+) $10,75;
b) a parcela de (+) $110,25 descontada com a taxa de 5,00% a.a. produz um valor presente de (+) $100,00, que anula o valor do investimento inicial. Assim, essa 1ª parcela de (+) $110,25 está remunerando o investimento inicial de (−) $100,00 com a taxa de desconto de 5,00% a.a.;
c) a 2ª parcela, de (+) $10,75, que completa o montante de (+) $121,00, representa um excedente de caixa medido em moeda do final do 2º ano. O valor presente dessa parcela excedente, com a taxa de desconto de 5,00% a.a. é igual a (+) $9,75, como pode ser verificado no simulador da HP 12C para o diagrama-padrão, a seguir:

Cálculo do valor presente do excedente de caixa

n	i	PV	PMT	FV
2	5,00%	(−)9,75	0,00	10,75

Assim, o VPL positivo de $9,75 para o fluxo de caixa da Tabela 6.5, com a taxa de desconto de 5,00% a.a., significa:

a) que o investimento de $100,00 está sendo remunerado com taxa de 5,00% a.a.;
b) que o investimento de $100,00 gerou um excedente de caixa de $10,75 no final do 2º ano, cujo valor presente a 5,00% a.a. é igual a $9,75.

O VPL (5%) positivo de $9,75 garante ao investidor que seu dinheiro está sendo remunerado na taxa de 5,00% a.a. e que esse investimento ainda está lhe gerando um aumento de riqueza de $9,75, expresso em moeda do ponto zero. Assim, para uma taxa de 5,00% a.a., esse investimento está agregando para esse investidor um valor econômico de $9,75, expresso em termos de valor presente.

6.8 Conclusão

Neste capítulo apresentamos os conceitos genéricos de Valor Presente Líquido (VPL) e de Taxa Interna de Retorno (TIR), que se aplicam a todo e qualquer fluxo de caixa, inclusive quando suas parcelas futuras não apresentam nenhuma lei de formação.

Mostramos a metodologia que deve ser usada no tratamento de fluxos de caixa heterogêneos, seja para calcular seu VPL para determinada taxa de desconto, seja para calcular sua TIR.

A TIR de qualquer fluxo de caixa é a taxa de desconto que faz com que seu VPL seja igual a zero e corresponde a uma das **n** raízes da equação de grau **n** que representa seu VPL. As únicas raízes que têm sentido econômico são aquelas que correspondem a valores reais positivos, e a regra de sinal de Descartes garante que os fluxos de caixa com apenas uma variação de sinal nos seus coeficientes têm apenas uma raiz real positiva.

Mostramos exemplos numéricos com o uso das funções **NPV** e **IRR** da HP 12C e com as funções VPL e TIR da planilha Excel que servem para calcular, respectivamente, o VPL e a TIR de fluxos de caixa não homogêneos.

O fluxo de caixa deve ser registrado de forma sequencial, e todas as suas parcelas devem ser informadas, inclusive aquelas que tiverem valores iguais a zero. No caso da planilha Excel, cada célula corresponde a um período de capitalização de juros.

A atenção deve ser redobrada quanto ao fato de a função **VPL** da planilha Excel não incluir o valor de CF_0 em sua fórmula, portanto, essa função não fornece diretamente o **VPL** do fluxo de caixa e sim o valor presente (VP) das suas parcelas futuras.

Finalmente merece destaque o simulador para os fluxos de caixa heterogêneos, cuja elaboração e montagem pode ser verificada no *site* da editora (<www.saraivauni.com.br/9788547220259>). A utilização desse simulador é espontânea e tem a vantagem de mostrar todos os elementos do fluxo de caixa, que podem ser facilmente alterados a qualquer tempo.

6.9 Problemas propostos

1 Calcule os valores presentes dos fluxos de caixa **A**, **B** e **C**, indicados a seguir, para uma taxa de desconto de 1,00% a.m. no regime de juros compostos.

Capítulo 6 » Fluxos de caixa heterogêneos – Valor presente, VPL e TIR   **155**

Fluxos de caixa

Meses	A	B	C
0	0,00		
1	0,00	100,00	0,00
2	1.000,00	100,00	2.000,00
3	1.000,00	100,00	2.000,00
4	1.000,00	100,00	2.000,00
5	1.000,00	100,00	2.000,00
6	1.000,00	0,00	1.000,00
7	2.000,00	100,00	1.000,00
8	2.000,00	100,00	1.000,00
9	2.000,00	100,00	1.000,00
10	2.000,00	100,00	1.000,00

2 Calcule o VPL do fluxo de caixa que segue, para as taxas de desconto de 8,00% a.a. e 12,00% a.a., e sua TIR em % a.a.

Fluxo de caixa

Ano	Valor ($)
0	(–) 13.500,00
1	(+) 2.350,00
2	(+) 2.690,00
3	(+) 3.200,00
4	(+) 3.500,00
5	(+) 3.690,00
6	(+) 4.250,00
Soma	**(+) 6.180,00**

3 Elabore o gráfico do VPL do fluxo de caixa indicado na tabela a seguir, em função da taxa de desconto, no intervalo de 0,00% a 12,00% a.a., com incrementos de 4,00% a.a., e calcule sua TIR em % a.a.

Fluxo de caixa

Ano	Valor ($)
0	(–) 14.000,00
1	(+) 5.250,00
2	(+) 4.350,00
3	(+) 3.000,00
4	(+) 4.500,00
Total líquido	**(+) 3.100,00**

4 Elabore o gráfico do VPL do fluxo de caixa a seguir, em função da taxa de desconto, no intervalo de 0,00% a 3,00% a.t., com incrementos de 1,00% a.t., e calcule a sua TIR em % a.t.

Fluxo de caixa

Trimestre	Valor ($)
0	(−) 4.000,00
1	(+) 500,00
2	(+) 500,00
3	(+) 500,00
4	(+) 500,00
5	(+) 500,00
6	(+) 500,00
7	(+) 500,00
8	(+) 1.000,00
Total líquido	**(+) 500,00**

5 Considere o fluxo de caixa a seguir e calcule seu VPL para as taxas de juros de 1,00% a.m. e de 2,00% a.m., bem como calcule sua TIR em % a.m.

Fluxo de caixa

Mês	Valor ($)
0	(−) 55.000,00
1	(+) 5.000,00
2	(+) 5.000,00
3	(+) 6.000,00
4	(+) 6.000,00
5	(+) 6.000,00
6	(+) 10.000,00
7	(+) 10.000,00
8	(+) 10.000,00
Soma	**(+) 3.000,00**

6 Considere, agora, que o investimento inicial do problema 5 foi alterado para $53.000,00 e calcule o VPL para a taxa de desconto de 1,00% a.m. e sua nova TIR em % a.m.

7 O quadro a seguir mostra os VPLs do fluxo de caixa de um investimento, calculados para diversas taxas de desconto, no regime de juros compostos.

Capítulo 6 » Fluxos de caixa heterogêneos – Valor presente, VPL e TIR   157

Taxa de desconto % ao mês	Valor presente líquido ($)
0,0%	(+) 255,00
0,5%	(+) 127,18
0,8%	(+) 51,71
1,0%	(+) 0,00
1,2%	(−) 47,54
1,5%	(−) 120,94
2,0%	**(−) 241,38**

A partir das informações desse quadro, informe o valor da TIR desse investimento e se os recursos que estão rendendo 1,50% a.m. deveriam ser desaplicados para realizar esse investimento.

8   Um título com o valor de $100.000,00 é emitido com o prazo de quatro anos, pagando juros no final de cada semestre, com a taxa de 5% a.s. No último semestre, além dos juros semestrais, é pago o valor de emissão de $100.000,00. O fluxo de caixa desse título é, portanto, o que segue:

Semestre	Valor ($)
0	-100.000,00
1	5.000,00
2	5.000,00
3	5.000,00
4	5.000,00
5	5.000,00
6	5.000,00
7	5.000,00
8	105.000,00
Soma	**40.000,00**

No momento do lançamento do título é necessário fazer um deságio no preço para atender às condições do mercado. Calcule:

a) o valor do percentual de deságio do preço de emissão, necessário para garantir uma rentabilidade de 5,5% a.s. ao investidor que adquirir esse título na data da emissão e o conservar até seu resgate, no final do 4º ano;

b) a TIR do investidor que adquirir esse título com 5% de deságio e que o conservar até seu resgate, no final do 4º ano.

7

Equivalência financeira – Sistemas de amortização

7.1 Introdução

Neste capítulo vamos apresentar o conceito de equivalência de fluxos de caixa, indispensável à elaboração de planos alternativos para o pagamento de um financiamento que possam atender às necessidades do financiado e preservar a rentabilidade do financiador.

Apresentaremos os conceitos de amortização e de saldo devedor de financiamentos, úteis para a liquidação antecipada de dívidas e/ou para seu refinanciamento.

Detalharemos também, com exemplos numéricos, os conceitos dos principais sistemas de amortização de financiamento usados no mercado, a saber:

- Sistema de pagamento único;
- Sistema de pagamento periódico de juros (sistema americano);
- Sistema de prestações iguais – Tabela Price (sistema francês);
- Sistema de amortização constante – SAC (método hamburguês);
- Sistema de amortização misto – SAM.

Mostraremos ainda diversas formas de obtenção dos valores de parcelas intermediárias de pagamentos em planos de financiamento, que, como dissemos, dão uma flexibilidade na definição das prestações para atender aos interesses do financiado sem prejudicar a rentabilidade do financiador. Os exercícios numéricos estão resolvidos com a HP 12C e com o simulador.

7.2 Conceito de equivalência de fluxos de caixa

Dois ou mais fluxos de caixa são equivalentes a uma determinada taxa de juros se seus valores presentes, calculados com essa mesma taxa, forem iguais. Lembrando que a equivalência de fluxos de caixa e a equivalência de taxas de juros (apresentadas no Capitulo 4) estão diretamente ligadas ao regime de juros compostos.

159

É importante ressaltar que a equivalência de fluxos de caixa depende, necessariamente, da taxa de juros usada para descontar os fluxos de caixa, a fim de obter seus valores presentes. Portanto, se dois ou mais fluxos de caixa são equivalentes a uma determinada taxa de juros, essa equivalência deixará de existir se a taxa de juros for alterada.

Se os fluxos de caixa tiverem o mesmo valor presente a uma determinada taxa de juros, então os seus valores futuros (VFs), após **n** períodos, obtidos com essa mesma taxa de juros, serão necessariamente iguais. Dessa forma, a equivalência de fluxos de caixa não precisa obrigatoriamente ser verificada no ponto zero da escala de tempo. Ela pode ser confirmada no final de qualquer período **n**, desde que o período escolhido seja o mesmo para todos os fluxos de caixa em análise.

7.3 Conceitos de amortização e de saldo devedor de financiamentos

O conceito de amortização está diretamente ligado ao *principal* do financiamento. O fluxo de caixa das amortizações é a forma como o *principal* é devolvido ao financiador ao longo do tempo. Assim, a soma das amortizações contidas nas prestações de qualquer financiamento é sempre igual ao valor do *principal* do financiamento.

Nos sistemas de amortização de financiamentos é fundamental a definição da forma como o *principal* do financiamento vai ser amortizado. No sistema de pagamento único, no SAC e no sistema americano, as amortizações são claramente definidas por ocasião da assinatura dos contratos, ao passo que no sistema de prestação constante – Tabela Price, costuma-se apenas definir o valor das prestações, que é composto de amortização e juros.

Entretanto, a regra universal adotada pela Matemática Financeira e utilizada nas planilhas eletrônicas e calculadoras financeiras é que os pagamentos periódicos devem, em primeiro lugar, ser usados na liquidação dos juros do período correspondente, e os saldos, se houver, devem ser aplicados na amortização do *principal* do financiamento.

Essa regra se aplica a todos os sistemas de amortização e permite a obtenção dos valores das amortizações e dos juros contidos em cada prestação da Tabela Price, de forma inequívoca, e os juros de cada período são integralmente pagos no final de cada um deles.

O saldo devedor de um financiamento, em qualquer período, é o valor a ser pago ao financiador, no final do período correspondente, para a liquidação antecipada do financiamento.

Esse valor corresponde ao valor presente, com a taxa de juros do financiamento, das prestações vincendas, que devem ser descontadas até o final do período considerado para eliminar os juros futuros.

Os exemplos do próximo item mostram, em detalhe, a aplicação desses conceitos nos principais sistemas de amortização utilizados no mercado.

7.4 Sistemas equivalentes de amortização de financiamentos

Vamos considerar, neste item, um financiamento com os seguintes parâmetros:

- *principal*: $1.000,00
- taxa de juros: 8,00% a.a.
- prazo: 4 anos

A seguir desenvolveremos e analisaremos cinco planos equivalentes para amortizar esse financiamento dentro dos parâmetros anteriormente definidos.

7.4.1 Sistema de pagamento único

Neste sistema, o financiamento é liquidado mediante o pagamento de uma única parcela no final do 4º ano, havendo capitalização de juros no final de cada ano.

A Tabela 7.1 mostra os cálculos dos valores desse financiamento no final dos quatro anos da operação.

TABELA 7.1 Sistema de pagamento único

Principal = $1.000,00 / Taxa de juros = 8,00% a.a. / Prazo = 4 anos

Anos	Saldo no início do ano	Juros do ano	Saldo no final do ano antes do pagamento	Pagamentos no final do ano			Saldo no final do ano após pagamento
				Total	Juros	Amortização	
0							1.000,00
1	1.000,00	80,00	1.080,00	0,00	0,00	0,00	1.080,00
2	1.080,00	86,40	1.166,40	0,00	0,00	0,00	1.166,40
3	1.166,40	93,31	1.259,71	0,00	0,00	0,00	1.259,71
4	1.259,71	100,78	1.360,49	1.360,49	360,49	1.000,00	0,00
Soma dos pagamentos				**1.360,49**	**360,49**	**1.000,00**	

Fonte: elaborada pelo autor.

Observe na Tabela 7.1 que nesse sistema o financiamento de $1.000,00 é liquidado com um único pagamento de $1.360,49, realizado no final do 4º ano, sendo $1.000,00 de amortização do *principal* e $360,49 de juros acumulados ao longo dos quatro anos.

Os juros de cada ano, calculados sobre o saldo devedor do início do ano, não são pagos no final do ano correspondente, portanto, são capitalizados, passando a fazer parte da base de cálculo dos juros dos anos subsequentes. Há, portanto, incidência de "juros sobre juros".

Essa modalidade de pagamento se aplica a diversas operações do mercado, tais como operações de capital de giro, desconto de títulos e aplicações em títulos de renda final.

7.4.2 Sistema de pagamento periódico de juros – Sistema americano

Neste sistema, o financiamento é liquidado da seguinte forma:

- no final de cada ano são pagos os juros do respectivo ano;
- no final do 4º ano, além dos juros anuais, é efetuado o pagamento integral do principal.

A Tabela 7.2 mostra os cálculos dos valores desse financiamento no final dos quatro anos da operação.

TABELA 7.2 Sistema de pagamento periódico de juros							
Principal = $1.000,00 / Taxa de juros = 8,00% a.a./ Prazo = 4 anos							
Anos	Saldo no início do ano	Juros do ano	Saldo no final do ano antes do pagamento	Pagamentos no final do ano			Saldo no final do ano após pagamento
				Total	Juros	Amortização	
0							1.000,00
1	1.000,00	80,00	1.080,00	80,00	80,00	0,00	1.000,00
2	1.000,00	80,00	1.080,00	80,00	80,00	0,00	1.000,00
3	1.000,00	80,00	1.080,00	80,00	80,00	0,00	1.000,00
4	1.000,00	80,00	1.080,00	1.080,00	80,00	1.000,00	0,00
	Soma dos pagamentos			**1.320,00**	**320,00**	**1.000,00**	

Fonte: elaborada pelo autor.

Observe na Tabela 7.2 que nesse sistema o financiamento de $1.000,00 é liquidado com quatro pagamentos anuais de $80,00, correspondentes aos juros de cada ano, mais um pagamento de $1.000,00 no final do 4º ano para amortizar integralmente o *principal* do financiamento.

Os juros de cada ano, calculados sobre o saldo devedor do início do ano, são integralmente pagos no final do ano correspondente e, consequentemente, não há incidência de "juros sobre juros". Assim, o *principal* de $1.000,00 proporciona juros de $80,00, correspondentes a 8,00% de $1.000,00, e gera um saldo de $1.080,00 no final do 1º ano, que após o pagamento dos $80,00 de juros, volta ao valor de $1.000,00 como saldo do início do 2º ano. Assim, apesar de o valor dos juros ser sempre igual a $80,00 (8,00% × $1.000,00), os $1.000,00 correspondem aos saldos dos inícios de cada período, e só no 1º período é que correspondem ao *principal* do contrato. O processo se repete até o final do financiamento, quando além dos $80,00 de juros são pagos os $1.000,00 de amortização do *principal*.

Essa modalidade de pagamento se aplica a diversas operações do mercado, tais como operações de *leasing* e aplicações em títulos de renda periódica (anual, mensal etc.).

7.4.3 Sistema de prestações iguais – Tabela Price ou Sistema francês

Neste sistema, também conhecido como sistema de amortização francês, o financiamento é liquidado pelo pagamento de quatro prestações anuais de $301,92, cujo valor pode ser obtido pelo simulador da HP 12C para o diagrama-padrão, conforme indicado:

Cálculo do valor da prestação – Tabela Price

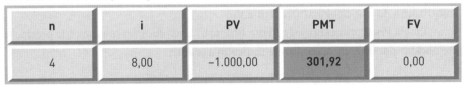

n	i	PV	PMT	FV
4	8,00	-1.000,00	301,92	0,00

As prestações de cada ano são subdivididas em duas parcelas:

- juros do ano, calculados sobre o saldo no início do respectivo ano;
- amortização do *principal*, obtida pela diferença entre o valor da prestação e o valor dos juros do ano.

A Tabela 7.3 mostra os cálculos dos valores desse financiamento no final dos quatro anos da operação.

TABELA 7.3 Sistema de prestações iguais – Tabela Price

Principal = $1.000,00 / Taxa de juros = 8,00% a.a. / Prazo = 4 anos

Anos	Saldo no início do ano	Juros do ano	Saldo no final do ano antes do pagamento	Pagamentos no final do ano Total	Juros	Amortização	Saldo no final do ano após pagamento
0							1.000,00
1	1.000,00	80,00	1.080,00	301,92	80,00	221,92	778,08
2	778,08	62,24	840,32	301,92	62,24	239,68	538,40
3	538,40	43,07	581,47	301,92	43,07	258,85	279,55
4	279,55	22,37	301,92	301,92	22,37	279,55	0,00
Soma dos pagamentos				**1.207,68**	**207,68**	**1.000,00**	

Fonte: elaborada pelo autor.

Essa modalidade de pagamento é bastante utilizada em operações de financiamentos imobiliários e de crédito direto ao consumidor.

Observe na Tabela 7.3 que os juros de $80,00 do 1º ano, correspondentes a 8,00% do saldo do início do ano ($1.000,00), foram integralmente liquidados por uma parcela da 1ª prestação, e o saldo de $221,92 (= $301,92 – $80,00) é utilizado na amortização do *principal* do financiamento. A primeira prioridade é o pagamento de juros, e a *amortização* do *principal* é feita pelo saldo da prestação.

Assim, o saldo remanescente de *principal* para o 2º ano é obtido da seguinte maneira:

$$\$1.000,00 - \$221,92 = \$778,08$$

Os juros do 2º ano ($\$62,24$) são obtidos pela aplicação da taxa de 8,00% a.a. sobre o saldo de *principal* no início do 2º ano ($\$778,08$) e são integralmente liquidados por uma parcela da 2ª prestação. O saldo de $\$239,68$ (= $\$301,92 - \$62,24$) é utilizado na amortização do *principal* do financiamento.

A Tabela Price prioriza o pagamento dos juros, e as amortizações de cada prestação são obtidas por diferença, conforme indicado a seguir:

$$\text{Amortização (k)} = \text{Prestação} - \text{Juros (k)}$$

Na Tabela Price, os juros de cada ano vão diminuindo de valor ao longo do tempo e as amortizações, inversamente, vão aumentando de valor de forma *exponencial*, com a mesma taxa de juros do financiamento, conforme mostrado a seguir:

A_1 = Amortização do 1º ano = $\$221,92$
A_2 = Amortização do 2º ano = $\$221,92 \times 1,08 = \$239,68$
A_3 = Amortização do 3º ano = $\$239,68 \times 1,08 = \$258,85$
A_4 = Amortização do 4º ano = $\$258,85 \times 1,08 = \$279,55$

Dessa forma, podemos afirmar que na Tabela Price qualquer amortização pode ser obtida a partir da 1ª amortização pela relação:

$$A_n = A_1 (1 + i)^{n-1} \tag{7.1}$$

A relação **(7.1)** tem a mesma lei de formação da relação **(3.1)**, que interliga **PV** e **FV**.

A diferença é que na relação **(3.1)** o valor presente **PV** está colocado no ponto zero da escala de tempo e tem, portanto, **n** capitalizações para atingir o valor futuro **FV** no final do período de ordem **n**.

Na relação **(7.1)**, a 1ª amortização (A_1) está no final do 1º período e necessita de **n – 1** capitalizações para atingir a amortização de ordem **n** (A_n).

A Figura 7.1 apresenta, de forma esquemática, os valores das amortizações e juros anuais do sistema de prestações iguais – Tabela Price:

FIGURA 7.1 Sistema de prestações iguais – amortizações exponenciais

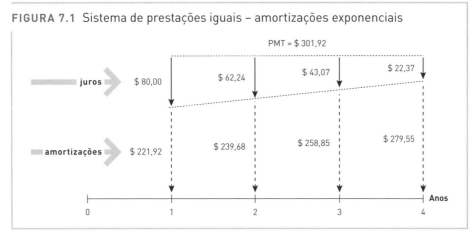

Fonte: elaborada pelo autor.

Observe na Tabela 7.3 que no final do 4º ano o saldo devedor do financiamento se anula mediante o pagamento da última prestação, o que confirma a exatidão da tabela, elaborada a juros compostos com a taxa de juros de 8,00% a.a.

Vamos, agora, calcular o saldo devedor (*principal remanescente*) desse financiamento, imediatamente após o pagamento da 2ª prestação.

Uma primeira solução é alcançada através do valor presente, no final do 2º ano, das prestações vincendas, isto é, das últimas duas prestações, com a mesma taxa de juros do financiamento (8,00% a.a.), conforme indicado a seguir:

Cálculo do saldo devedor no final do 2º ano

n	i	PV	PMT	FV
2	8,00	538,40	−301,92	0,00

que indica o valor de $538,40, idêntico àquele obtido na última coluna da Tabela 7.3.

Observe que, no final do 2º ano, o saldo da dívida antes do pagamento do 2º ano é:

$$\$538,40 + \$301,92 = \$840,32$$

Uma segunda forma de achar o valor desse saldo devedor é calculando a soma das duas amortizações que faltam ser pagas, isto é:

A_3 = Amortização do 3º ano = $258,85
A_4 = Amortização do 4º ano = $279,55
Soma $(A_3 + A_4)$ = $538,40

Resumimos, a seguir, duas propriedades que envolvem a prestação da Tabela Price e suas respectivas amortizações, que são úteis para resolver determinados problemas.

a) Na 1ª prestação temos:

$$J_1 = PV \times i$$
$$PMT = A_1 + J_1$$

b) Na última prestação temos:

$$J_n = A_n \times i$$
$$PMT = A_n + J_n = A_n + A_n \times i \rightarrow PMT = A_n (1+i)$$

Exemplo numérico

Determine o valor do *principal* de um financiamento e o valor de sua prestação sabendo que ele é liquidado pela Tabela Price em quatro prestações iguais e sucessivas. A primeira prestação vence um período após a liberação dos recursos, e os valores das duas primeiras parcelas de amortização são $2.154,71 e $2.370,17, respectivamente.

Solução

As amortizações da Tabela Price crescem exponencialmente, com a mesma taxa do contrato, assim temos:

$$A_2 = 2.370,17 = A_1 (1+i) = 2.154,71 (1+i) \rightarrow i = 0,10 = 10\% \text{ por período}$$

A quarta e última amortização é obtida como segue:

$$A_4 = A_2 (1+i)^2 = 2.370,17 (1+10\%)^2 = 2.867,91$$

O valor da prestação PMT é obtido através da relação que mantém com a última amortização (A_4), como segue:

$$PMT = A_n (1+i) = 2.867,91 (1+10\%) = 3.154,71$$

O valor do *principal* do financiamento é obtido pela relação entre a amortização e juros da 1ª prestação, como segue:

$$J_1 = PMT - A_1 = 3.154,71 - 2.154,71 = 1.000,00$$
$$J_1 = 1.000,00 = PV \times i = PV \times 0,10 \rightarrow PV = \$10.000,00$$

7.4.4 Sistema de amortização constante – SAC

Neste sistema, conhecido como método hamburguês, o financiamento é liquidado mediante o pagamento de quatro prestações linearmente decrescentes, subdivididas em duas parcelas:

- amortização do *principal*, obtida pela divisão entre o valor do *principal* do financiamento e o prazo da operação;
- juros do ano, calculados sobre o saldo no início do respectivo ano.

A Tabela 7.4 mostra os cálculos dos valores desse financiamento no final dos quatro anos da operação.

TABELA 7.4 Sistema de amortização constante – SAC

				Pagamentos no final do ano			
Anos	Saldo no início do ano	Juros do ano	Saldo no final do ano antes do pagamento	Total	Juros	Amortização	Saldo no final do ano após pagamento
0							1.000,00
1	1.000,00	80,00	1.080,00	330,00	80,00	250,00	750,00
2	750,00	60,00	810,00	310,00	60,00	250,00	500,00
3	500,00	40,00	540,00	290,00	40,00	250,00	250,00
4	250,00	20,00	270,00	270,00	20,00	250,00	0,00
Soma dos pagamentos				**1.200,00**	**200,00**	**1.000,00**	

Principal = $1.000,00 / Taxa de juros = 8% a.a. / Prazo = 4 anos

Fonte: elaborada pelo autor.

Essa modalidade de pagamento é bastante utilizada nas operações de financiamentos imobiliários e nos financiamentos de longo prazo, de um modo geral.

Observe na Tabela 7.4 que no SAC devemos, inicialmente, calcular o valor da amortização anual ($250,00) dividindo o valor do *principal* do financiamento ($1.000,00) pelo prazo da operação (4 anos).

Os juros do 1º ano ($80,00) correspondem a 8,00% do saldo do início do 1º ano ($1.000,00), e o valor da prestação ($330,00) corresponde à soma da amortização com os juros de cada ano.

A 1ª prestação liquida integralmente os $80,00 de juros e, ainda, amortiza $250,00 do *principal* da dívida. Assim, o saldo remanescente de *principal* para o início do 2º ano é assim obtido:

$$\$1.000,00 - \$250,00 = \$750,00$$

Os juros do 2º ano ($60,00) são obtidos pela aplicação da taxa de 8,00% a.a. sobre o saldo de *principal* no início do 2º ano ($750,00).

A 2ª prestação liquida integralmente os $60,00 de juros e ainda amortiza $250,00 do *principal* da dívida. Assim, o saldo remanescente de *principal* para o início do 3º ano é assim obtido:

$$\$750,00 - \$250,00 = \$500,00$$

Dessa forma, a Tabela 7.4 do SAC indica que o financiamento de $1.000,00 é liquidado mediante o pagamento de quatro amortizações anuais de $250,00 mais quatro parcelas anuais de juros ($80,00, $60,00, $40,00 e $20,00).

Observe que no SAC as prestações e os juros de cada ano vão diminuindo linearmente de valor ao longo do tempo, e as amortizações permanecem com o mesmo valor de $250,00.

Ressaltamos, ainda, que no SAC cada prestação é obtida a partir do valor da amortização e dos respectivos juros, conforme indicado a seguir:

Prestação (k) = amortização + juros (k)

Observe na Tabela 7.4 que no final do 4º ano o saldo devedor do financiamento se anula mediante o pagamento da última prestação, o que confirma a exatidão da tabela, elaborada a juros compostos com a taxa de juros de 8,00% a.a.

Vamos, agora, calcular o saldo devedor (*principal remanescente*) desse financiamento imediatamente após o pagamento da 2ª prestação.

Uma primeira solução é alcançada através do valor presente, no final do 2º ano, das prestações vincendas, isto é, das últimas duas prestações, com a mesma taxa de juros do financiamento (8,00% a.a.), conforme indicado a seguir:

Cálculo do saldo devedor no final do 2º ano

n	i	PV	PMT	FV
2	8,00	231,48	0,00	270,00
1	8,00	268,52	0,00	290,00
Soma		500,00		

Isso resulta no valor de $500,00, idêntico àquele obtido na última coluna da Tabela 7.4.

Observe que, no final do 2º ano, o saldo da dívida, antes do pagamento do 2º ano, é igual a:

$$\$500,00 + \$310,00 = \$810,00$$

Uma segunda forma de achar o valor desse saldo devedor é calculando a soma das duas amortizações que faltam ser pagas, isto é:

A_3 = Amortização do 3º ano = \$250,00
A_4 = Amortização do 4º ano = \$250,00
Soma $(A_3 + A_4)$ = \$500,00

Resumimos, a seguir, algumas propriedades que envolvem o sistema de amortização constante e que são úteis para resolver determinados problemas.

a) Os juros decrescem segundo uma progressão aritmética, com a razão igual a:
   Decréscimo de juros = A × i.

b) Na 1ª prestação temos:
   $J_1 = PV \times i$;
   $PR_1 = A + J_1$.

c) Na última prestação temos:
   $J_n = A \times i$;
   $PR_n = A + J_n = A + A \times i \rightarrow PR_n = A(1 + i)$.

Exemplo numérico

Um banco realizou um financiamento com pagamentos pelo sistema SAC, com amortizações mensais, iguais e sucessivas, e com a 1ª prestação ocorrendo 30 dias após a liberação dos recursos. Desse financiamento são conhecidos os seguintes valores:

* Valor da 1ª prestação = \$25.000,00;
* Valor da 2ª prestação = \$24.000,00;
* Valor da última prestação = \$21.000,00.

Determine para esse financiamento:

* o prazo (em meses);
* a taxa de juros efetiva, em % ao mês;
* o valor do principal financiado.

SOLUÇÃO

O decréscimo dos juros é igual a A × i, isto é:

Capítulo 7 » Equivalência financeira – Sistemas de amortização **169**

$$25.000,00 - 24.000,00 = 1.000,00 = A \times i$$

Na última prestação temos a seguinte relação:

$$PR_n = 21.000,00 = A + A \times i = A + 1.000,00 \rightarrow A = 20.000,00$$

A taxa de juros é obtida pela relação a seguir:

$$A \times i = 1.000,00 = 20.000,00 \times i \rightarrow i = 0,05 = 5\% \text{ a.m.}$$

Na 1ª prestação temos:

$$J_1 = PR_1 - A = 25.000,00 - 20.000,00 = 5.000,00 = PV \times 5\%$$

Então temos:

$$PV = 5.000,00 / 5\% = 100.000,00$$

O prazo do financiamento é obtido como segue:

$$\text{Prazo} = n = PV / A = 100.000,00 / 20.000,00 = 5 \text{ meses}$$

7.4.5 Sistema de amortização misto – SAM

O sistema de amortização misto – SAM é uma mistura do SAC com a Tabela Price, e suas prestações são obtidas pela média ponderada entre as prestações desses dois sistemas de amortização.

Por exemplo, as prestações do SAM podem ser formadas 70% pelas prestações da Tabela Price e 30% pelo SAC, ou quaisquer outras proporções que somem 100%.

Para efeito de exemplo, vamos considerar que o financiamento de $1.000,00 seja liquidado 50% pela Tabela Price e 50% pelo SAC.

Neste caso é como se a metade do financiamento fosse liquidada pela Tabela Price e a outra metade pelo SAC. Assim, a prestação do SAM é obtida pela média aritmética entre as prestações desses dois sistemas de amortização, conforme indicado a seguir:

$$\text{Prestação SAM} = \frac{\text{(Prestação Price + Prestação SAC)}}{2}$$

As prestações do SAM para o financiamento de $1.000,00, a juros compostos de 8,00% a.a., num prazo de quatro anos, podem ser facilmente obtidas a partir das Tabelas 7.3 (Price) e 7.4 (SAC), como indicado na Tabela 7.5:

TABELA 7.5 Sistema de amortização misto – SAM

Ano	Prestação Anual			
	Price	SAC	Price + SAC	SAM (Price + SAC) ÷ 2
1	301,92	330,00	631,92	315,96
2	301,92	310,00	611,92	305,96
3	301,92	290,00	591,92	295,96
4	301,92	270,00	571,92	285,96
Soma	1.207,68	1.200,00	2.407,68	1.203,84

Fonte: elaborada pelo autor.

Observe na Tabela 7.5 que as prestações do SAM decrescem de uma forma constante, e esse decréscimo é igual à metade do decréscimo das prestações do SAC.

Dessa forma, os valores das prestações do SAM estão compreendidos entre o valor da prestação da Tabela Price e os valores das prestações do SAC, conforme mostra a Figura 7.2:

FIGURA 7.2 Tabela Price – SAC e SAM

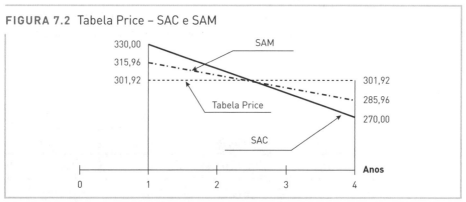

Fonte: elaborada pelo autor.

A Tabela 7.6 mostra os cálculos das amortizações e dos juros do SAM para o mesmo financiamento de $1.000,00, liquidado pelos quatros planos anteriores.

TABELA 7.6 Sistema de amortização misto – SAM

Principal = $1.000,00 / Taxa de juros = 8,00% a.a. / Prazo = 4 anos

Anos	Saldo no início do ano	Juros do ano	Saldo no final do ano antes do pagamento	Pagamentos no final do ano			Saldo no final do ano antes do pagamento
				Total	Juros	Amortização	
0							1.000,00
1	1.000,00	80,00	1.080,00	315,96	80,00	235,96	764,04
2	764,04	61,12	825,16	305,96	61,12	244,84	519,20
3	519,20	41,54	560,74	295,96	41,54	254,42	264,78
4	264,78	21,18	285,96	285,96	21,18	264,78	0,00
Soma dos pagamentos				1.203,84	203,84	1.000,00	

Fonte: elaborada pelo autor.

Como na Tabela Price, a montagem dessa Tabela 7.6 para o SAM obedece à seguinte sequência:

a) definição dos valores das prestações anuais, como a média dos valores das prestações da Tabela Price e do SAC;
b) cálculo dos valores dos juros periódicos, aplicando a taxa de 8,00% a.a. sobre os saldos devedores do início de cada período;
c) cálculo dos valores das amortizações pela diferença entre os valores das prestações e dos juros de cada período.

Verifique, ainda, que os valores dos juros e das amortizações do SAM, contidos na Tabela 7.6, correspondem às médias aritméticas dos valores dos juros e amortizações contidos nas Tabelas 7.3 (Tabela Price) e 7.4 (SAC), nos respectivos períodos.

Vamos, agora, calcular o saldo devedor (*principal remanescente*) desse financiamento, imediatamente após o pagamento da 2ª prestação.

Uma primeira solução é alcançada através do valor presente, no final do 2º ano, das prestações vincendas, isto é, das últimas duas prestações, com a mesma taxa de juros do financiamento (8,00% a.a.), conforme indicado a seguir:

Cálculo do saldo devedor no final do 2º ano

n	i	PV	PMT	FV
2	8,00	245,16	0,00	−285,96
1	8,00	274,04	0,00	−295,86
Soma		519,20		

que indica o valor de $519,20, idêntico àquele obtido na última coluna da Tabela 7.6.

Observe que, no final do 2º ano, o saldo da dívida, antes do pagamento do 2º ano, é igual a:

$$\$519,20 + \$305,96 = \$825,16$$

Uma segunda forma de achar o valor do saldo devedor após o pagamento da 2ª prestação é calculando a soma das duas amortizações que faltam ser pagas, isto é:

A_3 = Amortização do 3º ano = $254,42
A_4 = Amortização do 4º ano = $264,78
Soma $(A_3 + A_4)$ = $519,20

7.4.6 Comentários sobre os cinco sistemas equivalentes

O financiamento de um *principal* de $1.000,00 pode ser amortizado no prazo de quatro anos, com uma taxa de 8% a.a., pelos sistemas equivalentes de pagamentos indicados na Tabela 7.7:

TABELA 7.7 Cinco planos equivalente a 8,00% a.a.

Anos	Pagamento único	Sistema americano	Tabela Price	SAC	SAM
0					
1		80,00	301,92	330,00	315,96
2		80,00	301,92	310,00	305,96
3		80,00	301,92	290,00	295,96
4	1.360,49	1.080,00	301,92	270,00	285,96
Soma	1.360,49	1.320,00	1.207,68	1.200,00	1.203,84

Fonte: elaborada pelo autor.

Esses cinco sistemas de pagamentos são absolutamente equivalentes a 8,00% a.a., pois têm o mesmo valor presente de $1.000,00, se descontados a essa mesma taxa, conforme pode ser verificado a seguir.

a) Valor presente do sistema de pagamento único a 8,00% a.a.

Valor presente do pagamento único no final do prazo

n	i	PV	PMT	FV
4	8,00	**−1.000,00**	0,00	−1.360,49

b) Valor presente do sistema americano a 8,00% a.a.

Valor presente do sistema americano

n	i	PV	PMT .	FV
4	8,00	**264,97**	−80,00	0,00
4	8,00	**735,03**	0,00	−1.000,00
	Soma	**1.000,00**		

c) Valor presente da Tabela Price a 8,00% a.a.

Valor presente da Tabela Price

n	i	PV	PMT	FV
4	8,00	1.000,00	–301,92	0,00

d) Valor presente do SAC a 8,00% a.a.

Valor presente do SAC

n	i	PV	PMT	FV
4	8,00	198,46	0,00	–270,00
3	8,00	230,21	0,00	–290,00
2	8,00	265,77	0,00	–310,00
1	8,00	305,56	0,00	–330,00
Soma		1.000,00		

e) Valor presente do SAM a 8,00% a.a.

Valor presente do SAM

n	i	PV	PMT	FV
4	8,00	210,19	0,00	–285,86
3	8,00	234,94	0,00	–295,96
2	8,00	262,31	0,00	–305,96
1	8,00	292,56	0,00	–315,96
Soma		1.000,00		

Cabe, ainda, observar nos quadros de amortização desses planos (Tabelas 7.1 a 7.4 e 7.6) que:

a) o saldo devedor no início de cada ano foi sempre remunerado a 8% a.a.;

b) o pagamento do final do 4º ano liquidou integralmente o saldo devedor remanescente e os juros devidos de cada plano.

É erro grosseiro analisar planos de financiamento pelo valor total pago em cada plano, conforme demonstramos a seguir. A soma das prestações de cada um desses cinco sistemas está indicada na Tabela 7.8:

TABELA 7.8 Valores totais pagos

Sistema	Total ($)
Pagamento único	1.360,49
Americano	1.320,00
Tabela Price	1.207,68
SAC	1.200,00
SAM	1.203,84

Fonte: elaborada pelo autor.

Pela mera soma das prestações, o SAC é o *melhor* plano para quem tomar esse financiamento, pois é aquele com o menor valor total a ser pago. Nesse mesmo raciocínio, o sistema com pagamento único seria o *pior* de todos, pois apresenta o maior valor total a ser pago.

O erro básico é que no sistema de pagamento único o *principal* financiado só foi devolvido ao financiador no final do 4º ano, portanto tem de ser integralmente remunerado durante os quatro anos, juntamente com os juros que são capitalizados.

Já no SAC, o *principal* é amortizado ao longo do prazo da operação, portanto apenas o *principal* remanescente (saldo devedor) é que deve ser remunerado em cada período, produzindo consequentemente um menor valor de juros a ser pago pelo "aluguel" do *principal* que ficou à disposição do financiado.

Os cinco sistemas são equivalentes a 8,00% a.a., pois apresentam o mesmo valor presente de $1.000,00 com essa taxa de desconto, e não são equivalentes com qualquer outra taxa de desconto.

Somar as prestações de cada plano corresponde a calcular seus valores presentes com a taxa de desconto de 0,00% a.a., por isso são diferentes os valores obtidos para o total de pagamentos de cada plano, que constam na tabela 7.8.

O valor de $1.360,49 corresponde ao valor futuro (**FV**) de cada um dos cinco sistemas equivalentes, no final do 4º ano, que pode ser obtido com a taxa de 8,00% a.a., conforme mostrado a seguir.

Capítulo 7 » Equivalência financeira – Sistemas de amortização   **175**

a) Valor futuro do pagamento único, no final do 4º ano, a 8,00% a.a.

Valor futuro do pagamento único

n	i	PV	PMT	FV
4	8,00	−1.000,00	0,00	**1.360,49**

b) Valor futuro do sistema americano, no final do 4º ano, a 8,00% a.a.

Valor futuro do sistema americano – Plano B

n	i	PV	PMT	FV
4	8,00	0,00	−80,00	**360,49**
Pagamento do principal no final do 4º ano				**1.000,00**
Soma				**1.360,49**

c) Valor futuro da Tabela Price, no final do 4º ano, a 8,00% a.a.

Cálculo do valor futuro do Plano C

n	i	PV	PMT	FV
4	8,00	0,00	−301,92	**1.360,49**

d) Valor futuro do SAC, no final do 4º ano, a 8,00% a.a.

Valor futuro da Tabela Price

n	i	PV	PMT	FV
3	8,00	−330,00	0,00	**415,71**
2	8,00	−310,00	0,00	**361,58**
1	8,00	−290,00	0,00	**313,20**
Pagamento da prestação do final do 4º ano				**270,00**
Soma				**1.360,49**

e) Valor futuro do SAM, no final do 4º ano, a 8,00% a.a.

Valor futuro do SAM

n	i	PV	PMT	FV
3	8,00	–315,96	0,00	398,02
2	8,00	–305,96	0,00	356,87
1	8,00	–295,96	0,00	319,64
Pagamento da prestação do final do 4º ano				285,96
Soma				1.360,49

A equivalência dos cinco sistemas de pagamentos pode ser verificada com a taxa de 8,00% a.a. no final de qualquer período, desde que o período seja o mesmo para todos os fluxos de caixa. Assim podemos afirmar:

a) os cinco sistemas de pagamentos são equivalentes, com a taxa de 8,00% a.a., porque têm o mesmo valor presente (PV = $1.000,00), quando seus valores são descontados com essa mesma taxa;

b) os cinco sistemas de pagamentos são equivalentes, com a taxa de 8,00% a.a., porque têm o mesmo valor futuro (FV = $1.360,49) no final do 4º ano, quando seus valores são capitalizados para essa mesma data com taxa de 8,00% a.a.

7.4.7 Juros médios – Um processo aproximado

Os cinco sistemas equivalentes desenvolvidos neste item têm a mesma taxa efetiva de juros, que é igual a 8,00% a.a.

Vamos assumir que, no caso do sistema de prestações iguais (Tabela Price), a taxa de juros não fosse conhecida. Assim os valores conhecidos seriam:

- *principal*: $1.000,00
- prazo: 4 anos
- prestação: $301,92

Um valor aproximado para a taxa de juros pode ser obtido pelo processo dos juros médios, cujo procedimento é o que segue.

- Cálculo do prazo médio a partir da expressão a seguir, válida para o caso das prestações iguais e postecipadas:

$$\text{Prazo médio} = (\text{prazo} + 1) / 2 = (4 \text{ anos} + 1) \div 2 = 2,5 \text{ anos}$$

- Cálculo da percentagem total de juros em relação ao principal, com o auxílio da expressão:

% de juros = (soma dos juros) / principal = ($207,68 / $1.000,00) = 20,77%

- Cálculo dos juros médios, com o auxílio da expressão:

juros médios = (% total de juros) / (prazo médio) =
= (20,77%) / (2,5 anos) = 8,31% a.a.

Nos financiamentos que são liquidados pela Tabela Price a taxa de juros fornecida pelo processo de juros médios é sempre um pouco superior à taxa exata do financiamento.

7.4.8 Exemplos numéricos

1. Considere o fluxo de caixa (A) indicado na Figura 7.3 e calcule os seguintes valores com a taxa de 1% a.m., no regime de juros compostos:

a) seu valor presente;
b) o montante acumulado no final do 12º mês, pela capitalização das suas parcelas;
c) o montante acumulado no final do 12º mês a partir do valor presente obtido no item *a*.

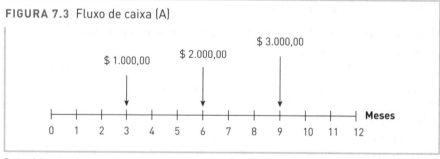

FIGURA 7.3 Fluxo de caixa (A)

Fonte: elaborada pelo autor.

SOLUÇÃO

a) Valor presente

O valor presente, a 1,00% a.m., pode ser obtido pelas operações indicadas a seguir:

Cálculo do valor presente do fluxo de caixa (A)

n	i	PV	PMT	FV
9	1,00	**2.743,02**	0,00	-3.000,00
6	1,00	**1.884,09**	0,00	-2.000,00
3	1,00	**970,59**	0,00	-1.000,00
	Soma	**5.597,70**		

b) Valor futuro no final do 12º mês

O valor futuro no final do 12º mês, a 1,00% a.m., pode ser obtido pelas seguintes operações:

Cálculo do valor futuro (FV) do fluxo de caixa (A)

n	i	PV	PMT	FV
9	1,00	-1.000,00	0,00	**1.093,69**
6	1,00	-2.000,00	0,00	**2.123,04**
3	1,00	-3.000,00	0,00	**3.090,90**
		Soma		**6.307,63**

Assim, o fluxo de caixa (**A**) é equivalente aos fluxos de caixa (**B**) e (**C**), indicados nas Figuras 7.4 e 7.5:

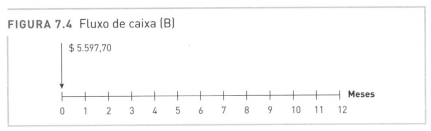

FIGURA 7.4 Fluxo de caixa (B)

Fonte: elaborada pelo autor.

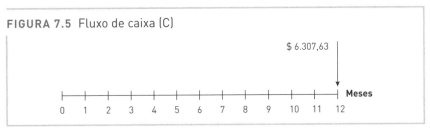

FIGURA 7.5 Fluxo de caixa (C)

Fonte: elaborada pelo autor.

c) Valor futuro a partir do valor presente

Como o fluxo de caixa **(A)** é equivalente aos fluxos de caixa **(B)** e **(C)**, com a taxa de juros de 1,00% a.m., então, necessariamente, esses dois últimos fluxos de caixa têm de ser equivalentes entre si. Isso pode ser comprovado pela operação indicada a seguir:

Cálculo do valor futuro a partir do valor presente

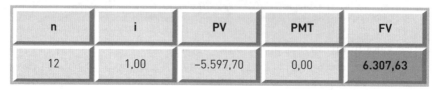

n	i	PV	PMT	FV
12	1,00	−5.597,70	0,00	**6.307,63**

2. Verifique se os fluxos de caixa indicados na Tabela 7.9 são equivalentes a uma taxa de 6,00% a.a.:

TABELA 7.9 Fluxos de caixa equivalentes a 6% a.a.

Anos	Fluxo A ($)	Fluxo B ($)	Fluxo C ($)	Fluxo D ($)
0	100.000,00			
1		20.336,26	28.859,15	
2		20.336,26	28.859,15	
3		20.336,26	28.859,15	
4		20.336,26	28.859,15	
5		20.336,26		
6		20.336,26		141.851,91
Soma	**100.000,00**	**122.017,56**	**115.436,60**	**141.851,91**

Fonte: elaborada pelo autor.

SOLUÇÃO

Para que esses quatro fluxos de caixa sejam equivalentes a 6,00% a.a. é necessário que qualquer uma das duas condições a seguir sejam satisfeitas:

a) seus valores presentes, a 6,00% a.a., sejam iguais a $100.000,00;
b) seus valores futuros, no final do 6º ano, a 6,00% a.a., sejam iguais a $141.851,91.

As operações para calcular os valores presentes dos fluxos de caixa **B, C e D** estão indicadas a seguir:

a) Valor presente do fluxo B a 6,00% a.a.

Cálculo do valor presente do fluxo de caixa B

n	i	PV	PMT	FV
6	6,00	100.000,00	−20.336,26	0,00

b) Valor presente do fluxo C a 6,00% a.a.

Cálculo do valor presente do fluxo de caixa C

n	i	PV	PMT	FV
4	6,00	100.000,00	−28.859,15	0,00

c) Valor presente do fluxo D a 6,00% a.a.

Cálculo do valor presente do fluxo de caixa D

n	i	PV	PMT	FV
6	6,00	100.000,00	0,00	−141.851,91

Como os valores presentes dos fluxos de caixa **B**, **C** e **D**, a 6,00% a.a., são iguais a $100.000,00, podemos afirmar que esses fluxos de caixa são equivalentes ao fluxo de caixa (**A**), cujo valor presente também é igual a $100.000,00.

Como os valores presentes de todos os fluxos de caixa são iguais a $100.000,00, podemos garantir que seus valores futuros, no final do 6º ano, a 6,00% a.a., são iguais a $141.851,91, que é o valor futuro do fluxo de caixa **D**.

3. Calcule o valor de **Z** para que os dois fluxos de caixa indicados na Tabela 7.10 sejam equivalentes, com a taxa de juros de 10,00% a.a.

TABELA 7.10 Fluxos de caixa

Ano	Fluxo A ($)	Fluxo B ($)
0		
1	1.000,00	
2	1.000,00	Z
3	1.000,00	
4	1.000,00	
Soma	**4.000,00**	**Z**

Fonte: elaborada pelo autor.

SOLUÇÃO

Podemos solucionar esse problema calculando o valor futuro dos dois fluxos, no final do 4º ano, conforme mostrado a seguir.

a) Valor futuro do fluxo A, no final do 4º ano, a 10,00% a.a.

Cálculo do valor futuro do fluxo A

n	i	PV	PMT	FV
4	10,00	0,00	−1.000,00	**4.641,00**

b) Valor futuro do fluxo B, no final do 4º ano, a 10,00% a.a., para **Z = $1,00**

Cálculo do valor futuro do fluxo A

n	i	PV	PMT	FV
2	10,00	−1,00	0,00	**1,21000**

Como os dois valores futuros devem ser iguais, podemos escrever:

$$Z \times 1,21000 = \$4.641,00$$

e, portanto, Z = $3.835,54.

4. Calcule a taxa efetiva mensal, no regime de juros compostos, que faz com que os dois fluxos de caixa indicados a seguir sejam equivalentes.

TABELA 7.11 Fluxos de caixa

Anos	Fluxo A ($)	Fluxo B ($)
0		
1	3.000,00	1.000,00
2	3.000,00	1.000,00
3	3.000,00	1.000,00
4	3.000,00	10.282,01
Soma	**12.000,00**	**13.282,01**

Fonte: elaborada pelo autor.

SOLUÇÃO

Esse problema só pode ser resolvido por tentativas. Devemos arbitrar um valor inicial para a taxa de juros e calcular os valores presentes dos fluxos de caixa **A** e **B**. Se esses valores forem iguais, então a taxa foi encontrada; se forem diferentes, devemos prosseguir nas tentativas.

Essas tentativas são feitas, a seguir, de maneira ordenada, com o auxílio do simulador da HP 12C, e os resultados estão no gráfico da Figura 7.6, que representa o valor presente em função da taxa de desconto anual.

1ª tentativa: taxa = 0,00% a.a.

Com essa taxa de juros, os valores presentes dos fluxos de caixa correspondem, meramente, à soma algébrica dos seus valores, isto é:

PV_A (0,00%) = \$12.000,00;
PV_B (0,00%) = \$13.282,01.

2ª tentativa: taxa = 8,00% a.a.

Os valores presentes dos dois fluxos estão calculados a seguir.

a) Valor presente do fluxo de caixa **A** a 8,00% a.a.

Cálculo do valor presente do fluxo A

n	i	PV	PMT	FV
4	8,00	9.936,38	−3.000,00	0,00

b) Valor presente do fluxo de caixa **B** a 8,00% a.a.

Cálculo do valor presente do fluxo B

n	i	PV	PMT	FV
3	8,00	2.577,10	−1.000,00	0,00
4	8,00	7.557,58	0,00	−10.282,01
Soma		10.134,68		

Portanto,

PV_A (8,00%) = \$9.936,38;
PV_B (8,00%) = \$10.134,68.

3ª tentativa: taxa = 12,00% a.a.

Os valores presentes dos dois fluxos estão calculados a seguir.

a) Valor presente do fluxo de caixa **A** a 12,00% a.a.

Cálculo do valor presente do fluxo A

n	i	PV	PMT	FV
4	12,00	9.112,05	-3.000,00	0,00

b) Valor presente do fluxo de caixa **B** a 12,00% a.a.

Cálculo do valor presente do fluxo B

n	i	PV	PMT	FV
3	12,00	2.401,83	-1.000,00	0,00
4	12,00	6.534,40	0,00	-10.282,01
Soma		8.936,23		

Portanto,

PV_A (12,00%) = \$9.112,05;
PV_B (12,00%) = \$8.936,23.

A Tabela 7.12 mostra os valores presentes desses dois fluxos de caixa para as taxas de descontos utilizadas nas tentativas:

TABELA 7.12 Valores presentes dos fluxos de caixa A e B

Fluxo de caixa	Taxa de desconto anual		
	0,00%	8,00%	12,00%
A	\$12.000,00	\$9.936,38	\$9.112,05
B	\$13.282,01	\$10.134,68	\$8.936,23

Fonte: elaborada pelo autor.

A análise dos valores do quadro anterior permite afirmar que a taxa de juros procurada está compreendida entre 8,00% a.a. e 12,00% a.a. Vamos, então, fazer mais uma tentativa, com a taxa de 10,00% a.a.

4ª tentativa: taxa = 10,00% a.a.

Os valores presentes dos dois fluxos estão calculados a seguir.

184   Matemática Financeira

a) Valor presente do fluxo de caixa **A** a 10,00% a.a.

Cálculo do valor presente do fluxo A

n	i	PV	PMT	FV
4	10,00	9.509,60	−3.000,00	0,00

b) Valor presente do fluxo de caixa **B** a 10,00% a.a.

Cálculo do valor presente do fluxo B

n	i	PV	PMT	FV
3	10,00	2.486,85	−1.000,00	0,00
4	10,00	7.022,75	0,00	−10.282,01
Soma		9.509,60		

Portanto,

PV_A (10,00%) = $9.509,60;
PV_B (10,00%) = $9.509,60.

Como os dois valores presentes, a 10,00% a.a., encontrados são iguais a $9.509,60 podemos afirmar que a taxa de 10,00% a.a. é a taxa que faz os dois fluxos de caixa serem equivalentes.

Mostramos na Figura 7.6 o gráfico dos valores presentes dos dois fluxos de caixa em função da taxa de desconto:

FIGURA 7.6 Valor presente × taxa de desconto

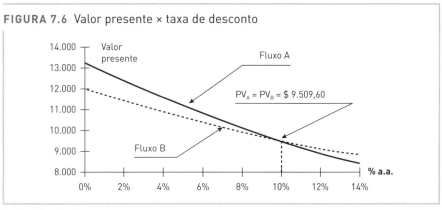

Fonte: elaborada pelo autor.

Pelo gráfico da Figura 7.6 podemos verificar que a taxa que proporciona a equivalência entre os dois fluxos (10,00% a.a.) é aquela correspondente à interseção das duas curvas dos seus valores presentes, pois nesse ponto os valores presentes dos dois fluxos são iguais a $9.509,60.

5. Considere um financiamento cujo *principal* é igual a $10.000,00, para ser liquidado em dez prestações mensais, iguais e sucessivas, com uma taxa de juros efetiva de 1,20% a.m., e calcule:

a) o valor da prestação mensal;
b) o valor do saldo devedor (*principal* remanescente) desse financiamento, imediatamente após o pagamento da 4ª prestação.

SOLUÇÃO

a) Valor da prestação mensal
   Com os dados do problema podemos obter o valor da prestação mensal, como segue:

Cálculo do valor da prestação mensal

n	i	PV	PMT	FV
10	1,20	−10.000,00	**1.067,18**	0,00

que indica $1.067,18 para o valor da prestação.

b) Saldo devedor (principal remanescente) após 4ª prestação
   O saldo devedor após o pagamento da 4ª prestação pode ser obtido de três maneiras distintas, que estão desenvolvidas a seguir.

1ª) Calculando o valor presente das seis prestações que faltam ser pagas.
   O fluxo de caixa dessa solução está indicado na Figura 7.7:

FIGURA 7.7 Saldo devedor no final do mês 4

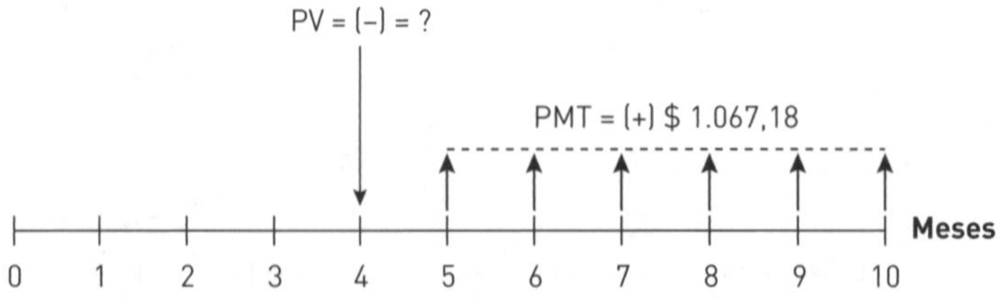

Fonte: elaborada pelo autor.

O valor presente (**PV**) das seis prestações que faltam ser pagas é obtido conforme indicado a seguir:

Cálculo do valor presente das prestações vincendas

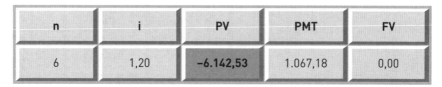

n	i	PV	PMT	FV
6	1,20	−6.142,53	1.067,18	0,00

que indica o valor de $6.142,53 para o saldo da dívida no final do 4º mês.

2ª) Capitalizando o valor do *principal* ($10.000,00) até o final do 4º mês, e subtraindo desse montante o valor das quatro prestações pagas, também capitalizadas para o final do 4º mês.

O fluxo de caixa dessa solução está indicado na Figura 7.8:

FIGURA 7.8 Saldo devedor no final do mês 4

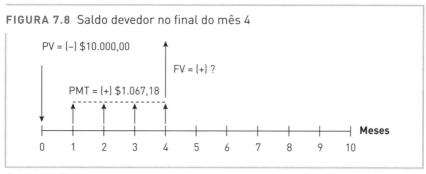

Fonte: elaborada pelo autor.

O valor do *principal* capitalizado para o final do 4º mês é obtido conforme indicado a seguir:

Cálculo do FV do principal

n	i	PV	PMT	FV
4	1,20	−10.000,00	0,00	10.488,71

O valor acumulado pelas quatro prestações pagas, no final do 4º mês, é obtido conforme indicado a seguir:

Cálculo do FV das prestações pagas

n	i	PV	PMT	FV
4	1,20	0,00	1.067,18	**4.346,17**

Portanto, o saldo da dívida, no final do 4º mês, é:

Saldo devedor = $10.488,71 − $4.346,17 = $6.142,54

Podemos obter esse mesmo valor para o saldo devedor com uma única operação, fazendo os cinco elementos do simulador da HP 12C para o diagrama-padrão entrarem em operação, conforme indicado a seguir:

Cálculo do saldo devedor

n	i	PV	PMT	FV
4	1,20	−10.000,00	1.067,18	**6.142,54**

Isso resulta em **$6.142,54** para o valor do saldo da dívida, após o pagamento da 4ª prestação. Observe que PV foi registrado com valor (−) e PMT com sinal (+).

3ª) Calculando a soma das amortizações das seis prestações que faltam ser pagas. Os valores das amortizações podem ser obtidos através de uma tabela semelhante à Tabela 7.3, referente à Tabela Price do plano **C**, ou pelo conceito de que as amortizações crescem exponencialmente com a mesma taxa de juros do contrato, de 1,20% a.m.

Os juros da prestação do 1º mês são iguais a 1,20% × 10.000,00 = $120,00, e o valor da amortização do 1º mês é igual a:

A_1 = prestação − juros = $1.067,18 − $120,00 = $947,18

A amortização do 5º mês é obtida pela capitalização da amortização do 1º mês por quatro meses, conforme indicado a seguir:

Cálculo da amortização da 5ª prestação

n	i	PV	PMT	FV
4	1,20	0,00	1.067,18	**993,47**

As demais amortizações são obtidas a partir da amortização do 5º mês, multiplicando cada amortização por $(1+i) = 1,012$, conforme indicado a seguir:

TABELA 7.13 Amortizações vincendas

Mês	Amortização
5	993,47
6	1.005,39
7	1.017,46
8	1.029,67
9	1.042,02
10	1.054,53
Soma	**6.142,54**

Fonte: elaborada pelo autor.

Isso nos leva ao resultado de **$6.142,54**, idêntico aos obtidos anteriormente.

6. Um financiamento de $10.000,00 deve ser liquidado num prazo de quatro anos. A 1ª prestação é de $2.700,00 e seu pagamento ocorre no final do 1º ano. As outras três prestações anuais têm um crescimento linear em relação à 1ª prestação, fazendo com que as quatro prestações formem uma progressão aritmética crescente. O fluxo de caixa desse financiamento está representado na Figura 7.9. Calcule o valor das prestações anuais desse financiamento, sabendo que a sua taxa efetiva de juros é igual a 8,00% a.a.

FIGURA 7.9 Prestações crescentes em progressão aritmética

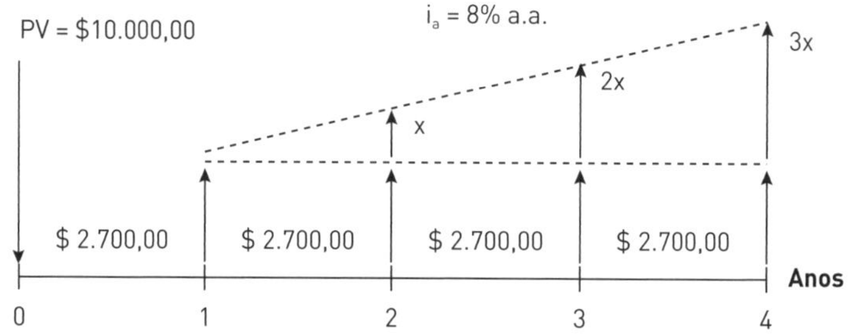

Fonte: elaborada pelo autor.

SOLUÇÃO

Inicialmente devemos calcular o valor presente das quatro parcelas anuais de $2.700,00, com a seguinte operação:

Cálculo do valor presente das parcelas de $2.700,00

n	i	PV	PMT	FV
4	8,00	8.942,74	-2.700,00	0,00

que indica $8.942,74 para o valor presente.

Assim, o valor presente que deve corresponder às parcelas **x**, **2x** e **3x** deve ser igual a:

$$PV_X = \$10.000,00 - \$8.942,74 = \$1.057,26$$

Portanto,

$$\$1.057,26 = X\left[\frac{1,00}{(1+i)^2} + \frac{2,00}{(1+i)^3} + \frac{3,00}{(1+i)^4}\right]$$

A quantificação da expressão entre colchetes é obtida pelo desconto das parcelas de $1,00 no final do 2º ano, $2,00 no final do 3º ano e $3,00 no final do 4º ano, com as operações indicadas a seguir:

Cálculo do valor presente das parcelas $1,00; $2,00 e $3,00

n	i	PV	PMT	FV
2	8,00	0,85734	0,00	-1,00
3	8,00	1,58766	0,00	-2,00
4	8,00	2,20509	0,00	-3,00
Soma		4,65009		

Podemos, então, escrever a equação do valor presente, para as parcelas linearmente crescentes:

$$PV_X = \$1.057,26 = X\,[4,65009]$$

Portanto temos X = $227,36 e as prestações estão calculadas a seguir:

Prestação do 1º ano = $2.700,00;
Prestação do 2º ano = $2.700,00 + $227,36 × 1 = $2.927,36;
Prestação do 3º ano = $2.700,00 + $227,36 × 2 = $3.154,72;
Prestação do 4º ano = $2.700,00 + $227,36 × 3 = $3.382,08.

7. Um banco de desenvolvimento realiza seus financiamentos de acordo com os seguintes parâmetros:

- prazo de dez anos, com pagamentos no final de cada ano, sendo que o início da amortização do *principal* ocorre no final do 3º ano;
- amortização do *principal* pela Tabela Price ou pelo SAC;
- taxa de juros de 10,00% a.a., no regime de juros compostos.

Obtenha os fluxos de caixa anuais de uma empresa que tomou um financiamento de $100.000,00 nessa instituição de fomento nas seguintes hipóteses:

a) juros pagos durante os dois anos de carência e amortização pela Tabela Price a partir do 3º ano;
b) juros capitalizados durante os dois anos de carência e amortização pela Tabela Price a partir do 3º ano;
c) juros pagos durante os dois anos de carência e amortização pelo SAC a partir do 3º ano;
d) juros capitalizados durante os dois anos de carência e amortização pelo SAC a partir do 3º ano.

SOLUÇÃO

a) Tabela Price com juros pagos na carência
   Os juros pagos nos dois anos da carência são iguais a:

   juros = $100.000,00 × 10,00% = $10.000,00

O valor da prestação anual é calculado conforme indicado a seguir:

Cálculo do valor da prestação

n	i	PV	PMT	FV
8	10,00	−100.000,00	18.744,40	0,00

que indica $18.744,40 para o valor da prestação anual.

b) Tabela Price com juros capitalizados na carência

O saldo do financiamento, acumulado no final do 2º ano, é obtido pela seguinte operação:

Cálculo do montante no final da carência

n	i	PV	PMT	FV
2	10,00	-100.000,00	0,00	**121.000,00**

O valor da prestação anual é então calculado pela operação:

Cálculo do valor da prestação

n	i	PV	PMT	FV
8	10,00	-121.000,00	**22.680,73**	0,00

que indica $22.680,73 para o valor da prestação anual.

Os fluxos de caixa correspondentes aos itens a) e b) estão representados na Tabela 7.14:

TABELA 7.14 Fluxos de caixa – Tabela Price

Ano	Juros no período de carência	
	Pagos	Capitalizados
0		
1	10.000,00	
2	10.000,00	
3	18.744,40	22.680,73
4	18.744,40	22.680,73
5	18.744,40	22.680,73
6	18.744,40	22.680,73
7	18.744,40	22.680,73
8	18.744,40	22.680,73
9	18.744,40	22.680,73
10	18.744,40	22.680,73

Fonte: elaborada pelo autor.

c) Sistema de Amortização Constante – SAC, com juros pagos na carência
Os juros pagos nos dois anos da carência são iguais a:

juros = $100.000,00 × 10,00% = $10.000,00

O valor de cada uma das oito amortizações anuais é obtido como segue:

amortização anual = $100.000,00 / 8 = $12.500,00

O fluxo de caixa desse financiamento está indicado na Tabela 7.15:

TABELA 7.15 Fluxo de caixa – SAC – Juros pagos na carência

Ano	Amortização	Juros	Total
0			
1		10.000,00	10.000,00
2		10.000,00	10.000,00
3	12.500,00	10.000,00	22.500,00
4	12.500,00	8.750,00	21.250,00
5	12.500,00	7.500,00	20.000,00
6	12.500,00	6.250,00	18.750,00
7	12.500,00	5.000,00	17.500,00
8	12.500,00	3.750,00	16.250,00
9	12.500,00	2.500,00	15.000,00
10	12.500,00	1.250,00	13.750,00

Fonte: elaborada pelo autor.

Observe que na Tabela 7.15 os juros anuais decrescem de valor numa razão constante igual a:

decréscimo anual de juros = 10,00% × 12.500,00 = $1.250,00

d) Sistema de Amortização Constante – SAC, com juros capitalizados na carência
O saldo do financiamento, acumulado no final do 2º ano, está calculado a seguir:

Cálculo do montante acumulado no final da carência

n	i	PV	PMT	FV
2	10,00	−100.000,00	0,00	**121.000,00**

Capítulo 7 » Equivalência financeira – Sistemas de amortização   **193**

O valor de cada uma das oito amortizações anuais é obtido como segue:

amortização anual = $121.000,00 / 8 = $15.125,00

Os juros a serem pagos no final do 3º ano correspondem a:

juros do 3º ano = 10,00% × 121.000,00 = $12.100,00

Os juros anuais decrescem de valor numa razão constante igual a:

decréscimo anual dos juros = 10,00% × 15.125,00 = $1.512,50

O fluxo de caixa desse financiamento está indicado na Tabela 7.16:

TABELA 7.16 Fluxo de caixa – SAC – Juros capitalizados na carência

Ano	Amortização	Juros	Total
0			
1			
2			
3	15.125,00	12.100,00	27.225,00
4	15.125,00	10.587,50	25.712,50
5	15.125,00	9.075,00	24.200,00
6	15.125,00	7.562,50	22.687,50
7	15.125,00	6.050,00	21.175,00
8	15.125,00	4.537,50	19.662,50
9	15.125,00	3.025,00	18.150,00
10	15.125,00	1.512,50	16.637,50

Fonte: elaborada pelo autor.

7.5 Financiamentos com parcelas intermediárias – Uso de parcelas unitárias

O valor presente de um fluxo de caixa é sempre igual à soma das suas parcelas futuras, descontadas com uma certa taxa de juros. Quando se trata de um financiamento, se esse valor presente for igual ao valor do *principal* do financiamento, a taxa de desconto é sua taxa interna de retorno, pois anula o valor presente líquido do financiamento.

Quando o financiamento apresentar fluxo de caixa que envolve pagamentos de prestações iguais e de parcelas intermediárias, seu valor presente (**VP**) é sempre igual à soma do valor presente das prestações com o valor presente das intermediárias, isto é:

$$VP = VP_{prestações} + VP_{intermediárias}$$

Quando as prestações são conhecidas, o valor presente das parcelas intermediárias tem de ser igual a:

$$VP_{intermediárias} = VP - VP_{prestações}$$

E vice-versa, quando as parcelas intermediárias são conhecidas, o valor presente das prestações tem de ser igual a:

$$VP_{prestações} = VP - VP_{intermediárias}$$

Essas duas relações devem ser aplicadas de acordo com os dados do problema, e a utilização de parcelas com valores unitários para representarem as incógnitas é muito apropriada, pois oferece uma metodologia genérica para a solução desses problemas, como é demonstrado nos exemplos numéricos dos próximos itens.

7.5.1 Exemplos numéricos

1. Um banco de investimentos realiza suas operações financeiras a juros compostos, com uma taxa efetiva de juros de 1,40% a.m. Os financiamentos são realizados com um prazo de um ano e podem ser liquidados pelos seguintes planos de pagamentos:

   a) em 12 prestações mensais, iguais e sucessivas, ocorrendo a 1ª prestação 30 dias após a liberação dos recursos;
   b) em quatro prestações trimestrais, iguais e sucessivas, ocorrendo a 1ª prestação 90 dias após a liberação dos recursos.

   Calcule o valor das prestações desses dois planos para um financiamento com *principal* de $10.000,00, de tal forma que eles sejam equivalentes com taxa de 1,40% a.m., no regime de juros compostos.

   SOLUÇÃO
   a) Prestação mensal
   O valor da prestação mensal pode ser assim obtido:

   Cálculo do valor da prestação mensal

n	i	PV	PMT	FV
12	1,40	−10.000,00	**911,10**	0,00

   que indica $911,10 para o valor de cada uma das doze prestações mensais.

b) Prestação trimestral

O valor da prestação trimestral pode ser obtido com o auxílio da taxa trimestral equivalente a 1,40% a.m., que é calculada da forma indicada a seguir:

Cálculo da taxa trimestral equivalente

n	i	PV	PMT	FV
3	1,40	−100,00	0,00	**104.25907**

que indica a taxa equivalente de 4,25907% a.t.

A Figura 7.10 mostra o fluxo de caixa com a unidade de tempo em trimestres:

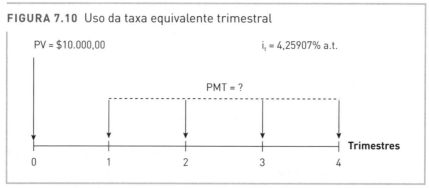

FIGURA 7.10 Uso da taxa equivalente trimestral

Fonte: elaborada pelo autor.

Com base na taxa trimestral equivalente podemos obter o valor da prestação trimestral, por meio da seguinte operação:

Cálculo da prestação trimestral

n	i	PV	PMT	FV
4	4,25907	−10.000,00	**2.771,74**	0,00

que indica $2.771,74 para o valor de cada uma das quatro prestações trimestrais.

Outra forma de obter a prestação trimestral é mediante o esquema indicado na Figura 7.11:

FIGURA 7.11 Uso de parcelas mensais unitárias

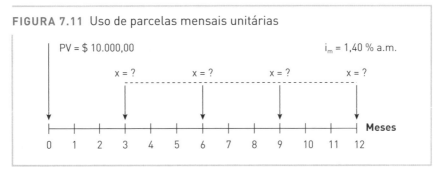

Fonte: elaborada pelo autor.

Mudamos a escala do tempo para meses e podemos, assim, usar a taxa de juros de 1,40% a.m.

Vamos, agora, assumir que cada prestação trimestral tem valor unitário **X = $1,00** e calcular o valor presente dessas quatro prestações trimestrais unitárias, com o simulador da HP 12C para o diagrama-padrão, como segue:

Cálculo do valor presente das parcelas trimestrais unitárias

n	i	PV	PMT	FV
12	1,40	0,8463394	0,00	–1,00
9	1,40	0,8823856	0,00	–1,00
6	1,40	0,9199670	0,00	–1,00
3	1,40	0,9591491	0,00	–1,00
Soma		3,6078411		

O valor presente das parcelas unitárias é igual a 3,6078411, então o valor das parcelas **X** pode ser obtido conforme indicado a seguir:

Valor da prestação	Valor presente
1,00	3,6078411
X	10.000,00

Então temos,

$$10.000,00 = X \,(3,60785) \rightarrow X = \$2.771,74$$

Obtemos, assim, o mesmo valor para as prestações trimestrais que aquele alcançado com a utilização da taxa trimestral equivalente.

Outra solução seria obter a prestação trimestral pela capitalização, com taxa de 1,40% a.m., de três prestações mensais de $911,10, que foi obtida no item *a*, com a seguinte operação:

Cálculo da prestação trimestral a partir das prestações mensais

n	i	PV	PMT	FV
3	1,40	0,00	−911,10	**2.771,74**

que indica a mesma prestação trimestral de **$2.771,74**.

2. Um empresário deseja vender um imóvel pelo preço de $120.000,00 à vista, porém está disposto a financiar 50% desse valor no prazo de um ano, com juros compostos de 1,50% a.m., mediante um dos seguintes planos de pagamentos:

a) 12 prestações mensais;
b) 12 prestações mensais de $4.000,00 mais duas parcelas intermediárias de mesmo valor, no final de cada semestre;
c) duas intermediárias semestrais de $10.000,00 mais 12 prestações mensais.

Sabendo que a 1ª prestação ocorre 30 dias após a venda do apartamento, e assumindo os meses com 30 dias, obtenha os fluxos de caixa desses três planos de financiamento para que sejam equivalentes, com taxa de juros de 1,50% a.m.

SOLUÇÃO

- Valor da parcela financiada = 50% × 120.000,00 = $60.000,00

a) 12 prestações mensais
O valor da prestação mensal pode ser calculado com a seguinte operação:

Cálculo da prestação mensal

n	i	PV	PMT	FV
12	1,50	−60.000,00	**5.500,80**	0,00

que indica $5.500,80 para o valor de cada uma das doze prestações mensais.

b) 12 prestações mensais de $4.000,00 mais duas intermediárias semestrais
Podemos assumir que cada prestação mensal de $5.500,80 é subdividida em duas parcelas, a saber:

- 1ª parcela de $4.000,00, que continua sendo paga mensalmente;
- 2ª parcela de $1.500,80 ($5.500,80 – $4.000,00), que deve ser transferida, de forma equivalente, para pagamento no final do semestre.

Assim, o valor de cada intermediária semestral pode ser obtido com a seguinte operação:

Cálculo da parcela intermediária semestral

n	i	PV	PMT	FV
6	1,50	0,00	–1.500,80	9.349,31

que indica $9.349,31 para o valor de cada uma das duas intermediárias semestrais.

c) Duas intermediárias semestrais de $10.000,00 mais 12 prestações mensais
Podemos inicialmente calcular o valor presente das duas intermediárias semestrais com o auxílio do simulador da HP 12C para o diagrama-padrão, como segue:

Cálculo do valor presente das parcelas intermediárias

n	i	PV	PMT	FV
12	1,50	8.363,87	0,00	–10.000,00
6	1,50	9.145,42	0,00	–10.000,00
Soma		17.509,29		

Assim, o valor presente que deve ser liquidado pelas 12 prestações mensais corresponde a:

$$VP_{prestações} = VP - VP_{intermediárias} = \$60.000,00 - \$17.509,29 = \$42.490,71$$

O valor da prestação mensal é assim obtido:

Cálculo da prestação mensal

n	i	PV	PMT	FV
12	1,50	–42.490,71	3.895,55	0,00

que indica $3.895,55 para o valor de cada uma das doze prestações mensais.

Capítulo 7 » Equivalência financeira – Sistemas de amortização 199

Podemos, então, resumir os três planos equivalentes de pagamentos para a parcela financiada de $60.000,00:

a) 12 prestações mensais de $5.500,80;
b) 12 prestações mensais de $4.000,00 mais duas intermediárias semestrais de $9.349,31;
c) 12 prestações mensais de $3.895,55 mais duas intermediárias semestrais de $10.000,00.

3. Um empresário levantou um financiamento de $50.000,00, com uma taxa efetiva de 1,50% a.m., no regime de juros compostos. Esse financiamento deve ser liquidado mediante o pagamento de 10 prestações mensais de $3.000,00 mais duas parcelas intermediárias de mesmo valor, uma ocorrendo no final do 3º mês e a outra, no final do 7º mês, a contar da data da liberação dos recursos.

Assumindo que os meses têm 30 dias e que a 1ª prestação ocorre 30 dias após a liberação dos recursos, calcule o valor dessas duas parcelas intermediárias para que o custo do financiamento seja mantido em 1,50% a.m.

SOLUÇÃO

Inicialmente devemos determinar o valor presente (*principal*) das 10 prestações mensais de $3.000,00, com a seguinte operação:

Cálculo do valor presente das prestações mensais

n	i	PV	PMT	FV
10	1,50	**27.666,55**	–3.000,00	0,00

que indica $27.666,55 para o valor do *principal* das dez prestações mensais.

Assim, a parcela do *principal* que deve ser liquidado pelas duas parcelas intermediárias é igual a:

$$VP_{intermediárias} = \$50.000,00 - VP_{prestações} =$$
$$= \$50.000,00 - \$27.666,65 = \$22.333,45$$

Vamos, agora, obter o valor presente de duas parcelas unitárias ($X = 1,00$) colocadas no final do 3º mês e no final do 7º mês, com as operações indicadas a seguir:

Cálculo do valor presente das parcelas unitárias

n	i	PV	PMT	FV
7	1,50	0,9010268	0,00	−1,00
3	1,50	0,9563170	0,00	−1,00
Soma		1,8573438		

O valor presente das duas parcelas unitárias é igual a 1,8573438, então o valor das parcelas **X** pode ser obtido conforme indicado a seguir:

Valor da prestação	Valor presente
1,00	1,8573438
X	22.333,45

Então temos,

$$22.333,45 = X\,(1,8573438)$$

Portanto temos X = $12.024,40 para ser pago no final do 3º mês e no final do 7º mês, adicionalmente ao valor da prestação mensal de $3.000,00.

7.6 Financiamentos com parcelas mensais interrompidas – Uso de parcelas unitárias

Os exemplos numéricos deste item servem para mostrar a solução de problemas com prestações periódicas, quando ocorre uma interrupção de pagamento de alguma prestação, impossibilitando a utilização da função **PMT** da HP 12C e do simulador em Excel para o diagrama-padrão.

7.6.1 Exemplos numéricos

1. Considere o fluxo de caixa indicado no diagrama da Figura 7.12 e calcule o valor da prestação mensal **X,** que ocorre do 1º ao 5º mês e do 7º ao 11º mês, para que a rentabilidade efetiva da operação seja de 1,20% a.m., no regime de juros compostos.

Capítulo 7 » Equivalência financeira – Sistemas de amortização 201

FIGURA 7.12 Prestações mensais interrompidas

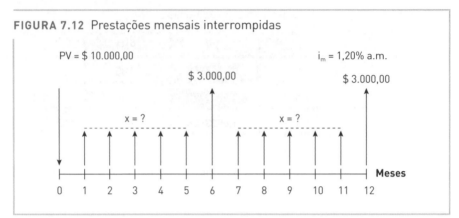

Fonte: elaborada pelo autor.

SOLUÇÃO

Inicialmente devemos calcular o valor presente das duas parcelas de $3.000,00, com as operações indicadas a seguir:

Cálculo do valor presente das parcelas semestrais

n	i	PV	PMT	FV
12	1,20	2.599,89	0,00	−3.000,00
6	1,20	2.792,79	0,00	−3.000,00
Soma		5.392,68		

que indica $5.392,68 como valor do *principal* das duas parcelas intermediárias semestrais.

Assim, o valor do *principal* a ser liquidado pelas dez parcelas mensais de valor igual a **X** corresponde a:

$$VP_{prestações} = \$10.000,00 - VP_{intermediárias} =$$
$$= \$10.000,00 - \$5.392,68 = \$4.607,32$$

Vamos, agora, determinar o valor presente de dez parcelas unitárias (**X = $1,00**), colocadas no final dos 11 primeiros meses, exceto no final do 6º mês. Isso é alcançado pelas operações indicadas a seguir:

Cálculo do valor presente das parcelas unitárias

n	i	PV	PMT	FV
11	1,20	0,87703	0,00	−1,00
10	1,20	0,88755	0,00	−1,00
9	1,20	0,89820	0,00	−1,00
8	1,20	0,90898	0,00	−1,00
7	1,20	0,91989	0,00	−1,00
5	1,20	0,94210	0,00	−1,00
4	1,20	0,95341	0,00	−1,00
3	1,20	0,96485	0,00	−1,00
2	1,20	0,97643	0,00	−1,00
1	1,20	0,98814	0,00	−1,00
Soma		9,31658		

Outra maneira, mais rápida, de se obter o valor presente dessas dez parcelas unitárias é através do simulador da HP 12C para fluxos de caixa heterogêneos, como indicado a seguir:

n	Valor ($)	Ref.
0	0,00	CF_0
1	1,00	CF_1
2	1,00	CF_2
3	1,00	CF_3
4	1,00	CF_4
5	1,00	CF_5
6	0,00	CF_6
7	1,00	CF_7
8	1,00	CF_8
9	1,00	CF_9
10	1,00	CF_{10}
11	1,00	CF_{11}
Soma	10,00	

Cálculo do VPL e TIR	
Taxa	VPL
1,20%	9,31658

TIR	#NUMI

O valor presente dessas dez parcelas unitárias é igual a 9,31658, então o valor das parcelas **X** pode ser obtido conforme indicado a seguir:

Valor da prestação	Valor presente
1,00	9,31658
X	4.607,32

Então temos:

$$\$4.607,32 = X\,(9,31658)$$

Então temos X = $494,53 como valor das prestações mensais.

2. Considere o fluxo de caixa indicado no diagrama da Figura 7.13 e calcule o valor do depósito mensal **X**, para que o montante acumulado no final do 9º mês seja igual a $10.000,00, assumindo que a taxa de remuneração dos depósitos é de 1,00% a.m., no regime de juros compostos.

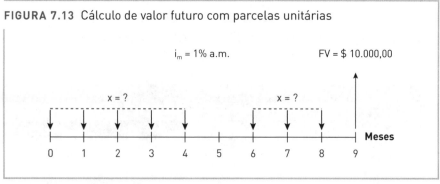

FIGURA 7.13 Cálculo de valor futuro com parcelas unitárias

Fonte: elaborada pelo autor.

SOLUÇÃO

Devemos, inicialmente, capitalizar oito depósitos unitários (**X = $1,00**) para o final do 9º mês, com a taxa de juros de 1% a.m., com as operações indicadas a seguir:

Cálculo do valor futuro das parcelas unitárias

n	i	PV	PMT	FV
9	1,00	−1,00	0,00	1,09369
8	1,00	−1,00	0,00	1,08286
7	1,00	−1,00	0,00	1,07214
6	1,00	−1,00	0,00	1,06152
5	1,00	−1,00	0,00	1,05101
3	1,00	−1,00	0,00	1,03030
2	1,00	−1,00	0,00	1,02010
1	1,00	−1,00	0,00	1,01000
Soma				8,42162

O valor futuro dessas oito parcelas unitárias é igual a 8,42162, então o valor das parcelas **X** pode ser obtido conforme indicado a seguir:

Valor da prestação	Valor futuro
1,00	8,42162
X	10.000,00

Então temos:

$$\$10.000,00 = X\,(8,84162)$$

Então temos **X = \$1.187,42** como o valor dos oito depósitos mensais.

7.7 Conclusão

Neste capítulo apresentamos detalhadamente o conceito de equivalência de fluxos de caixa, que é indispensável no processo de tomadas de decisão de investimentos.

Fluxos de caixa são equivalentes, a uma determinada taxa de juros, se seus valores presentes (VP), calculados com essa mesma taxa de juros, forem iguais.

Assim, a *equivalência* representa o ponto de *indiferença* entre dois fluxos de caixa. Tanto faz realizar o investimento **A** ou o investimento **B** se seus valores presentes forem iguais.

A questão focal é que essa equivalência e, portanto, a igualdade de valores presentes, depende *necessariamente* da taxa de juros usada para descontar os fluxos de caixa, a fim de obter seus valores presentes (VP).

Assim, se dois ou mais fluxos de caixa são equivalentes a uma determinada taxa de juros, essa equivalência deixará de existir se a taxa de juros for alterada. A equivalência de capitais, no regime de juros compostos, pode ser verificada no final de qualquer período **n**, desde que o período escolhido seja o mesmo para todos os fluxos de caixa envolvidos.

Apresentamos também os conceitos de amortização e de saldo devedor de financiamentos, e detalhamos os principais sistemas de amortização de financiamentos usados no mercado (sistema de pagamento único, sistema americano, Tabela Price, SAC e SAM).

Exemplificamos a obtenção dos valores de parcelas intermediárias em planos de financiamento, que dão uma flexibilidade na definição dos pagamentos para os mutuários, sem prejudicar a rentabilidade do financiador, desde que os planos de pagamentos sejam equivalentes.

7.8 Problemas propostos

Considere em todos os problemas o ano comercial com 360 dias.

1 Verifique se os fluxos de caixa **A** e **B** da tabela são equivalentes a uma taxa de 1,00% a.m., no regime de juros compostos.

Mês	Fluxo A ($)	Fluxo B ($)
0	—	—
1	—	—
2	208,10	250,00
3	208,10	—
4	208,10	250,00
5	208,10	200,00
6	208,10	344,34
Soma	**1.040,50**	**1.044,34**

2 Calcule o valor da parcela **X** que faz com que os dois fluxos de caixa indicados na tabela a seguir sejam equivalentes, a uma taxa de 1,20% a.m., no regime de juros compostos.

Mês	Fluxo A ($)	Fluxo B ($)
0	—	—
1	500,00	—
2	500,00	400,00
3	500,00	X
4	500,00	600,00
5	500,00	600,00
6	500,00	900,00
Soma	**3.000,00**	**2.500,00 + X**

3 Um plano de pagamentos para um financiamento de $1.000,00, num prazo de cinco anos, com taxa de juros de 10,00% a.a., obedece aos seguintes critérios:
- os juros de cada ano são calculados sobre o saldo devedor do início do ano, imediatamente após o pagamento da prestação do ano anterior;
- a prestação de cada um dos cinco anos é obtida pela divisão do saldo devedor no final do respectivo ano (imediatamente antes do pagamento da prestação que está sendo calculada) pelo número de prestações que ainda faltam ser pagas (inclusive a prestação em questão).

Em relação a esses planos de pagamentos:
a) calcule as cinco prestações anuais e verifique se elas são crescentes numa progressão geométrica igual a 1,10 (= 1 + taxa de juros);
b) obtenha o valor das cinco amortizações anuais.

4 Uma instituição financeira está elaborando os cálculos de seus financiamentos e deseja que a taxa efetiva de 1,00% a.m., no regime de juros compostos, seja mantida em todas as suas operações. Considere um financiamento no valor de $10.000,00, que deve ser amortizado no prazo de 10 meses, e calcule:
a) o valor das prestações mensais, iguais e sucessivas (Tabela Price, série postecipada);
b) o valor das prestações mensais segundo o SAC;
c) o valor das prestações mensais segundo o SAM, com 50% da Tabela Price e 50% do SAC.

5 Um empréstimo de $100.000,00 é realizado com uma taxa de 10,00% a.a., no regime de juros compostos, e deve ser amortizado pelo SAC no prazo de 10 anos, com os dois primeiros anos de carência. Obtenha os valores do fluxo de caixa desse empréstimo nas seguintes hipóteses:
a) os juros devidos nos dois primeiros anos de carência são pagos no final de cada ano;
b) os juros devidos nos dois primeiros anos de carência não são pagos e sim capitalizados.

6 Um cliente de uma agência de automóveis adquiriu um veículo financiado em 24 prestações de $1.500,00, com uma taxa de juros de 1,00% a.m., no regime de juros compostos. No final de um ano esse cliente procurou a mesma agência para vender esse automóvel, e a agência lhe ofereceu $18.000,00 para pagamento à vista. Calcule a parcela que deve ser paga ao cliente para que a agência adquira esse veículo assumindo o restante do financiamento, com a mesma taxa de 1,00% a.m.

7 Uma empresa tomou um empréstimo de $100.000,00, que deve ser liquidado em 25 prestações trimestrais iguais e sucessivas, com juros compostos de 3,00% a.t., capitalizados trimestralmente. Imediatamente após o pagamento da oitava prestação, essa empresa conseguiu aumentar o prazo desse empréstimo, de forma a liquidá-lo em 30 prestações trimestrais adicionais, iguais e sucessivas. Calcule o valor dessa nova prestação trimestral para que a taxa de 3,00% a.t. seja mantida.

8 Um financiamento de $100.000,00 deve ser liquidado mediante o pagamento de 24 prestações mensais, iguais e sucessivas, cujos pagamentos ocorrem a partir de 30 dias da liberação dos recursos. Sabendo que a taxa efetiva desse financiamento, a juros compostos, é de 1,00% a.m., calcule:

a) o valor das prestações mensais;

b) os valores dos juros e da amortização, contidos na 1ª prestação;

c) o valor da amortização do *principal* contida na 20ª prestação;

d) o valor do saldo devedor (*principal* remanescente), imediatamente após o pagamento da 12ª prestação.

9 Uma instituição financeira oferece a seus clientes os seguintes planos equivalentes para a liquidação de financiamentos com prazo de 12 meses:

a) Plano mensal sem carência

Doze prestações mensais, iguais e sucessivas, com o pagamento da 1ª prestação ocorrendo 30 dias após a liberação dos recursos.

b) Plano mensal com carência

Nove prestações mensais, iguais e sucessivas, com o pagamento da 1ª prestação ocorrendo 120 dias após a liberação dos recursos.

c) Plano semestral

Duas prestações semestrais, de mesmo valor, cujos pagamentos ocorrem no final do 6º mês e do 12º mês, a contar da liberação dos recursos.

Sabendo que essa instituição financeira opera com uma taxa efetiva de 1,00% a.m., a juros compostos, obtenha os valores das prestações desses três planos para um financiamento de $10.000,00.

10 Uma instituição financeira realiza seus empréstimos a juros compostos com uma taxa efetiva de 1,40% a.m., e as operações podem ser liquidadas com duas modalidades de pagamentos:

a) em 24 prestações mensais, iguais e sucessivas, ocorrendo a 1ª prestação 30 dias após a liberação dos recursos;

b) em 4 parcelas semestrais, iguais e sucessivas, ocorrendo a 1ª parcela 180 dias após a liberação dos recursos.

Calcule o valor das prestações mensais e das parcelas semestrais para um financiamento de $50.000,00, de tal forma que as duas modalidades de pagamentos sejam equivalentes, na taxa oferecida pela instituição financeira.

11 Um terreno que tem um valor à vista de $50.000,00 está sendo financiado num prazo de dois anos, mediante o pagamento de 24 prestações mensais e, adicionalmente, mais duas parcelas anuais de mesmo valor. Esses pagamentos têm as seguintes características:

a) as prestações mensais são sucessivas e iguais a $1.500,00, ocorrendo a 1ª prestação 30 dias após a venda do terreno;

b) as duas parcelas anuais, de mesmo valor, devem ser pagas no final do 12º mês e do 24º mês, a contar da venda do terreno.

Calcule o valor das parcelas anuais para que a taxa efetiva do financiamento seja de 1,50% a.m. no regime de juros compostos.

12 Um banco de investimentos está elaborando os programas para os cálculos de seus financiamentos e deseja que a taxa 1,20% a.m., no regime de juros compostos, seja mantida em todas as operações. Os financiamentos devem ser amortizados no prazo de dois anos e a 1ª prestação tem vencimento 30 dias após a liberação dos recursos. Considere um financiamento de $10.000,00 e calcule:

a) o valor das 24 prestações mensais, iguais e sucessivas;

b) para quanto será reduzido o valor da prestação mensal se no final de cada trimestre for paga uma parcela intermediária de $1.000,00, adicionalmente ao valor da prestação mensal correspondente;

c) o valor da parcela intermediária trimestral se a prestação mensal for fixada em $300,00.

13 Um banco de investimentos financia apenas 80% do valor, à vista, de qualquer equipamento e cobra juros compostos efetivos de 1,00% a.m. Um empresário deseja comprar um equipamento no valor de $25.000,00 e, portanto, pode se habilitar num financiamento de $20.000,00 para ser amortizado no prazo de um ano. Para esse financiamento calcule:

a) o valor das 12 prestações mensais, sabendo que a 1ª prestação ocorre 30 dias após a liberação dos recursos;

b) para que valor deve ser reduzida essa prestação mensal se o banco aceitar o pagamento de duas parcelas intermediárias de $5.000,00, sendo a 1ª parcela no final do 3º mês e a 2ª parcela no final do 9º mês, a contar da liberação dos recursos. Observe que nesses dois meses serão efetuados os pagamentos da prestação mensal e também da parcela intermediária de $5.000,00;

c) repita os cálculos do item b) na hipótese de as parcelas intermediárias de $5.000,00 já incluírem as respectivas prestações mensais do 3º mês e do 9º mês.

14 Um financiamento de $100.000,00 deve ser liquidado mediante o pagamento de 12 prestações mensais, iguais e sucessivas, e de mais duas parcelas intermediárias semestrais, adicionais aos pagamentos das prestações mensais. Obtenha o fluxo de caixa desse financiamento, sabendo que:

a) a taxa efetiva de juros desse financiamento é de 1,40% a.m.;

b) a 1ª prestação mensal ocorre 30 dias após a liberação do *principal*;

c) as parcelas intermediárias semestrais, que ocorrem no final do 6º mês e do 12º mês, a contar da liberação dos recursos, têm um valor igual a duas vezes o valor da prestação mensal.

15 Um financiamento de $10.000,00 deve ser liquidado mediante o pagamento de oito prestações mensais, iguais e sucessivas, e de mais uma parcela intermediária adicional, a ser paga no final do 3º mês a contar da liberação dos recursos. Obtenha o fluxo de caixa desse financiamento, sabendo que:

a) a taxa efetiva de juros desse financiamento é de 1,50% a.m. no regime de juros compostos;

b) a 1ª prestação mensal ocorre 30 dias após a liberação dos recursos;

c) a parcela intermediária é três vezes maior do que o valor da prestação mensal.

16 Um financiamento de $100.000,00 deve ser liquidado mediante o pagamento de nove prestações mensais, ocorrendo a 1ª prestação 30 dias após a liberação do *principal*. As três primeiras prestações mensais são de $10.000,00 e as três prestações mensais seguintes são de $12.000,00. As últimas três prestações devem ter valores iguais. Calcule o valor destas últimas três prestações mensais, sabendo que a taxa efetiva de juros desse financiamento é de 1,30% a.m., no regime de juros compostos.

17 Um financiamento de $10.000,00 deve ser liquidado mediante o pagamento de duas parcelas, uma no final do 1º mês e outra no final do 4º mês, a contar da liberação dos recursos. Calcule os valores desses pagamentos, sabendo que a segunda parcela é quatro vezes maior do que a primeira, e que a taxa efetiva de juros desse financiamento é de 1,50% a.m., no regime de juros compostos.

18 Um financiamento de $30.000,00 deve ser liquidado num prazo de quatro anos. A 1ª prestação é de $10.000,00 e seu pagamento deve ocorrer no final do 1º ano. As outras três prestações anuais devem ser linearmente decrescentes em relação à 1ª prestação, fazendo com que as quatro prestações formem uma progressão aritmética decrescente. Calcule o valor das prestações anuais, sabendo que a taxa efetiva de juros desse financiamento é de 8,00% a.a.

8

Fluxos de caixa e inflação

8.1 Introdução

Nos capítulos anteriores, a moeda representada pelo símbolo $ foi considerada como estável ao longo do tempo. Essa hipótese, porém, é meramente teórica, pois mesmo em países com moedas fortes existe o fenômeno da inflação, ainda que com taxas percentuais reduzidas. Neste capítulo, nossa moeda teórica, com o símbolo $, deixa de ser estável e passa a perder seu poder aquisitivo por conta da inflação.

Os conceitos de Matemática Financeira desenvolvidos até o momento continuam a ter validade, pois sua aplicação independe da existência da inflação.

Em conjunturas inflacionárias são muito usadas as expressões "a preços constantes" e "a preços correntes". A primeira expressão corresponde a preços de uma única data, normalmente a data inicial do fluxo de caixa, enquanto a segunda corresponde a preços das respectivas datas em que ocorrem os valores do fluxo de caixa. A conversão de preços constantes para preços correntes é feita por *índices* ou *indexadores*, que refletem a perda do poder aquisitivo da moeda provocada pela inflação.

Neste capítulo, a inflação da moeda será medida por um índice teórico cujas variações percentuais anuais para um período de cinco anos constam das Tabelas 8.1 e 8.2.

No tratamento de fluxos de caixa, a inflação pode ser levada em consideração através dos modelos *pós-fixado* e *prefixado,* cujas características e metodologias de cálculo serão apresentadas ao longo do presente capítulo.

8.2 Índice para a inflação

Por uma questão didática optamos por medir a inflação da moeda $ pelo índice teórico cujos valores e variações percentuais constam da Tabela 8.1, que foi construída com as seguintes suposições:

- o valor inicial do índice tem como referência o final de dezembro de determinado ano e, nessa data, ele é igual a $100,00;

- as variações percentuais do índice para um período de cinco anos foram assumidas com o mesmo valor anual de 12,00%, sendo que no 1º ano a periodicidade foi considerada mensal.

Os valores anuais desse índice e suas variações anuais para um período de cinco anos constam da Tabela 8.1.

TABELA 8.1 Valores anuais do índice

Ano	Variação anual do índice (%)	Valor do índice no final do ano
0		100,00000
1	12,00	112,00000
2	12,00	125,44000
3	12,00	140,49280
4	12,00	157,35194
5	12,00	176,23417

Fonte: elaborada pelo autor.

Os valores do índice fornecidos na Tabela 8.1 nos permitem concluir que as cinco variações anuais de 12% a.a. produzem um valor de 176,234168 para o índice no final do 5º ano, o que equivale a uma inflação acumulada de 76,234168% nesse período.

Para os exemplos numéricos que envolvam períodos inferiores a um ano, adotamos um crescimento mensal constante para esse índice teórico, durante os 12 meses do 1º ano, conforme indicado na Tabela 8.2:

TABELA 8.2 Valores mensais do índice no 1º ano

Mês	Variação do índice		Valor do índice no final do mês
	Mensal (%)	Acumulado (%)	
Dezembro			100,000000
Janeiro	0,948879	0,948879	100,948879
Fevereiro	0,948879	1,906762	101,906762
Março	0,948879	2,873734	102,873734
Abril	0,948879	3,849882	103,849882
Maio	0,948879	4,835292	104,835292
Junho	0,948879	5,830052	105,830052
Julho	0,948879	6,834252	106,834252
Agosto	0,948879	7,847980	107,847980
Setembro	0,948879	8,871327	108,871327
Outubro	0,948879	9,904385	109,904385
Novembro	0,948879	10,947245	110,947245
Dezembro	0,948879	12,000000	112,000000

Fonte: elaborada pelo autor.

Os valores do índice fornecidos na Tabela 8.2 permitem concluir que:

- o valor do índice no final de março é igual a 102,873734, indicando uma taxa de inflação de 2,873734% para o 1º trimestre;
- o valor do índice no final de junho é igual a 105,830052, indicando uma taxa de inflação de 5,830052% para o 1º semestre;
- o valor do índice no final de dezembro é igual a 112,000000, indicando uma taxa de inflação de 12,00% para o 1º ano, que coincide com essa inflação anual da Tabela 8.1.

Nos exemplos desenvolvidos neste capítulo usaremos o índice teórico das Tabelas 8.1 e 8.2 para inflacionar e deflacionar os valores dos fluxos de caixa expressos na moeda $. A utilização de qualquer outro índice para medir a inflação deve obedecer aos mesmos procedimentos adotados neste capítulo, com o índice dessas duas tabelas.

8.3 Taxas de inflação, de juros real e de juros nominal

Na análise de fluxos de caixa que levam em consideração a inflação serão utilizadas as taxas a seguir.

- **Taxa de inflação (ti):** mede a variação do índice definido na seção 8.2 e será representada de forma genérica por **ti**.
- **Taxa de juros real (i):** é usada nos fluxos de caixa expressos em moeda a preços constantes, sem inflação, normalmente referenciados à data inicial do fluxo de caixa. É a taxa **i** utilizada nos capítulos anteriores, que foram desenvolvidos tendo como base a moeda estável $, sem inflação. Manteremos o símbolo **i** para representá-la.
- **Taxa de juros nominal (tn):** é utilizada nos fluxos de caixa expressos em $ a preços correntes nas respectivas datas em que ocorrem e que incorporam a inflação da moeda. A taxa nominal incorpora a taxa de juros real e a taxa de inflação; será representada pelo símbolo **tn**. Costuma-se dizer que a taxa de juros real é a taxa de juros nominal descontada a inflação. Não confunda essa taxa de juros nominal com a taxa nominal definida na seção 4.5 do Capítulo 4 – *Taxas de juros*.

8.4 Modelo pós-fixado

8.4.1 Conceitos básicos e metodologia de cálculo

O modelo pós-fixado é normalmente utilizado em operações financeiras de longo prazo. Podemos citar como exemplos o financiamento de imóveis, todas as operações financeiras com moeda estrangeira, CDBs com remuneração atrelada ao CDI e empréstimos indexados ao IGPM.

As principais características do modelo são:

- a inflação é calculada *a posteriori*, ao longo do prazo da operação contratada, à medida que os valores do índice contratado se tornam conhecidos;
- a inflação fica em aberto no início da operação, sendo acertado no contrato apenas o índice que será utilizado na atualização dos valores;
- os cálculos financeiros são realizados com o fluxo de caixa expresso em moeda estável, a preços constantes e com uma taxa de juros real **i**, sem inflação.

No modelo pós-fixado, os cálculos são realizados com os fluxos de caixa expressos na moeda $, a preços constantes da data inicial, mediante a adoção dos seguintes procedimentos:

- os valores do fluxo de caixa devem ser expressos em $ a preços constantes da data inicial, sem considerar a inflação;
- todos os cálculos na moeda $ a preços constantes devem ser realizados com a taxa de juros real (**i**), sem inflação;
- os valores expressos em $ a preços constantes devem ser posteriormente convertidos para $ a preços correntes das datas futuras, utilizando o índice da seção 8.2, escolhido para medir a inflação.

Observe que a taxa interna de juros nominal (**tn**), que inclui a inflação, só pode ser calculada após o término da operação, quando os valores do fluxo de caixa a preços correntes se tornarem conhecidos. Isso porque no modelo pós-fixado a taxa de inflação fica em aberto e só é conhecida ao longo do prazo da operação.

Outra forma de atuar no modelo pós-fixado é mediante a conversão dos valores dos fluxos de caixa para quantidades do índice que mede a inflação e realizar todos os cáculos com a taxa de juros real nessa moeda estável, expressa pelo índice adotado. No final, as quantidades de índice devem ser transformadas em $, a preços correntes, utilizando-se os valores do índice nas datas futuras.

8.4.2 Exemplo numérico – Financiamento com prazo de um ano

Um financiamento com um *principal* de $1.000.000,00 foi realizado no final de dezembro, com uma taxa de *juros real* de 10,00% a.a., para ser liquidado no prazo de um ano com o pagamento de uma única parcela, que deve ser corrigida pelos seguintes valores do índice que constam da Tabela 8.1:

- na data da liberação dos recursos = 100,00;
- na data da liquidação da operação = 112,00.

Em relação a esse financiamento calcule:

a) o valor dos juros cobrados no final do ano, em $, a preços constantes e correntes;
b) o valor da parcela cobrada a título de inflação, em $, a preços correntes, e em % a.a.;
c) o valor do pagamento, em $, a preços correntes, para sua liquidação no final de um ano;
d) sua taxa de juros nominal (**tn**), incluindo a taxa de inflação.

SOLUÇÃO

Vamos realizar os cálculos em $ a preços constantes, e usar o índice da seção 8.2 como indexador para obter os valores em $ a preços correntes.

a) Juros cobrados no final do ano
Os juros anuais calculados com a taxa de juros real de 10,00% a.a. são obtidos pela relação:

$$\text{Juros do ano} = \$1.000.000,00 \times 10,00\% = \$100.000,00$$

Esses juros estão expressos em $, *a preços constantes*, com o valor da moeda $ correspondente à data inicial do contrato, na qual o índice tem o valor de 100,00.

No final do ano, por ocasião do pagamento dos juros, o índice tem valor igual a 112,00, e os juros, expressos em $, *a preços correntes*, são assim obtidos:

$$\text{Juros do ano} = \$100.000,00 \times (112,00 / 110,00) = \$112.000,00$$

Nesse caso, costuma-se dizer que os juros, no valor de $112.000,00, são "juros corrigidos", à medida que incorporam $12.000,00 a título de inflação.

b) Parcela de inflação em $, a preços correntes
Essa parcela corresponde à correção do *principal*, usando os valores do índice das duas datas. Assim temos:

• *principal* corrigido = $1.000.000,00 × (112,00 / 100,00) = $1.120.000,00;
• valor da inflação = $1.120.000,00 − $1.000.000,00 = $120.000,00.

Em termos percentuais, a taxa da inflação (**ti**) é calculada pela relação:

$$\text{Taxa de inflação} = \mathbf{ti} = \$120.000,00 / \$1.000.000,00 = 12,00\% \text{ a.a.}$$

Isso corresponde à variação percentual ocorrida entre os dois valores do índice (de 100,00 para 112,00).

c) Valor do pagamento em $, a preços correntes, para a liquidação do financiamento no final de um ano

A preços constantes, isto é, em moeda do início do contrato, esse valor é assim obtido:

$$
\begin{aligned}
Principal &= \$1.000.000,00 \\
\underline{Juros\ reais} &= \$\ \ \ 100.000,00 \\
Montante &= \$1.100.000,00
\end{aligned}
$$

A preços correntes, isto é, em moeda da data da liquidação do contrato, o montante no final de um ano é assim obtido:

Montante = $1.100.000,00 × (112,00 / 100,00) = $1.232.000,00

Isso pode ser desdobrado conforme indicado na Tabela 8.3:

TABELA 8.3

Parcelas	Valor em $
A) principal liberado	1.000.000,00
B) parcela de inflação do principal, com a taxa de 12,00% a.a.	120.000,00
C) principal corrigido para o final do ano = (A) + (B)	1.120.000,00
D) juros reais de 10,00% a.a. corrigidos pela taxa de inflação de 12,00% a.a.	112.000,00
E) montante a ser pago no final do ano = (C) + (D)	1.232.000,00

Fonte: elaborada pelo autor.

d) Taxa de juros nominal

Essa taxa de juros é obtida pela relação:

taxa nominal = tn = [$1.232.000,00 / $1.000.000,00 – 1] = 0,232 = 23,20% a.a.

Vamos, agora, analisar o valor da taxa de juros nominal (tn) e identificar sua composição a partir das seguintes parcelas:

- taxa de juros real (i);
- taxa de inflação (ti).

Os juros corrigidos do final do ano, no valor de $112.000,00, também poderiam ter sido calculados com a aplicação da taxa de juros real de 10,00% a.a. sobre o *principal corrigido* para o final do ano ($1.120.000,00) pelo índice de inflação de 12,00%.

Os juros do ano, calculados com a taxa de 10,00% a.a. sobre o *principal* antes de ser corrigido pela taxa de inflação anual, são iguais a $100.000,00. Nesse caso, o montante a ser pago no final do ano seria igual a:

Montante = $1.120.000,00 + $100.000,00 = $1.220.000,00

Os valores obtidos nesses dois processos de cálculo de juros estão resumidos na Tabela 8.4:

TABELA 8.4

Parcelas	Juros sobre o principal	
	sem a correção da inflação	corrigido pela inflação
A) principal liberado	1.000.000,00	1.120.000,00
B) juros do ano	100.000,00	112.000,00
C) montante no final do ano = (A) + (B)	1.220.000,00	1.232.000,00
D) incremento anual: (C) / (A)	22,00% a.a.	23,20% a.a.

Fonte: elaborada pelo autor.

Quando os juros do ano são calculados sobre o *principal* antes de ser corrigido pela inflação, o incremento anual de 22,00% a.a. é constituído das seguintes parcelas:

a) taxa de juros real   =   10,00% a.a.
b) taxa de inflação   =   12,00% a.a.
taxa total = (a) + (b)   =   22,00% a.a.

Ou seja, a taxa total é igual à soma da taxa de juros real com a taxa de inflação. Quando os juros do ano são calculados sobre o *principal* corrigido pela inflação do período, precisamos acrescentar o produto da taxa de juros (10,00% a.a.) pela taxa de inflação do período (12,00% a.a.), isto é:

10,00% a.a. × 12,00% a.a. = 1,20% a.a.

Portanto, a taxa total do período, que corresponde à taxa de juros nominal (**tn**), no valor de 23,20% a.a., tem a seguinte composição:

a) taxa de juros real   =   10,00% a.a.
b) taxa de inflação   =   12,00% a.a.
c) produto das taxas: (a) × (b)   =   1,20% a.a.
taxa total = (a) + (b) + (c)   =   23,20% a.a.

Ou seja, a taxa de juros nominal (**tn**) é igual à soma da taxa de juros real (**i**) com a taxa de inflação (**ti**), acrescida do produto entre essas duas taxas.

Capítulo 8 » Fluxos de caixa e inflação   **217**

8.4.3 Expressão genérica que relaciona taxas

A simbologia adotada para representar as taxas anuais de juros e de inflação, bem como suas respectivas taxas equivalentes, está indicada a seguir.

i – Taxa de juros real expressa em %, podendo ser representada por:
  i_a – para a taxa de juros expressa em % ao a.a.;
  i_s – para a taxa de juros expressa em % a.s.;
  i_t – para a taxa de juros expressa em % a.t.;
  i_m – para a taxa de juros expressa em % a.m.
ti – taxa de inflação, expressa em %, podendo ser representada por:
  ti_a – para a taxa de inflação expressa em % a.a.;
  ti_s – para a taxa de inflação expressa em % a.s.;
  ti_t – para a taxa de inflação expressa em % a.t.;
  ti_m – para a taxa de inflação expressa em % a.m.
tn – taxa de juros nominal, expressa em %, podendo ser representada por:
  tn_a – para a taxa de juros nominal expressa em % a.a.;
  tn_s – para a taxa de juros nominal expressa em % a.s.;
  tn_t – para a taxa de juros nominal expressa em % a.t.;
  tn_m – para a taxa de juros nominal expressa em % a.m.

Vamos, agora, deduzir a expressão genérica para obter a taxa de juros nominal (**tn**) a partir da taxa de juros real (**i**) e da taxa de inflação (**ti**), utilizando os dados do exemplo da seção 8.4.2.

Inicialmente vamos considerar as taxas expressas em termos anuais. O *principal* corrigido para o final do ano tem a seguinte expressão:

$$Principal \text{ corrigido} = 1.000.000,00 \times (1 + ti_a)$$

Os juros anuais corrigidos, expressos em $, a preços correntes, são obtidos pela relação:

$$Juros \text{ corrigidos} = 1.000.000,00 \times (1 + ti_a) \times (i_a)$$

O montante a ser pago no final do ano, expresso em $, a preços correntes, é portanto obtido pela relação que segue:

$$
\begin{aligned}
Montante &= 1.000.000,00 \times [(1 + ti_a) + (1 + ti_a) \times (i_a)] = \\
&= 1.000.000,00 \times [(1 + i_a) \times (1 + ti_a)]
\end{aligned}
\tag{8.1}
$$

Esse mesmo montante pode ser obtido diretamente pela aplicação da taxa nominal, através da expressão:

$$\text{Montante} = 1.000.000,00 \times (1 + tn_a)$$

(8.2)

Igualando as relações (8.1) e (8.2), obtemos a relação desejada:

$$(1 + tn_a) = (1 + i_a) \times (1 + ti_a)$$

(8.3)

Aplicando essa fórmula aos valores do exemplo da seção 8.4.3:

$$i_a = 10,00\% \text{ a.a.}$$
$$ti_a = 12,00\% \text{ a.a.}$$

Isso leva a:

$$(1 + tn_a) = (1 + 10,00\%) \times (1 + 12,00\%) = 1,232$$

Portanto: $tn_a = 1,232 - 1 = 0,232 = 23,20\%$ a.a.

Esse resultado coincide com o valor obtido anteriormente.

8.4.4 Relação entre taxas de diversas periodicidades

Vamos, agora, demonstrar que se a taxa de juros nominal anual (tn_a) obedece à relação (8.3), então a taxa de juros nominal mensal (tn_m) deve obedecer à relação que se segue:

$$(1 + tn_m) = (1 + i_m) \times (1 + ti_m)$$

(8.4)

Considere que essas taxas mensais são equivalentes às suas respectivas taxas anuais da relação (8.4).

As taxas mensais equivalentes são obtidas pelas relações que se seguem:

$$(1 + tn_m)^{12} = (1 + tn_a)$$
$$(1 + i_m)^{12} = (1 + i_a)$$
$$(1 + ti_m)^{12} = (1 + ti_a)$$

Ao substituirmos essas fórmulas na relação (8.3) obtemos a fórmula:

$$(1 + tn_m)^{12} = (1 + i_m)^{12} \times (1 + ti_m)^{12}$$

Ela é idêntica à relação (8.4), quando eliminamos o expoente 12.

As taxas anuais do exemplo da seção 8.4.2, com suas respectivas taxas mensais equivalentes, estão indicadas na Tabela 8.5:

TABELA 8.5

Parcelas	Taxa anual	Taxa equivalente mensal
taxa de juros real	10,00%	0,7974140%
taxa de inflação	12,00%	0,9488793%
taxa de juros nominal	23,20%	1,7538598%

Fonte: elaborada pelo autor.

Vamos agora aplicar a relação **(8.4)** às taxas mensais equivalentes, conforme segue:

$$(1+ tn_m) = (1+0{,}007974140) \times (1+0{,}009488793) = 1{,}017538598$$

Isso fornece $tn_m = 1{,}17538598\%$ a.m., como esperado.

A relação **(8.4)** também pode ser expressa para as taxas trimestrais e semestrais, equivalentes às suas respectivas taxas anuais, e as expressões obtidas são as que se seguem:

$$(1 + tn_t) = (1 + i_t) \times (1 + ti_t) \qquad \textbf{(8.5)}$$

$$(1 + tn_s) = (1 + i_s) \times (1 + ti_s) \qquad \textbf{(8.6)}$$

A Tabela 8.6 mostra um resumo das taxas equivalentes do exemplo numérico da seção 8.4.3, interligadas pelas relações **(8.3)** a **(8.6)**, que acabamos de deduzir.

TABELA 8.6 Taxas equivalentes e taxas nominais – em %

Período	Taxa de inflação (ti)	Taxa de juros real (i)	Soma das taxas (ti) + (i)	Produto das taxas (ti) × (i)	Taxa de juros nominal (ti) + (i) + (ti) (i)
Anual	12,000000	10,000000	22,000000	1,200000	23,200000
Semestral	5,830052	4,880885	10,710937	0,284558	10,995495
Trimestral	2,873734	2,411369	5,285103	0,069296	5,354400
Mensal	0,948879	0,797414	1,746293	0,007566	1,753860

Fonte: elaborada pelo autor.

8.4.5 Exemplos numéricos

1. Um financiamento com um *principal* de $1.000.000,00 foi realizado no final de dezembro, com uma taxa de juros real de 10,00% a.a., para ser liquidado no prazo de cinco anos pelo Sistema de Amortização Constante (SAC). As grandezas futuras devem ser corrigidas pelo índice da Tabela 8.1, que tem o valor igual a 100,00 na data da liberação dos recursos. Em relação a esse financiamento:

a) determine seu fluxo de caixa em $, a preços constantes e a preços correntes;

b) calcule sua taxa interna de juros nominal em % a.a.

SOLUÇÃO

a) Fluxo de caixa em $, a preços constantes e a preços correntes

A partir do *principal* de $1.000.000,00 e da taxa de juros real de 10% a.a. montamos a Tabela 8.7 com os valores das amortizações e juros para os cinco anos do financiamento, em $ a preços constantes.

TABELA 8.7 Valores em $ a preços constantes

Ano	Saldo no final do ano	Amortização do ano	Juros do ano	Prestação do ano
0	1.000.000,00			
1	800.000,00	200.000,00	100.000,00	300.000,00
2	600.000,00	200.000,00	80.000,00	280.000,00
3	400.000,00	200.000,00	60.000,00	260.000,00
4	200.000,00	200.000,00	40.000,00	240.000,00
5	0	200.000,00	20.000,00	220.000,00
Soma	**—**	**1.000.000,00**	**300.000,00**	**1.300.000,00**

Fonte: elaborada pelo autor.

A Tabela 8.8 apresenta o fluxo de caixa do financiamento na moeda $, a preços constantes e a preços correntes, que foram obtidos com os valores anuais do índice da Tabela 8.1.

TABELA 8.8 Fluxos de caixa em $ constantes e correntes

Ano	Valores em $ constantes	Valor do índice no final do ano	Valores em $ correntes
0	–1.000.000,00	100,000000	–1.000.000,00
1	300.000,00	112,000000	336.000,00
2	280.000,00	125,440000	351.232,00
3	260.000,00	140,492800	365.281,28
4	240.000,00	157,351936	377.644,65
5	220.000,00	176,234168	387.715,17
Soma	**300.000,00**	**—**	**817.873,10**
Taxa interna	**10,00% a.a.**	**—**	**23,20% a.a.**

Fonte: elaborada pelo autor.

b) Taxa interna de juros nominal, em % ao ano

As taxas internas dos fluxos de caixa da Tabelas 8.8, obtidas com a HP 12C ou com o Excel, são as seguintes:

- fluxo de caixa em $ a preços constantes = 10,00% a.a. (taxa interna real);
- fluxo de caixa em $ a preços correntes = 23,20% a.a. (taxa interna nominal).

Verifique que o desconto do fluxo de caixa em $, a preços constantes e com a taxa de juros real de 10,00% a.a. fornece um valor presente de $1.000.000,00, que é idêntico ao valor presente do fluxo de caixa em $, a preços correntes e com a taxa de juros nominal de 23,20% a.a.

2. Um financiamento com um *principal* de $1.000.000,00 foi realizado no final de dezembro, com uma taxa de juros real de 10,00% a.a. para ser liquidado com o pagamento de uma única parcela no final de três meses. A inflação será medida pelo índice da Tabela 8.2, que tem o valor igual a 100,00 na data da liberação dos recursos. Em relação a esse financiamento:

a) determine seu fluxo de caixa em $, a preços constantes e a preços correntes;
b) calcule suas taxas internas de juros (real e nominal), em % a.m.;
c) determine as taxas anuais que são equivalentes às taxas internas obtidas no item *b*.

SOLUÇÃO

a) Fluxo de caixa em $, a preços constantes e a preços correntes

A taxa de juros trimestral equivalente à taxa de juros real de 10,00% a.a. é obtida pela relação:

$$i_t = (1 + 0,10)^{1/4} - 1 = 0,02411369 = 2,411369\% \text{ a.t.}$$

Dessa forma, o valor dos juros, em $, a *preços constantes*, a serem pagos no final do 3º mês, é igual a:

$$= 1.000.000,00 \times 2,411369\% = \$24.113,69$$

E o montante a ser liquidado no final do 3º mês, em $, a preços constantes, é igual a $1.024.113,69, sendo $1.000.000,00 de amortização do *principal* e $24.113,69 de juros.

A Tabela 8.9 traz os fluxos de caixa do financiamento, em $, a preços constantes e a preços correntes, que foram obtidos com os valores do índice da Tabela 8.2.

222   Matemática Financeira

TABELA 8.9 Fluxos de caixa em $, a preços constantes e correntes

Mês	Valores em $ a preços constantes	Valor do índice no final do mês	Valores em $ a preços correntes
Dezembro	−1.000.000,00	100,00000	−1.000.000,00
Janeiro	0,00	100,94888	0,00
Fevereiro	0,00	101,90676	0,00
Março	1.024.113,69	102,87373	1.053.543,99
Soma	24.113,69	—	53.543,99
Taxa interna	0,797414% a.m.	—	1,753860% a.m.

Fonte: elaborada pelo autor.

b) Taxas internas de juros (real e nominal), em % a.m.

As taxas internas de retorno para os dois fluxos de caixa, obtidas com a HP 12C ou com o Excel, são as seguintes:

- fluxo de caixa em $, a preços constantes: 0,797414% a.m. (taxa real);
- fluxo de caixa em $, a preços correntes: 1,753860% a.m. (taxa nominal).

c) Taxas anuais equivalentes às taxas internas do item (*b*)

As taxas equivalentes anuais são obtidas pelas relações a seguir:

$$i_a = (1 + 0,00797414)^{12} - 1 = 0,10000000 = 10,00\% \text{ a.a.}$$

$$tn_a = (1 + 0,01753860)^{12} - 1 = 0,23200000 = 23,20\% \text{ a.a.}$$

3. Um financiamento com um *principal* de $1.000.000,00 foi realizado no final de dezembro, com uma taxa de juros real de 10,00% a.a. para ser liquidado com seis prestações mensais e iguais, pelo sistema da Tabela Price. A inflação será medida pelo índice da Tabela 8.2, que tem valor igual a 100,00 na data da liberação dos recursos. Em relação a esse financiamento:

a) determine seu fluxo de caixa em $, a preços constantes e a preços correntes;
b) calcule suas taxas internas de juros (real e nominal), em % a.m.

SOLUÇÃO

a) Fluxo de caixa em $, a preços constantes e a preços correntes

A taxa de juros mensal equivalente à taxa de juros real de 10,00% a.a. é obtida pela relação:

$$i_m = (1 + 0,10)^{1/12} - 1 = 0,00797414 = 0,797414\% \text{ a.m.}$$

Capítulo 8 » Fluxos de caixa e inflação   223

O valor das prestações mensais, em $, a preços constantes, pode ser calculado com a HP 12C ou com o Excel, e o resultado obtido é igual a $171.349,03.

A Tabela 8.10 mostra os fluxos de caixa do financiamento, em $, a preços constantes e a preços correntes, que foram obtidos com os valores mensais do índice da Tabela 8.2.

TABELA 8.10 Fluxos de caixa em $, a preços constantes e correntes

Mês	Valores em $ a preços constantes	Valor do índice no final do mês	Valores em $ a preços correntes
Dezembro	−1.000.000,00	100,000000	−1.000.000,00
Janeiro	171.349,03	100,948879	172.974,89
Fevereiro	171.349,03	101,906762	174.616,22
Março	171.349,03	102,873734	176.273,11
Abril	171.349,03	103,849882	177.945,73
Maio	171.349,03	104,835292	179.634,22
Junho	171.349,03	105,830052	181.338,74
Soma	**28.094,18**	**—**	**62.782,91**
Taxa interna	**0,797414% a.m.**	**—**	**1,753860% a.m.**

Fonte: elaborada pelo autor.

b) Taxas internas de juros (real e nominal), em % a.m.

As taxas internas de retorno para os dois fluxos de caixa, obtidas com a HP 12C ou com o Excel, são as seguintes:

- fluxo de caixa em $, a preços constantes = 0,797414% a.m. (taxa real);
- fluxo de caixa em $, a preços correntes = 1,753860% a.m. (taxa nominal).

8.4.6 Comentários

Nos exemplos da seção 8.4.5, o desconto do fluxo de caixa em $, a preços constantes e com a taxa de juros real, fornece o mesmo valor presente que o desconto do fluxo de caixa em $, a preços correntes e com a taxa de juros nominal.

Portanto, se a inflação influenciar igualmente todos os valores do fluxo de caixa, *tanto faz* descontar o fluxo de caixa em $ a preços *constantes,* com a taxa de juros *real,* como descontar o fluxo de caixa em $ a preços *correntes*, com a taxa de juros *nominal.*

No modelo pós-fixado, os cálculos são realizados com os valores dos fluxos de caixa expressos numa moeda estável (constante) e com uma taxa de juros real, sem inflação.

No início da operação, é apenas definido o índice que será utilizado na atualização dos valores da moeda constante da data inicial. Assim, a inflação fica "em aberto", para ser calculada *a posteriori*, ao longo do prazo da operação.

As grandezas em moeda estável (constante) são, posteriormente, convertidas para a moeda corrente pelo índice definido para aferir a inflação. Nesse fluxo de caixa expresso em \$, a preços correntes, podemos calcular a taxa interna nominal após o término da operação.

Os procedimentos adotados neste capítulo, com a atualização da moeda \$ pelo índice teórico das Tabelas 8.1 e 8.2, são rigorosamente válidos para qualquer outro índice que for utilizado para medir a inflação.

8.5 Modelo prefixado

8.5.1 Conceitos básicos e metodologia de cálculo

O modelo prefixado é bastante utilizado nas operações financeiras de curto prazo. Podemos citar como exemplo os crediários ao consumidor e as operações de desconto de títulos. As principais características do modelo prefixado são:

- a inflação tem que ser estimada *a priori*, e prefixada no início da operação financeira;
- os cálculos financeiros são realizados com o fluxo de caixa expresso em moeda a *preços correntes* (com inflação) das respectivas datas futuras, e com uma taxa de juros nominal prefixada, que inclui a inflação.

A taxa de juros tem de ser aumentada para incorporar, numa única parcela, a taxa de juros real e a taxa de inflação de cada período. Essa taxa de juros, que inclui uma parcela de inflação, é denominada taxa de juros nominal prefixada, ou simplesmente taxa nominal prefixada, e tem as seguintes características:

- é definida no início da operação, o que justifica o nome adotado;
- deve corresponder à soma da taxa de juros real com a taxa da inflação mais o produto dessas duas taxas;
- tem o mesmo valor para todos os períodos da operação.

As grandezas em moeda a "preços correntes" podem ser, posteriormente, convertidas para uma moeda a "preços constantes" pelo índice que for definido para aferir a inflação. Nesse fluxo de caixa em moeda a preços constantes pode ser calculada sua taxa interna real após o término da operação.

Os exemplos numéricos para o modelo prefixado são baseados nos exemplos desenvolvidos para o modelo pós-fixado nas seções 8.4.2 e 8.4.5. Adotamos taxas nominais prefixadas iguais às taxas nominais que foram utilizadas nos exemplos correspondentes, para que possamos comparar os resultados obtidos nesses dois modelos.

Capítulo 8 » Fluxos de caixa e inflação   225

8.5.2 Exemplos numéricos

1. Um financiamento com um *principal* de $1.000.000,00 foi realizado no final de dezembro, com uma taxa de juros nominal prefixada de 23,20% a.a., para ser liquidado no prazo de um ano, com o pagamento de uma única parcela. A inflação será medida pelo índice da Tabela 8.1, que tem o valor igual a 100,00 na data da liberação dos recursos. Em relação a esse financiamento determine:

   a) o valor do pagamento em $, a preços correntes, para sua liquidação no final de um ano;
   b) a taxa de inflação em % a.a.;
   c) seu fluxo de caixa em $, a preços correntes e a preços constantes;
   d) sua taxa interna de juros real em % a.a.;
   e) a relação da taxa nominal prefixada com as taxas de inflação e de juros real.

   SOLUÇÃO

   a) Valor do pagamento em $, a preços correntes, para a liquidação do financiamento
      Considerando a taxa nominal prefixada de 23,20% a.a., o valor do pagamento a ser realizado no final do ano, em $ corrente, é igual a:

      $$\text{pagamento final} = \$1.000.000,00 \times (1 + 0,2320) = \$1.232.000,00$$

   b) Taxa de inflação em % a.a.
      A taxa de inflação de 12,00% a.a. é obtida diretamente da Tabela 8.1 com os valores anuais do índice.

   c) Fluxo de caixa em $, a preços correntes e a preços constantes
      O fluxo de caixa em $ a preços constantes é obtido deflacionando-se os valores do fluxo de caixa em $ a preços correntes, utilizando como deflator o índice da Tabela 8.1, conforme indicado na Tabela 8.11.

TABELA 8.11 Fluxos de caixa em $ a preços correntes e constantes			
Ano	Valores em $ a preços correntes	Valor do índice no final do ano	Valores em $ a preços constantes
0	−1.000.000,00	100,000000	−1.000.000,00
1	1.232.000,00	112,000000	1.100.000,00
Soma	232.000,00	—	100.000,00
Taxa interna	23,20% a.a.	—	10,00% a.a.

Fonte: elaborada pelo autor.

Inicialmente obtemos o fluxo de caixa em $ a preços correntes a partir da taxa nominal prefixada. Em seguida obtemos o fluxo de caixa em $ a preços constantes, deflacionando as parcelas em $ a preços correntes com o índice da Tabela 8.1.

d) Taxa interna de juros real, em % a.a.

A taxa interna de juros real é obtida pelo desconto do fluxo de caixa em $ a preços constantes, e o valor encontrado é igual a 10,00% a.a.

e) Relação da taxa nominal prefixada com as taxas de inflação e de juros real

Essas três taxas satisfazem à relação (8.3), senão vejamos:

$$\text{Taxa nominal prefixada} = 23,20\% \text{ a.a.} =$$
$$= (1 + 0,10)(1 + 0,12) - 1 = 0,2320 = 23,20\% \text{ a.a.}$$

Os resultados obtidos nesse financiamento no modelo prefixado são idênticos àqueles alcançados no financiamento do exemplo da seção 8.4.2 com o modelo pós-fixado. Isso ocorreu porque a taxa nominal prefixada (23,20% a.a.), a taxa de inflação (12,00% a.a.) e a taxa de juros real (10,00% a.a.) respeitam a relação (8.3).

2. Um financiamento com um *principal* de $1.000.000,00 foi realizado no final de dezembro, com uma *taxa* nominal prefixada de 23,20% a.a., para ser liquidado no prazo de cinco anos pelo Sistema de Amortização Constante (SAC). A inflação será medida pelo índice da Tabela 8.1, que tem o valor igual a 100,00 na data da liberação dos recursos. Em relação a esse financiamento, determine:

a) a taxa de inflação em % a.a.;
b) seu fluxo de caixa em $, a preços correntes e a preços constantes;
c) sua taxa interna de juros real em % a.a.;
d) a relação da taxa nominal prefixada com as taxas de inflação e de juros real.

Capítulo 8 » Fluxos de caixa e inflação

SOLUÇÃO

a) Taxa de inflação em % a.a.

A Tabela 8.1 fornece a taxa de inflação de 12,00% a.a., com o mesmo valor para os cinco anos seguintes ao ano da liberação do *principal*.

b) Fluxo de caixa em $, a preços correntes e a preços constantes

A partir do *principal* de $1.000.000,00 e da taxa nominal prefixada de 23,20% a.a., montamos a Tabela 8.12, em $ a preços correntes, com os valores das amortizações e juros para os cinco anos do prazo do financiamento.

TABELA 8.12 Valores em $ a preços correntes

Ano	Saldo no final do ano	Amortização do ano	Juros do ano	Prestação do ano
0	1.000.000,00			
1	800.000,00	200.000,00	232.000,00	432.000,00
2	600.000,00	200.000,00	185.600,00	385.600,00
3	400.000,00	200.000,00	139.200,00	339.200,00
4	200.000,00	200.000,00	92.800,00	292.800,00
5	0,00	200.000,00	46.400,00	246.400,00
Soma	**—**	**1.000.000,00**	**696.000,00**	**1.696.000,00**

Fonte: elaborada pelo autor.

O fluxo de caixa em $ a preços constantes é obtido deflacionando-se os valores do fluxo de caixa em $ a preços correntes, utilizando como deflator o índice da Tabela 8.1, conforme indicado na Tabela 8.13.

TABELA 8.13 Fluxos de caixa em $ a preços correntes e constantes

Ano	Valores em $ a preços correntes	Valor do índice final do ano	Valores em $ a preços constantes
0	−1.000.000,00	−100,000000	−1.000.000,00
1	432.000,00	112,000000	385.714,29
2	385.600,00	125,440000	307.397,96
3	339.200,00	140,492800	241.435,86
4	292.800,00	157,351936	186.079,69
5	246.400,00	176,234168	139.813,98
Soma	**696.000,00**	**—**	**260.441,78**
Taxa interna	**23,20% a.a.**	**—**	**10,00% a.a.**

Fonte: elaborada pelo autor.

c) Taxa interna de juros real em % a.a.

A taxa interna do fluxo de caixa em $, a preços correntes, é a própria taxa nominal prefixada de 23,20% a.a., usada na geração de suas parcelas de juros.

A HP 12C ou a planilha Excel pode ser usada para confirmar o valor dessa taxa nominal prefixada e para calcular o valor da taxa de juros real a partir do fluxo de caixa com os valores expressos em $ a preços constantes. Os resultados obtidos são os seguintes:

- fluxo de caixa em $, a preços constantes = 10,00% a.a. (taxa interna real);
- fluxo de caixa em $, a preços correntes = 23,20% a.a. (taxa interna nominal).

d) Relação da taxa nominal prefixada com as taxas de inflação e de juros real
   Essas três taxas satisfazem à relação **(8.3)**, senão vejamos:

$$\text{taxa nominal prefixada} = 23,20\% \text{ a.a.} =$$
$$= (1 + 0,10)\,(1 + 0,12) - 1 = 0,2320 = 23,20\% \text{ a.a.}$$

Compare os resultados com aqueles alcançados no financiamento do Exemplo 1 da seção 8.4.5 com o modelo pós-fixado.

3. Um financiamento com um *principal* de $1.000.000,00 foi realizado no final de dezembro, com uma taxa nominal prefixada de 23,20% a.a., para ser liquidado com o pagamento de uma única parcela no final de três meses. A inflação será medida pelo índice da Tabela 8.2, que tem o valor igual a 100,00 na data da liberação dos recursos. Em relação a esse financiamento, determine:

a) a taxa de inflação, em % a.a. e em % a.m.;
b) seu fluxo de caixa em $, a preços correntes e a preços constantes;
c) sua taxa interna de juros real, em % a.m. e em % a.a.

SOLUÇÃO

a) Taxa de inflação, em % a.a. e em % a.m.
   A Tabela 8.2 permite obter as taxas de inflação de 12,00% a.a. e de 0,948879% a.m..

b) Fluxo de caixa em $, a preços correntes e a preços constantes.
   A taxa nominal prefixada de 23,20% a.a. fornece as seguintes taxas equivalentes:

$$i_t = (1 + 0,2320)^{1/4} - 1 = 5,354400\% \text{ a.t.}$$
$$i_m = (1 + 0,2320)^{1/12} - 1 = 1,753860\% \text{ a.m.}$$

O valor do pagamento a ser realizado no final do 3º mês, em $, a preços correntes, é obtido pela relação:

$$\text{Pagamento final} = \$1.000.000,00 \times (1 + 0,05354400) = \$1.053.544,00$$

O fluxo de caixa em $, a preços constantes, é obtido deflacionando-se os valores do fluxo de caixa em $, a preços correntes, utilizando como deflator o índice da Tabela 8.2, conforme indicado na Tabela 8.14.

TABELA 8.14 Fluxos de caixa em $ a preços correntes e constantes

Mês	Valores em $ a preços correntes	Valor do índice no final do mês	Valores em $ a preços constantes
Dezembro	−1.000.000,00	100,000000	−1.000.000,00
Janeiro	0,00	100,948879	0,00
Fevereiro	0,00	101,906762	0,00
Março	1.053.544,00	102,873734	1.024.113,70
Soma	**53.544,00**	—	**24.113,70**
Taxa interna	**1,753860% a.m.**	—	**0,797414% a.m.**

Fonte: elaborada pelo autor.

c) Taxa interna de juros real, em % a.m. e em % a.a.

A taxa interna do fluxo de caixa em $a preços correntes é a própria taxa nominal prefixada de 23,20% a.a., equivalente às taxas de 1,753860% a.m. e 5,354400% a.t.

A HP 12C ou a planilha Excel podem ser usadas para confirmar o valor dessa taxa nominal prefixada mensal e para calcular o valor da taxa de juros real a partir do fluxo de caixa com os valores expressos em $ a preços constantes. Os resultados obtidos são os seguintes:

- fluxo de caixa em $ a preços constantes = 0,797414% a.m. (taxa interna real);
- fluxo de caixa em $ a preços correntes = 1,753860% a.m. (taxa interna nominal).

As taxas equivalentes anuais são obtidas pelas relações a seguir:

$$i_a = (1 + 0,797414\%)^{12} - 1 = 10,00\% \text{ a.a.}$$
$$tn_a = (1 + 1,753860\%)^{12} - 1 = 23,20\% \text{ a.a.}$$

Compare os resultados com aqueles alcançados no financiamento do Exemplo 2 da seção 8.4.5 com o modelo pós-fixado.

4. Um financiamento de $1.000.000,00 foi realizado no final de dezembro, com uma taxa nominal prefixada de 23,20% a.a., para ser liquidado com seis prestações mensais e iguais da Tabela Price. A inflação será medida pelo índice da Tabela 8.2, que tem o valor igual a 100,00 na data da liberação dos recursos. Em relação a esse financiamento, determine:

a) a taxa de inflação, em % a.a. e em % a.m.;
b) seu fluxo de caixa em $ a preços correntes e a preços constantes;
c) sua taxa interna de juros real em % a.m. e em % a.a.

SOLUÇÃO

a) Taxa de inflação, em % a.a e em % a.m.

A Tabela 8.2 permite obter as taxas de inflação de 12,00% a.a. e de 0,948879% a.m.

b) Fluxo de caixa em $, a preços correntes e a preços constantes

A taxa nominal prefixada de 23,20% a.a. fornece sua taxa equivalente mensal pela relação:

$$i_m = (1 + 0,232)^{1/12} - 1 = 1,753860\% \text{ a.m.}$$

O valor das seis prestações mensais, em $ a preços correntes, pode ser calculado com a HP 12C ou com o Excel, e o resultado obtido é igual a $177.045,72.

A Tabela 8.15 mostra os valores do fluxo de caixa em $, a preços correntes e a preços constantes, obtidos com a aplicação do índice da Tabela 8.2.

TABELA 8.15 Fluxos de caixa em $ a preços correntes e constantes

Mês	Valores em $ a preços correntes	Valor do índice no final do mês	Valores em $ a preços constantes
Dezembro	−1.000.000,00	100,000000	−1.000.000,00
Janeiro	177.045,72	100,948879	175.381,56
Fevereiro	177.045,72	101,906762	173.733,04
Março	177.045,72	102,873734	172.100,02
Abril	177.045,72	103,849882	170.482,35
Maio	177.045,72	104,835292	168.879,88
Junho	177.045,72	105,830052	167.292,48
Soma	**62.274,33**	—	**27.869,35**
Taxa interna	**1,753860% a.m.**	—	**0,797414% a.m.**

Fonte: elaborada pelo autor.

c) Taxa interna de juros real, em % a.m. e em % a.a.

A taxa interna do fluxo de caixa em $, a preços correntes, é a própria taxa nominal prefixada de 23,20% a.a., equivalente à taxa de 1,753860% a.m.

A HP 12C ou a planilha Excel podem ser usadas para confirmar o valor dessa taxa nominal prefixada mensal e para calcular o valor da taxa de juros real a partir do fluxo de caixa com os valores expressos em $, a preços constantes. Os resultados obtidos são os seguintes:

• fluxo de caixa em $ a preços constantes = 0,797414% a.m. (taxa interna real);
• fluxo de caixa em $ a preços correntes = 1,753860% a.m. (taxa interna nominal).

As taxas equivalentes anuais são obtidas pelas relações a seguir:

$$i_a = (1 + 0,00797414)^{12} - 1 = 10,00\% \text{ a.a.}$$
$$tn_a = (1 + 0,01753860)^{12} - 1 = 23,20\% \text{ a.a.}$$

8.5.3 Comentários

Os exemplos numéricos desenvolvidos na seção 8.5.2 com o modelo prefixado foram baseados nos exemplos apresentados nas seções 8.4.2 e 8.4.5 para o modelo pós-fixado, que apresentam as seguintes características:

- taxas de inflação, medida pelo índice das Tabelas 8.1 e 8.2, iguais em todos os períodos e equivalentes à taxa de 12,00% a.a.;
- taxas de juros reais iguais ou equivalentes a 10,00% a.a.

A taxa nominal prefixada, em todos os exemplos do modelo prefixado, é igual a 23,20% a.a., ou seja, é igual à soma da taxa da inflação de 12,00% a.a. com a taxa de juros real de 10,00%, mais o produto entre essas duas taxas.

A análise dos resultados desses exemplos numéricos do modelo prefixado nos permite concluir:

a) os fluxos de caixa em $ a preços correntes foram obtidos a partir do *principal* em $ e da taxa nominal prefixada;
b) os fluxos de caixa em $ a preços constantes foram obtidos a partir dos fluxos de caixa em $ a preços correntes e dos valores do índice que mede a inflação;
c) os valores dos fluxos de caixa em $ a preços constantes e em $ a preços correntes não são necessariamente iguais àqueles obtidos nos exemplos correspondentes do modelo pós-fixado;
d) o valor presente e a taxa de juros real dos fluxos de caixa em $ a preços constantes são iguais, em todos os casos, àqueles obtidos nos exemplos correspondentes no modelo pós-fixado.

No modelo prefixado, os cálculos são realizados com os fluxos de caixa expressos em $ a preços correntes (com inflação) e com uma taxa de juros nominal prefixada, com o mesmo valor em todos os períodos, que inclui uma parcela de inflação.

Nesse modelo, a inflação e os valores do fluxo de caixa em $ a preços correntes são estimados e prefixados *a priori*, no início da operação.

Os procedimentos adotados nos exemplos numéricos com o índice das Tabelas 8.1 e 8.2 são rigorosamente válidos para qualquer outro índice que for utilizado para medir a inflação.

8.6 Conclusão

No presente capítulo apresentamos os modelos pós-fixado e prefixado para o tratamento da inflação em fluxos de caixa expressos em moedas que perdem seu poder aquisitivo ao longo do tempo por conta da inflação.

As principais características do modelo pós-fixado são:

- a inflação só é levada em consideração *a posteriori*, ao longo do prazo da operação, sendo definido na data inicial apenas o índice que será utilizado para sua aferição;
- os cálculos são realizados com uma taxa de juros real, sem qualquer parcela de inflação, e com o fluxo de caixa expresso em $ a preços constantes (sem inflação);
- as grandezas em $ a preços constantes são posteriormente convertidas para $ a preços correntes pelo índice que for definido para aferir a inflação;
- o cálculo da taxa interna nominal só pode ser realizado após o término da operação.

As principais características do modelo prefixado são:

- a inflação e os valores do fluxo de caixa em $ a preços correntes são estimados e prefixados *a priori*, no início da operação;
- os cálculos são realizados com uma *taxa* de juros nominal prefixada, que inclui a inflação, e com o fluxo de caixa expresso em $ a preços correntes (com inflação);
- as grandezas em $ a preços correntes podem ser posteriormente convertidas para $ a preços constantes pelo índice que for definido para aferir a inflação;
- o cálculo da taxa interna real do fluxo de caixa em $ a preços constantes só pode ser realizado após o término da operação.

Se a inflação influenciar igualmente todos os valores do fluxo de caixa, tanto faz descontar o fluxo de caixa em $ a preços constantes com a taxa de juros real, como descontar o fluxo de caixa em $ a preços correntes com a taxa nominal prefixada, pois os valores presentes líquidos serão iguais nos dois casos.

Por uma questão de ordem didática, adotamos um índice teórico para medir a inflação da moeda com o símbolo $, utilizado em todos os outros capítulos do livro.

Os conceitos apresentados neste capítulo com esse índice são integralmente válidos para qualquer outro índice que for utilizado para medir a inflação.

8.7 Problemas propostos

1 Uma instituição financeira remunera suas aplicações com uma taxa nominal prefixada de 22,10% a.a. Calcule a taxa de juros real de um investimento realizado nessa instituição, sabendo que a taxa de inflação é igual a 11,00% a.a.

Capítulo 8 » Fluxos de caixa e inflação   **233**

2 A taxa de juros real a ser cobrada num determinado financiamento é igual a 5,00% a.s. Sabendo que a projeção da taxa de inflação para esse período de seis meses é de 6,00%:

a) calcule a taxa nominal, em % a.s., a ser prefixada para esse financiamento;

b) calcule a taxa de juros nominal anual equivalente à taxa obtida no item *a*;

c) calcule as taxas anuais de juros real e de inflação equivalentes às taxas fornecidas;

d) verifique a relação existente entre as taxas obtidas nos itens *b* e *c*.

3 Uma aplicação de $10.000,00 rendeu, no prazo de seis meses, uma taxa de juros real de 12,00% a.a., capitalizados semestralmente. Calcule o valor de resgate dessa aplicação sabendo que a taxa de inflação para esse período de seis meses é igual a 8,00%.

4 Uma aplicação de $50.000,00 deve ser remunerada pelo prazo de seis meses com uma taxa de juros real de 0,90% a.m. Calcule o valor de resgate dessa aplicação sabendo que a taxa de inflação é igual a 1,00% a.m. em cada um dos seis meses desse investimento.

5 Um investimento de $1.000,00 rendeu, no prazo de um ano, juros corrigidos no valor de $138,00. Calcule as taxas de juros nominal e real desse investimento, em % a.a., sabendo que o *principal* aplicado, além dos juros corrigidos de $138,00, foi atualizado monetariamente pela taxa de inflação de 15,00% a.a.

6 Uma instituição financeira que opera com o modelo prefixado cobra uma taxa de juros real de 12,00% a.a. em seus financiamentos e está prevendo uma taxa de inflação de 15,00% a.a. para os próximos quatro meses.

Usando o regime de juros compostos para a obtenção de taxas equivalentes, calcule:

a) a taxa de juros nominal prefixada, em % a.m., a ser utilizada em suas operações com prazo de quatro meses;

b) o valor da prestação mensal fixa a ser cobrada nos financiamentos com prazo de quatro meses e com o *principal* de $1.000,00.

7 Um equipamento com o preço à vista de $10.000,00 está sendo financiado em seis prestações mensais fixas de $1.816,41. Calcule a taxa de inflação, em % a.m., projetada por essa entidade financiadora, sabendo que a taxa de juros real cobrada nessas operações é igual a 1,00% a.m.

8 Um equipamento com o preço à vista de $10.000,00 deve ser financiado em dois pagamentos anuais iguais, com uma taxa de juros real de 10,00% a.a. Calcule o valor dessas parcelas anuais, em $ a preços correntes, sabendo que a taxa de inflação é igual a 12,00% a.a. no 1º ano e 14,00% a.a. no 2º ano.

9 Um financiamento de $100.000,00 foi realizado no final de dezembro para ser liquidado com seis prestações mensais e iguais, segundo os modelos pós-fixado e prefixado. A taxa de juros real cobrada nesse financiamento é de 9,00% a.a., capitalizados mensalmente.

O índice que mede a inflação da moeda $ tem os seguintes valores para esse período de seis meses:

Mês	Variação mensal do índice (%)	Valor do índice no final do mês
Dezembro	1,000000	100,000000
Janeiro	1,000000	101,000000
Fevereiro	1,000000	102,010000
Março	1,000000	103,030100
Abril	1,000000	104,060401
Maio	1,000000	105,101005
Junho	1,000000	106,152015

Calcule no modelo pós-fixado:

a) o valor das prestações mensais em $ a preços constantes, com a taxa de juros real de 9,00% a.a., capitalizados mensalmente;

b) os valores das prestações efetivamente pagas, em $ a preços correntes;

c) o valor da taxa de juros nominal, em % a.m, para o fluxo de caixa em $ a preços correntes.

Calcule no modelo prefixado:

d) o valor da taxa de juros nominal prefixada, em % a.m.;

e) o valor das prestações mensais fixas, em $ a preços correntes, com a taxa de juros nominal obtida no item *d*;

f) os valores das prestações em $ a preços constantes da data inicial do contrato;

g) o valor da taxa de juros real, em % a.m., para o fluxo de caixa em $ a preços constantes.

10 Um financiamento de $100.000,00 foi realizado no final de dezembro para ser liquidado no prazo de cinco anos, pelo sistema de amortizações constantes, segundo o modelo pós-fixado, com uma taxa de juros real de 10,00% a.a.

O índice que mede a inflação da moeda $ tem os seguintes valores para esse período de cinco anos:

Ano	Variação anual do índice (%)	Valor do índice no final do ano
0		100,000000
1	9,00	109,000000
2	9,50	119,355000
3	10,50	131,887275
4	11,00	146,394875
5	12,00	163,962260

Calcule:

a) os valores das prestações mensais em $ a preços constantes da data inicial do contrato, com a taxa de juros real de 10,00% a.a.;

b) os valores das prestações efetivamente pagas em $ a preços correntes;

c) a taxa interna de juros nominal desse financiamento, em % a.a.

Capítulo 8 » Fluxos de caixa e inflação

9

Métodos de análise de investimentos

9.1 Introdução

Os conceitos de valor presente líquido (VPL) e de taxa interna de retorno (TIR) já foram apresentados anteriormente, e o objetivo deste capítulo é mostrar suas aplicações nas comparações de fluxos de caixa de investimentos mutuamente exclusivos e de investimentos independentes.

Desenvolveremos, ainda, o conceito de *payback* descontado (PBD), que é um indicador do tempo de recuperação do investimento. Ele não deve ser utilizado de forma isolada na tomada de decisão sobre alternativas de investimentos, uma vez que não considera os valores do fluxo de caixa do investimento a partir do ponto de retorno do capital aplicado.

Os fluxos de caixa são considerados como um dado do problema e estão expressos em moeda forte ($), sem qualquer consideração da inflação. Nenhum esforço é dedicado à montagem dos fluxos de caixa das alternativas de investimentos. Estes são considerados um desembolso inicial, colocado no ponto zero da escala de tempo.

O horizonte de um investimento é a data futura mais distante para a qual se faz a previsão do fluxo de caixa do investimento. Taxas de desconto elevadas tornam irrelevantes, em termos de valor presente, as parcelas de caixa projetadas para datas mais distantes. As séries perpétuas têm seus valores presentes calculados conforme descrito na relação **(5.9)** do Capítulo 5.

Os exemplos do presente capítulo contemplam fluxos de caixa que apresentam apenas uma variação de sinal em suas parcelas e, portanto, apenas uma taxa interna de retorno, conforme garante a regra de sinal de Descartes para as raízes de polinômios. A maioria desses exemplos é dedicada à aplicação dos dois principais métodos (VPL e TIR) na análise de investimentos mutuamente exclusivos, de mesma duração ou não, considerando casos de desembolsos iniciais iguais ou diferentes.

Mostraremos ainda alguns exemplos com a aplicação do conceito de fluxos perpétuos e a análise de investimentos independentes através do método do VPL. Esse método está consagrado como o melhor e o mais utilizado dentre os mencionados.

A comparação de investimentos exige a fixação de um referencial para que possa ser realizada. Esse referencial é a taxa mínima de atratividade do investidor, que denominamos i_{min}, cujo conceito será apresentado a seguir.

A taxa mínima de atratividade é utilizada na comparação com a TIR do investimento e como taxa de desconto no cálculo do VPL do fluxo de caixa do investimento.

9.2 Taxa mínima de atratividade – i_{min}

Para que um investidor possa tomar a decisão de aceitar ou rejeitar determinado investimento, é indispensável que ele tenha um elemento de comparação à disposição.

Assim, vamos considerar que, em qualquer situação, ele esteja com seu capital aplicado numa alternativa Z com uma taxa de juros igual a i_{min}, que representa, portanto, o custo de oportunidade do seu capital investido.

Essa taxa de juros será denominada taxa mínima de atratividade e, como ela representa a TIR da alternativa Z, podemos escrever:

$$VPL_Z (i_{min}) = 0 \qquad (9.1)$$

Em qualquer análise de investimentos, essa alternativa Z deve ser considerada, já que o investidor poderá sempre utilizá-la para a aplicação de seu capital. Seus parâmetros são os seguintes:

a) a quantia a ser aplicada na alternativa Z pode ser de qualquer valor;

b) o prazo de aplicação na alternativa Z também pode ser qualquer um;

c) a TIR dos recursos aplicados em Z é sempre igual a i_{min}.

O fato de a alternativa Z apresentar a flexibilidade dos itens *a* e *b* permite que ela seja comparada com qualquer investimento, bastando para isso:

a) considerar o montante investido na alternativa Z igual ao valor do investimento em análise;

b) considerar o prazo de aplicação na alternativa Z igual à duração do investimento em análise.

A taxa mínima de atratividade (i_{min}), que representa o custo de oportunidade do capital investido, pode corresponder:

a) à taxa de aplicação básica no mercado (caderneta de poupança etc.), no caso de pessoas físicas;

b) ao custo médio ponderado de capital entre capital próprio e capital de terceiros, no caso de empresas.

Assim, cada indivíduo e cada empresa tem sua própria taxa mínima de atratividade. No caso de empresas, essa taxa varia de acordo com o negócio e com a estrutura de capital. Dentro de uma mesma empresa pode haver mais de uma taxa mínima de atratividade, dependendo das características do projeto e da unidade de negócio a que ele pertença.

9.3 *Payback* descontado (PBD)

O *payback* descontado (PBD) é o tempo necessário para a recuperação do investimento inicial, levando-se em consideração o custo de oportunidade do capital investido. Ele é medido pelo tempo decorrido entre a data inicial do fluxo de caixa (ponto zero) e a data futura mais próxima até a qual o valor do investimento inicial é coberto pela soma dos valores presentes das parcelas positivas do fluxo de caixa.

Considere o investimento **A**, representado pelo fluxo de caixa indicado na Tabela 9.1, para o qual se deseja calcular o PBD levando-se em conta um custo de capital de 7,00% a.a.

TABELA 9.1 Fluxo de caixa – Investimento **A**

Ano	Valores ($)
0	(–) 50.000,00
1	(+) 15.000,00
2	(+) 15.000,00
3	(+) 15.000,00
4	(+) 15.000,00
5	(+) 15.000,00
Soma	(+) 25.000,00
PBD (7%)	3 anos + 339 dias

Fonte: elaborada pelo autor.

Para a obtenção do PBD, precisamos calcular o valor presente de cada parcela futura do investimento **A**, descontada com a taxa de 7,00% a.a., e comparar o valor acumulado dessas parcelas descontadas com o valor do investimento inicial de $50.000,00, conforme mostra a Tabela 9.2:

TABELA 9.2 *Payback* descontado

Ano	Valores ($)	VP de cada parcela com taxa de 7% a.a.	VPL acumulado até o ano
0	-50.000,00	-50.000,00	-50.000,00
1	15.000,00	14.018,69	-35.981,31
2	15.000,00	13.101,58	-22.879,73
3	15.000,00	12.244,47	-10.635,26
4	15.000,00	11.443,43	808,17
5	15.000,00	10.694,79	11.502,96

Fonte: elaborada pelo autor.

A análise dos valores do VPL acumulado, demonstrados na última coluna da tabela acima, indica que o valor do PBD está compreendido entre o terceiro e o quarto anos do fluxo de caixa, estando mais próximo do quarto ano.

A Figura 9.1 permite visualizar o conceito do PBD como o ponto do eixo horizontal (período em anos) que é cortado pela curva do VPL acumulado.

FIGURA 9.1 VPL acumulado

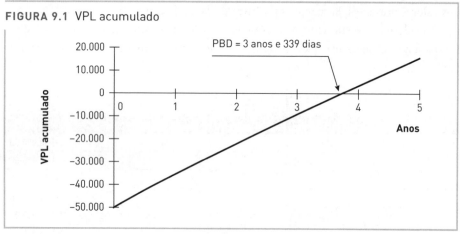

Fonte: elaborada pelo autor.

Esse ponto de interseção com o eixo horizontal é obtido por interpolação linear entre os valores do terceiro e do quarto ano, conforme abaixo indicado:

$$X = (365 \times 10.635,26) / (10.635,26 + 808,17) = 339 \text{ dias}$$

Portanto, o valor do PBD é de 3 anos e 339 dias. O valor do *payback simples*, sem considerar o custo de capital, é de 3 anos e 122 dias, obtido, neste caso, simplesmente pela divisão de $50.000,00 por $15.000,00.

As parcelas do fluxo de caixa que ocorrem após o PBD não são consideradas, o que o torna apenas uma medida parcial de desempenho financeiro, não podendo ser considerado um método independente e completo para a análise de qualquer investimento. O PBD é, a rigor, um simples indicador de liquidez que informa o tempo em que o investimento inicial é recuperado. Deve, portanto, ser utilizado apenas como um método auxiliar para informar a mobilidade do capital, e não como um método para a tomada de decisão.

9.4 Significado de um VPL positivo

Dada a relevância do significado de um VPL positivo, desenvolveremos neste item mais um exemplo numérico para consolidar esse conceito, que já foi explicado na seção 6.7 do Capítulo 6.

Considere o fluxo de caixa **X**, representado na Tabela 9.3, para o qual desejamos obter o VPL para uma taxa de desconto de 8,00% a.a.:

TABELA 9.3 Fluxo de caixa **X**	
Ano	Valores ($)
0	−40.000,00
1	9.000,00
2	9.200,00
3	8.800,00
4	9.400,00
5	10.000,00
6	12.000,00
Soma	**18.400,00**
VP$_X$ (8%)	**44.483,72**
VPL$_X$ (8%)	**4.483,72**
TIR$_X$ (% a.a.)	**11,46%**

Fonte: elaborada pelo autor.

Como esse fluxo de caixa apresenta parcelas futuras desiguais, seu VPL para a taxa de 8% a.a. e sua TIR são obtidos com os conhecimentos do Capítulo 6, que trata de fluxos de caixa não homogêneos. Esses valores, bem como o valor presente (VP) das parcelas futuras do fluxo de caixa, estão indicados na parte inferior da Tabela 9.3.

O objetivo principal deste item é reforçar o significado do VPL positivo (+4.483,72) desse fluxo de caixa com a taxa de desconto de 8% a.a.

Capítulo 9 » Métodos de análise de investimentos   **241**

Para isso, vamos determinar o VPL_X desse fluxo de caixa para diversas taxas de desconto, conforme indicado na Tabela 9.4:

TABELA 9.4 VPL para várias taxas de desconto

Taxa (% a.a.)	VPL_X ($)
0,0%	18.400,00
2,0%	14.355,83
4,0%	10.721,14
6,0%	7.444,97
8,0%	4.483,72
10,0%	1.799,92
12,0%	−638,72

Fonte: elaborada pelo autor.

O gráfico do VPL_X em função da taxa de desconto está indicado na Figura 9.2:

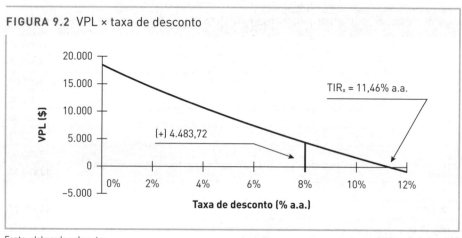

FIGURA 9.2 VPL × taxa de desconto

Fonte: elaborada pelo autor.

Observe, na Figura 9.2, que o VPL_X positivo (+ $4.483,72), com taxa de juros de 8,00% a.a., garante que a TIR_X é maior do que esse valor. O valor da taxa interna de retorno encontrado é de 11,46% a.a. e representa o ponto no gráfico em que a curva do VPL_X corta seu eixo horizontal.

Para explicar o significado do VPL_X (8,00%) = (+) 4.483,72 podemos desdobrar o fluxo de caixa original **X** nos dois fluxos de caixa, **Y** e [**X−Y**], indicados na Tabela 9.5:

TABELA 9.5 Fluxos de caixa ($)			
Ano	X	Y	X–Y
0	–40.000,00	–40.000,00	0,00
1	9.000,00	8.652,62	347,38
2	9.200,00	8.652,62	547,38
3	8.800,00	8.652,62	147,38
4	9.400,00	8.652,62	747,38
5	10.000,00	8.652,62	1.347,38
6	12.000,00	8.652,62	3.347,38
Soma	18.400,00	11.915,72	6.484,28
VP (8%)	44.483,72	40.000,00	4.483,72
VPL (8%)	4.483,72	0,00	4.483,72
TIR (% a.a.)	11,46%	8,00%	

Fonte: elaborada pelo autor.

O fluxo de caixa **Y** foi montado arbitrariamente, com o mesmo investimento inicial de $40.000,00 e com prestações iguais às da Tabela Price para uma taxa de juros de 8% a.a. O fluxo de caixa **Y** não é único, entretanto, o conceito explicado nesse exemplo tem validade para qualquer outro fluxo de caixa **Y** que atenda às premissas:

- mesmo valor de investimento inicial;
- TIR_Y igual à taxa de desconto do fluxo com VPL_X positivo.

O valor presente (VP_Y) das parcelas futuras do fluxo de caixa **Y**, com a taxa de 8,00% a.a., é igual a $40.000,00, portanto, o VPL_Y é igual a zero, o que garante TIR_Y igual a 8,00% a.a.

Assim, o fluxo de caixa **X** pode ser visto como a soma de dois fluxos de caixa, conforme indicado a seguir:

$$[X] = [Y] + [X–Y]$$

Sendo **[X–Y]** o fluxo de caixa incremental, podemos afirmar:

$$VPL_X (8,00\%) = (+) \, 4.483,72 = VPL_Y (8,00\%) + VPL_{X-Y} (8,00\%)$$

Como o $VPL_Y (8\%) = 0$, podemos concluir que:

$$VPL_X (8,00\%) = (+)4.483,72 = VPL_{X-Y} (8,00\%)$$

O VPL_X (8,00%) = (+) $4.483,72 significa que o fluxo de caixa **X** está remunerando o investimento inicial de $40.000,00 com essa taxa de juros, como garante o fluxo de caixa **Y**, e ainda está gerando um aumento de riqueza de $4.483,72, expresso em moeda do ponto zero, como garante o fluxo de caixa incremental [**X–Y**].

9.5 Análise de um investimento

A decisão de aceitar um investimento **A** significa retirar o dinheiro da alternativa **Z** e aplicá-lo na alternativa **A** pelo prazo exigido por esse investimento. Lembramos que o dinheiro aplicado na alternativa **Z** está sendo remunerado com a taxa i_{min}, e que $VPL_Z = 0$ para essa taxa, conforme a relação **(9.1)**. A alternativa **Z** apenas remunera o capital com a taxa mínima de atratividade, sem agregar qualquer valor econômico adicional com essa taxa de juros.

Assim, o investimento **A** só será aceito se sua TIR for superior à taxa mínima de atratividade. De outra forma, essa condição é garantida pela relação a seguir:

$$VPL_A\ (i_{min}) > 0 \qquad\qquad (9.2)$$

O gráfico do VPL em função da taxa de desconto garante que se a relação **(9.2)** for atendida, a TIR do investimento A será superior à taxa mínima de atratividade. Assim, os métodos do VPL e da TIR conduzem à mesma decisão, o que será mostrado em detalhe nos exemplos a seguir.

O VPL_A com a taxa mínima de atratividade, sendo positivo, significa que o investimento é remunerado com essa taxa de desconto e ainda agrega um valor econômico para o investidor, aumentando sua riqueza, o que justifica a retirada do capital da alternativa **Z** para realizar o investimento **A**.

9.5.1 Exemplo numérico

Para aumentar sua produção, o gerente de uma fábrica pretende instalar um novo equipamento cujo custo de aquisição é $50.000,00. As receitas provenientes das vendas dos produtos desse equipamento e as despesas operacionais previstas para os oito anos de sua vida útil constam da Tabela 9.6. O valor residual dele no final de oito anos é de $10.000,00. Analise a viabilidade econômica de instalar esse equipamento, sabendo que a taxa mínima de atratividade dessa fábrica é 15% a.a.

SOLUÇÃO

TABELA 9.6 Fluxo de caixa do investimento ($)

Ano	Recebimentos operacionais	Desembolsos operacionais	Investimento valor residual	Valores líquidos
0	0,00	0,00	(50.000,00)	(50.000,00)
1	15.000,00	(9.000,00)	0,00	6.000,00
2	18.000,00	(10.000,00)	0,00	8.000,00
3	18.000,00	(11.000,00)	0,00	7.000,00
4	18.000,00	(12.000,00)	0,00	6.000,00
5	30.000,00	(20.000,00)	0,00	10.000,00
6	30.000,00	(21.000,00)	0,00	9.000,00
7	30.000,00	(22.000,00)	0,00	8.000,00
8	30.000,00	(23.000,00)	10.000,00	17.000,00
Soma	189.000,00	(128.000,00)	(40.000,00)	21.000,00

VPL (15%)	-13.272,78
TIR (% a.a.)	7,40%

Fonte: elaborada pelo autor.

Para calcularmos o VPL do investimento com a taxa de desconto de 15% a.a. e encontrarmos sua TIR, devemos utilizar os valores líquidos dos fluxos de caixa do novo equipamento, que correspondem à última coluna da Tabela 9.6. Os valores encontrados estão indicados na parte inferior dela.

Como o VPL com a taxa de desconto de 15,00% a.a. é negativo (-$13.272,78), devemos rejeitar o investimento no novo equipamento e manter o capital aplicado na alternativa **Z**, cujo VPL é nulo para essa taxa mínima de atratividade.

Podemos confirmar essa decisão de rejeitar o novo equipamento ao compararmos a TIR desse investimento (7,40% a.a.) com a taxa mínima de atratividade de 15,00% a.a., que é a TIR da alternativa **Z**.

O gráfico do VPL em função da taxa de desconto está indicado na Figura 9.3:

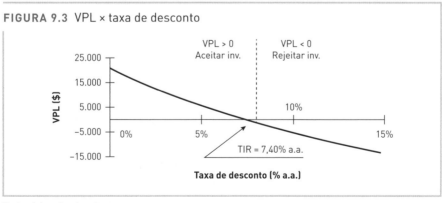

FIGURA 9.3 VPL × taxa de desconto

Fonte: elaborada pelo autor.

A análise da Figura 9.3 permite concluir que apenas para uma taxa mínima de atratividade (i_{min}) inferior a 7,40% a.a. esse investimento deve ser aceito. Como a taxa i_{min} desejada é de 15,00% a.a., o investimento deve ser rejeitado.

Essa mesma conclusão pode ser alcançada pela análise dos VPLs do fluxo de caixa, pois para valores de i_{min} inferiores a 7,40% a.a., os VPLs do fluxo de caixa são positivos e justificam o investimento. Como a taxa i_{min} desejada é de 15,00% a.a., o investimento deve ser rejeitado, pois o valor do VPL (15%) é negativo (−$13.272,78).

Assim, os métodos do VPL e da TIR chegam à mesma conclusão.

9.6 Investimentos mutuamente exclusivos

Na escolha de um investimento entre diversos investimentos mutuamente exclusivos não podemos esquecer da alternativa **Z**, que está sempre disponível para concorrer com qualquer outro investimento. Essa alternativa, descrita na seção 9.2, remunera o capital com a taxa mínima de atratividade (i_{min}) e tem $VPL_Z (i_{min}) = 0$.

O método do valor presente líquido (**VPL**) é extremamente simples e deve obedecer aos seguintes passos:

a) calcule o VPL de cada um dos investimentos usando como taxa de desconto a taxa mínima de atratividade (i_{min});

b) rejeite os investimentos com VPLs negativos ou nulos, em favor da alternativa **Z**, pois $VPL_Z (i_{min}) = 0$;

c) dentre os investimentos com VPLs positivos, aceite o investimento de maior VPL.

O método da TIR já não é tão simples de ser aplicado e deve obedecer aos seguintes passos:

a) calcule as TIRs de cada um dos investimentos em análise;

b) rejeite os investimentos com TIRs inferiores ou iguais à taxa mínima de atratividade (i_{min});

c) classifique os investimentos remanescentes em ordem crescente de valor a ser aplicado;

d) analise cada incremento de investimento separadamente:

- aceite um incremento de investimento se a sua $TIR > i_{min}$;
- rejeite um incremento de investimento se a sua $TIR \leq i_{min}$;

e) procure investir o máximo possível e encerre o processo com a análise do investimento de maior valor.

Observe nos critérios acima que não aceitamos um investimento com $TIR = i_{min}$ ou com $VPL (i_{min}) = 0$. A rigor, essa é uma condição de indiferença entre a alternativa **Z** e o investimento em análise, e optamos por manter o capital aplicado na alternativa **Z**.

246   Matemática Financeira

O método do VPL, o mais utilizado em tomadas de decisão, é extremamente simples e por si só apresenta o resultado correto para a tomada de decisão. O método da TIR, para ser corretamente aplicado, exige a análise incremental descrita.

Nos exemplos desenvolvidos neste capítulo analisaremos os investimentos pelos dois métodos, VPL e TIR, e mostraremos que o método da TIR, quando corretamente aplicado, conduz ao mesmo resultado do VPL.

9.6.1 Análise de investimentos com mesma duração

Neste item desenvolveremos exemplos que mostram a aplicação dos métodos VPL e TIR na tomada de decisão sobre investimentos mutuamente exclusivos com a mesma duração, igual ao horizonte de análise.

Exemplos numéricos – Dois investimentos mutuamente exclusivos

Os exemplos numéricos a seguir mostram a análise de dois investimentos mutuamente exclusivos, com valores iniciais diferentes (escalas diferentes) e com valores iniciais iguais (mesma escala), pelos métodos VPL e TIR, e ainda comparam os PBDs deles.

1. Escolha, utilizando os métodos do VPL e da TIR, qual dos dois projetos representados pelos fluxos de caixa indicados na Tabela 9.7 é o mais atrativo, considerando uma taxa mínima de atratividade de 8% a.a.

TABELA 9.7 Investimentos mutuamente exclusivos

Ano	Fluxos de caixa ($)	
	A	B
0	–50.000,00	–80.000,00
1	15.000,00	23.000,00
2	15.000,00	23.000,00
3	15.000,00	23.000,00
4	15.000,00	23.000,00
5	15.000,00	23.000,00
Soma	25.000,00	35.000,00

Indicadores	A	B
VPL (8%)	9.890,65	11.832,33
TIR (% a.a.)	15,24%	13,46%
PBD (8%)	4 anos e 11 dias	4 anos e 89 dias

Fonte: elaborada pelo autor.

SOLUÇÃO

Os VPLs e PBDs desses investimentos para a taxa mínima de atratividade de 8,00% a.a., e ainda suas TIRs, estão indicados na parte inferior da Tabela 9.7.

A análise desses valores nos leva às conclusões a seguir.

a) Valor Presente Líquido (VPL)

Os VPLs com a taxa mínima de atratividade (i_{min} = 8,00% a.a.) são positivos e, portanto, os dois investimentos devem ser considerados no processo decisório. A melhor alternativa é o investimento **B**, pois tem o maior VPL positivo, igual a $11.832,33. Investir $80.000,00 na alternativa **B** significa que os $80.000,00 estão sendo remunerados com a taxa mínima de atratividade de 8,00% a.a. e, além disso, o investimento agrega um valor econômico de $11.832,33 para o investidor (aumentando sua riqueza), expresso em moeda do ponto zero.

b) "*Payback* Descontado" (PBD)

Os valores dos PBDs com taxa de desconto de 8,00% a.a. indicam, incorretamente, que a melhor alternativa é o investimento **A**, pois oferece o menor valor de PBD (4 anos e 11 dias).

Este não pode ser considerado um método de análise de investimentos, pois ignora as parcelas do fluxo de caixa que ocorrem após o valor do PBD. Só deve ser utilizado como um indicador de liquidez, uma vez que mede o tempo de recuperação do investimento inicial.

c) Taxa Interna de Retorno (TIR) – Análise incremental

Os valores das TIRs indicam que os dois investimentos devem ser considerados na decisão, pois ambos têm o valor dessa taxa superior à taxa mínima de atratividade de 8,00% a.a. A opção pelo investimento **A**, que oferece a maior TIR (15,24% a.a.), está equivocada, pois para ser corretamente aplicado esse método exige a análise incremental, conforme já informado no início do item 9.6.

Assim, o primeiro investimento a ser analisado é o **A**, com desembolso inicial de $50.000,00, para em seguida passarmos à análise do investimento **B**, com desembolso de $80.000,00.

Para aceitarmos o investimento **B** precisamos justificar o investimento incremental de $30.000,00. Caso esse incremento seja aceito, devemos escolher o investimento **B** com o desembolso inicial no valor de $80.000,00. Caso ele seja rejeitado, devemos permanecer no investimento **A**, com o desembolso inicial de $50.000,00, e rejeitar o investimento **B**.

A Tabela 9.8 apresenta os fluxos de caixa dos investimentos **A** e **B** e do incremento [**B–A**], indispensável à tomada de decisão correta pelo método da TIR, e ainda o seu VPL e sua TIR:

TABELA 9.8 Investimentos mutuamente exclusivos			
Ano	**Fluxos de caixa ($)**		
	A	**B**	**B–A**
0	–50.000,00	–80.000,00	–30.000,00
1	15.000,00	23.000,00	8.000,00
2	15.000,00	23.000,00	8.000,00
3	15.000,00	23.000,00	8.000,00
4	15.000,00	23.000,00	8.000,00
5	15.000,00	23.000,00	8.000,00
Soma	**25.000,00**	**35.000,00**	**10.000,00**
VPL (8%)	**9.890,65**	**11.832,33**	**1.941,68**
TIR (% a.a.)	**15,24%**	**13,46%**	**10,42%**

Fonte: elaborada pelo autor.

Como a TIR_A de 15,24% a.a. do investimento **A** é superior à taxa i_{min} de 8,00% a.a., devemos retirar $50.000,00 da alternativa **Z** para aplicar na alternativa **A**, em que a remuneração é superior à taxa mínima de atratividade.

O próximo passo é decidir sobre a retirada ou não de mais $30.000,00 da alternativa **Z** para viabilizar os $80.000,00 necessários para se alcançar a alternativa **B**.

Como a TIR_{B-A} de 10,42% a.a. do incremento [**B–A**] é superior à taxa i_{min} de 8,00% a.a., esse incremento deve ser aceito, o que leva à escolha da alternativa **B** como o melhor investimento, resultado que coincide com o apontado pelo método do VPL.

Podemos, assim, considerar o fluxo de caixa da alternativa **B** igual à soma dos fluxos de caixa da alternativa **A** e do incremento [**B–A**], conforme mostramos a seguir:

$$[B] \quad = \quad [A] \quad + \quad [B-A]$$
$$\$80.000,00 \quad = \quad \$50.000,00 \quad + \quad \$30.000,00$$

É válida a seguinte relação dos VPLs desses fluxos de caixa:

$$VPL_B (8,00\%) \quad = \quad VPL_A (8,00\%) \quad + \quad VPL_{B-A} (8,00\%)$$
$$\$11.832,33 \quad = \quad \$9.890,65 \quad + \quad \$1.941,68$$

Como o VPL_B (8,00%) é maior do que o VPL_A (8,00%), podemos afirmar que o VPL_{B-A} (8,00%) é positivo. O VPL_{B-A} (8,00%) positivo indica que a TIR_{B-A} é maior do que 8,00% a.a., portanto, esse incremento deve ser aceito, o que significa aceitar a alternativa **B**.

Capítulo 9 » Métodos de análise de investimentos

Fica assim demonstrado que a análise incremental, exigida pelo método da TIR, é feita automaticamente pelo método do VPL, e que os dois métodos conduzem à mesma decisão.

Um resumo da análise desses dois investimentos está representado no esquema a seguir:

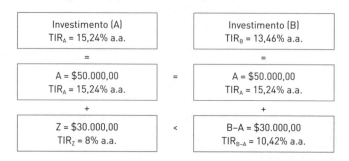

Investir $50.000,00 na alternativa **A** com a $TIR_A = 15,24\%$ a.a. significa deixar o incremento de $30.000,00 investido na alternativa **Z** com a $TIR_Z = 8,00\%$ a.a.

Investir $80.000,00 na alternativa **B** com a $TIR_B = 13,46\%$ a.a. significa investir os primeiros $50.000,00 no fluxo de caixa da alternativa A com a $TIR_A = 15,24\%$ a.a., e os $30.000,00 adicionais no fluxo de caixa do incremento [B–A] com a $TIR_{B-A} = 10,42\%$ a.a.

Evidente que a melhor opção de investimento é a alternativa **B**, em que o incremento de investimento **[B–A]** está sendo remunerado com uma TIR_{B-A} superior à taxa mínima de atratividade.

A análise de investimentos com valores iniciais diferentes, pelo método da TIR, exige que cada incremento de investimento para atingir o investimento de maior valor seja comparado com a sua aplicação na alternativa **Z**, em que a remuneração é igual à taxa mínima de atratividade.

O investimento de maior valor, pelo método da TIR, ao ser comparado com o investimento de menor valor, é desdobrado em duas parcelas:

- a primeira tem o mesmo desembolso inicial e a mesma TIR do investimento de menor valor;
- a segunda tem um desembolso inicial igual ao incremento necessário para o investimento de menor valor poder alcançá-lo. Esse incremento deve ter sua TIR comparada com a taxa i_{min} da aplicação na alternativa **Z**.

d) Gráfico do VPL × taxa de desconto

O gráfico do VPL dos dois investimentos em função da taxa de desconto, indicado na Figura 9.4, permite que o investidor defina o investimento que deve ser escolhido, levando-se em consideração os diferentes intervalos da taxa mínima de atratividade. É, portanto, um forte instrumento para análise de sensibilidade na tomada de decisão.

FIGURA 9.4 VPL × taxa de desconto **B**

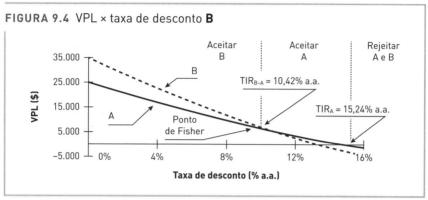

Fonte: elaborada pelo autor.

A análise desse gráfico ilustra claramente a decisão mais adequada de investimento. A Tabela 9.9 apresenta os intervalos de decisão em função do nível da taxa mínima de atratividade (i_{min}):

TABELA 9.9 Intervalos de decisão

Intervalos da i_{min}	Decisão a ser tomada
0% ≤ i_{min} < 10,42% a.a.	Escolher o investimento B
10,42% a.a. ≤ i_{min} < 15,24% a.a.	Escolher o investimento A
i_{min} ≥ 15,24% a.a.	Rejeitar os dois investimentos

Fonte: elaborada pelo autor.

Observe que o ponto de interseção das duas curvas ocorre exatamente para a taxa de desconto igual à taxa interna de retorno (TIR_{B-A}) do incremento de investimento [**B–A**], conforme demonstramos a seguir.

O fluxo de caixa **B** pode ser considerado como a soma dos fluxos de caixa **A** e [**B–A**], conforme abaixo indicado:

$$[B] = [A] + [B-A]$$

Podemos então escrever a seguinte relação dos VPLs:

$$VPL_B(TIR_{B-A}) = VPL_A(TIR_{B-A}) + VPL_{B-A}(TIR_{B-A})$$

Como, por definição, o $VPL_{B-A}(TIR_{B-A})$ é igual a zero, podemos concluir que:

$$VPL_B(TIR_{B-A}) = VPL_A(TIR_{B-A})$$

Isso confirma que o ponto de interseção das duas curvas dos VPLs, conhecido como **ponto de Fisher**, ocorre para essa taxa de desconto.

2. Uma empresa realiza sua produção manualmente, com desembolsos anuais de $7.200,00, e está cogitando mecanizá-la. Dois projetos de mecanização são apresentados para análise, num horizonte de cinco anos. Os dados para os fluxos de caixa desses investimentos estão relacionados a seguir:

Mecanização I
a) investimento inicial de $10.000,00 e valor residual nulo no final de oito anos;
b) desembolsos operacionais $4.100,00/ano para os próximos oito anos.

Mecanização II
a) investimento inicial de $15.000,00 e valor residual de $2.000,00 no final de oito anos;
b) desembolsos operacionais de $3.100,00/ano para os próximos oito anos.

Indique, utilizando os métodos do VPL e da TIR, a decisão a ser tomada pela empresa, sabendo que os recebimentos anuais não serão alterados pela mecanização e que a empresa utiliza uma taxa mínima de atratividade de 8% a.a.

SOLUÇÃO

Inicialmente, devemos montar os fluxos de caixa das alternativas a serem analisadas e calcular seus respectivos VPLs, conforme indicado na Tabela 9.10:

TABELA 9.10 Investimentos mutuamente exclusivos

Ano	Fluxo de caixa ($)		
	Manual M_a	Mecanização Mec_I	Mecanização Mec_{II}
0	0,00	−10.000,00	−15.000,00
1	−7.200,00	−4.100,00	−3.100,00
2	−7.200,00	−4.100,00	−3.100,00
3	−7.200,00	−4.100,00	−3.100,00
4	−7.200,00	−4.100,00	−3.100,00
5	−7.200,00	−4.100,00	−1.100,00
Soma	−36.000,00	−30.500,00	−28.500,00
	M_a	Mec_I	Mec_{II}
VPL (8%)	−28.747,51	−26.370,11	−26.016,23

Fonte: elaborada pelo autor.

Os fluxos de caixa acima representam os custos das três alternativas que estão sendo consideradas e os VPLs deles, com a taxa mínima de atratividade de 8,00% a.a., indicam que o menor custo à vista entre as três alternativas é de $26.016,23, que corresponde à Mecanização II. Portanto, a Mecanização II é a melhor opção da empresa para essa taxa mínima de atratividade.

Os fluxos de caixa dos custos das três alternativas não permitem a utilização do método da TIR, uma vez que eles não têm taxas internas de retorno. Para se aplicar esse método é preciso calcular os benefícios de cada projeto de mecanização em relação à produção manual, como indicado na Tabela 9.11:

TABELA 9.11 Investimentos mutuamente exclusivos

Ano	Fluxo de caixa ($)		
	Incremento Mec_I-M_a	Incremento $Mec_{II}-M_a$	Incremento $Mec_{II}-Mec_I$
0	−10.000,00	−15.000,00	−5.000,00
1	3.100,00	4.100,00	1.000,00
2	3.100,00	4.100,00	1.000,00
3	3.100,00	4.100,00	1.000,00
4	3.100,00	4.100,00	1.000,00
5	3.100,00	6.100,00	3.000,00
Soma	5.500,00	7.500,00	2.000,00
VPL (8%)	2.377,40	2.731,28	353,88
TIR (% a.a.)	16,64%	14,30%	10,21%
PBD (8%)	4 anos e 46 dias	4 anos e 125 dias	

Fonte: elaborada pelo autor.

Os fluxos de caixa das duas primeiras colunas da tabela acima mostram as economias alcançadas por cada projeto de mecanização em relação ao processo manual. A última coluna indica o fluxo de caixa incremental da Mecanização II em relação à Mecanização I.

Pelos valores dos VPLs podemos constatar que os dois projetos agregam valor econômico à empresa, pois apresentam VPLs positivos com a taxa mínima de atratividade de 8,00% a.a. A melhor opção é a Mecanização II, que apresenta o maior valor positivo no montante de $2.731,28, agregando esse valor econômico para a empresa.

O PBD (8,00%) indica que o menor *payback* descontado a 8,00% a.a. corresponde ao fluxo de caixa das economias da Mecanização I sobre o processo manual. A escolha desse investimento por esse indicador conduziria a uma decisão errada. Assim, como já foi comentado anteriormente, o PBD só deve ser usado como um método complementar aos métodos do VPL e da TIR.

Pelos valores das TIRs, os dois projetos de mecanização devem ser considerados no processo decisório, pois ambos apresentam TIR superior à taxa i_{min} = 8% a.a. O fluxo de caixa que apresenta a maior TIR corresponde às economias da Mecanização I sobre o processo manual, e a escolha do investimento na Mecanização I estaria errada.

Capítulo 9 » Métodos de análise de investimentos   253

Para aplicar corretamente o método da TIR devemos inicialmente classificar os investimentos em ordem crescente do valor inicial aplicado e, em seguida, aceitar o incremento [Mec_I-M_a], pois ele tem TIR = 16,64% a.a., superior à taxa i_{min} = 8,00% a.a. Assim, devemos aceitar o investimento de $10.000,00 na Mecanização I para substituir o processo manual.

Como a Mecanização I eliminou o processo manual, precisamos agora analisar o incremento [$Mec_{II}-Mec_I$], cujo fluxo de caixa está indicado na última coluna da Tabela 9.11. Esse fluxo de caixa incremental tem uma TIR = 10,21% a.a., superior à taxa mínima de atratividade de 8,00% a.a., indicando que esse incremento deve ser aceito. Assim, o método da TIR mostra que a melhor opção da empresa é investir na Mecanização II e confirma o resultado apresentado pelo método do VPL.

Os VPLs dos fluxos de caixa desses investimentos estão indicados na Figura 9.5:

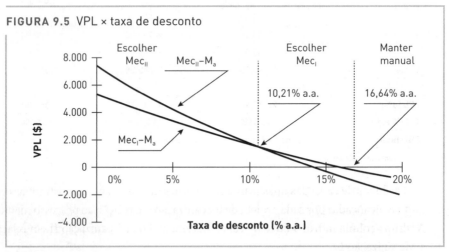

FIGURA 9.5 VPL × taxa de desconto

Fonte: elaborada pelo autor.

A análise desse gráfico permite definir as faixas da taxa mínima de atratividade (i_{min}) e os respectivos investimentos que devem ser escolhidos na tomada de decisão, conforme indicado na Tabela 9.12:

TABELA 9.12 Intervalos de decisão

Intervalos da i_{min}	Decisão a ser tomada
0% ≤ i_{min} < 10,21% a.a.	Escolher a mecanização II
10,21% a.a. ≤ i_{min} < 16,64% a.a.	Escolher a mecanização I
i_{min} ≥ 16,64% a.a.	Manter o processo manual

Fonte: elaborada pelo autor.

Observe que o ponto de interseção das duas curvas (ponto de Fisher) ocorre exatamente para a taxa de desconto igual à TIR do incremento de investimento [$Mec_{II}-Mec_I$].

3. Escolha, utilizando os métodos do VPL e da TIR, qual dos dois projetos, representados pelos fluxos de caixa indicados na Tabela 9.13, é o mais atrativo para uma taxa mínima de atratividade de 7,00% a.a.

TABELA 9.13 Investimentos mutuamente exclusivos

Ano	X	Y
0	−10.000,00	−10.000,00
1	6.000,00	3.000,00
2	5.000,00	4.000,00
3	4.000,00	5.000,00
4	2.500,00	7.000,00
Soma	7.500,00	9.000,00

Indicadores	X	Y
VPL (7%)	5.147,10	5.719,25
TIR (% a.a.)	31,84%	26,87%
PBD (7%)	2 anos e 3 dias	2 anos e 331 dias

Fonte: elaborada pelo autor.

SOLUÇÃO

Os VPLs e PBDs desses investimentos com a taxa mínima de atratividade de 7,00% a.a., e ainda suas TIRs, estão indicados na parte inferior da Tabela 9.13.

A análise desses valores nos leva às conclusões a seguir.

a) Valor Presente Líquido (VPL)

Os VPLs com a taxa mínima de atratividade (7,00% a.a.) são positivos e, portanto, os dois investimentos devem ser considerados no processo decisório. A melhor alternativa é o investimento **Y**, pois tem o maior VPL positivo, igual a $5.719,25, que é o valor econômico que está sendo agregado por esse investimento, além de remunerar os $10.000,00 com a taxa mínima de atratividade de 7% a.a.

b) *"Payback* Descontado" (PBD)

Os valores dos PBDs com a taxa de desconto de 7,00% a.a. indicam, incorretamente, que a melhor alternativa é o investimento **X**, que oferece o menor valor de PBD (2 anos e 3 dias). Conforme já comentado anteriormente, esse parâmetro só deve ser usado como indicador de liquidez.

Capítulo 9 » Métodos de análise de investimentos   255

c) Taxa Interna de Retorno (TIR) – Análise Incremental

Os valores das TIRs indicam que os dois investimentos devem ser considerados no processo decisório, pois ambos têm TIR superior à taxa mínima de atratividade de 7% a.a. O investimento **X**, que tem a maior taxa interna de retorno (31,84% a.a.), não pode ser o escolhido sem que antes seja feita a análise incremental, como já dissemos.

A análise incremental precisa ser feita com um certo cuidado, pois os dois investimentos (**X** e **Y**) têm o mesmo valor de $10.000,00 para o valor do capital inicial aplicado, portanto, o incremento entre os dois investimentos é nulo.

O fato de o incremento ser nulo não impede a realização da análise incremental. A questão principal é decidir se ele deve ser [**X–Y**] ou [**Y–X**]. A escolha deve recair sobre o incremento [**Y–X**], pois a soma de todas as parcelas do seu fluxo de caixa é positiva, com valor de $1.500,00, caracterizando que esse fluxo de caixa incremental é um investimento. Os fluxos de caixa **X** e **Y** e o incremento [**Y–X**] estão incluídos na Tabela 9.14:

TABELA 9.14 Investimentos mutuamente exclusivos

Ano	X	Y	X–Y
0	–10.000,00	–10.000,00	0,00
1	6.000,00	3.000,00	–3.000,00
2	5.000,00	4.000,00	–1.000,00
3	4.000,00	5.000,00	1.000,00
4	2.500,00	7.000,00	4.500,00
Soma	7.500,00	9.000,00	1.500,00
VPL (7%)	5.147,10	5.719,25	572,15
TIR (% a.a.)	31,84%	26,87%	13,19%

Fonte: elaborada pelo autor.

Pelos dados da Tabela 9.14 podemos constatar que o incremento [**Y–X**] tem TIR_{Y-X} a 13,19% a.a., que é maior do que a taxa i_{min} = 7% a.a. Assim, deve ser aceito, o que leva à escolha da alternativa **Y** como o melhor investimento, resultado que coincide com o apontado inicialmente pelo método do VPL.

d) Gráfico do VPL × taxa de desconto

Os VPLs dos fluxos de caixa desses investimentos estão indicados na Figura 9.6:

FIGURA 9.6 VPL × taxa de desconto

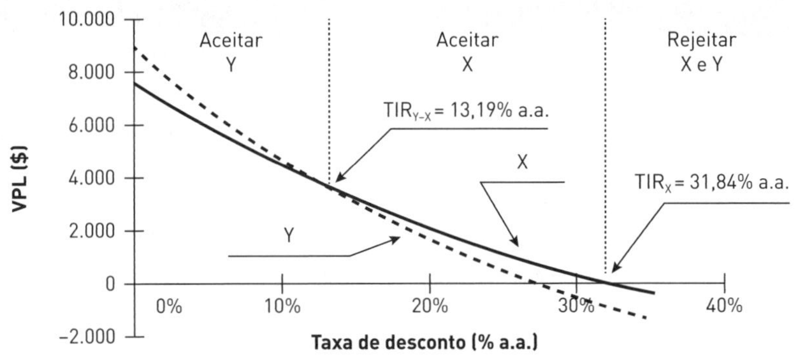

Aceitar Y — Aceitar X — Rejeitar X e Y

$TIR_{Y-X} = 13,19\%$ a.a.

$TIR_X = 31,84\%$ a.a.

VPL ($) — Taxa de desconto (% a.a.)

Fonte: elaborada pelo autor.

A análise desse gráfico permite definir a decisão mais adequada em função do nível da taxa mínima de atratividade (i_{min}), conforme indicado na Tabela 9.15:

TABELA 9.15 Intervalos de decisão

Intervalos da i_{min}	Decisão a ser tomada
$0\% \leqslant i_{min} < 13,19\%$ a.a.	Escolher o investimento Y
$13,19\%$ a.a. $\leqslant i_{min} < 31,84\%$ a.a.	Escolher o investimento X
$i_{min} \geqslant 31,84\%$ a.a.	Rejeitar os dois investimentos

Fonte: elaborada pelo autor.

Observe que o ponto de interseção das duas curvas (ponto de Fisher) ocorre exatamente para a taxa de desconto igual à TIR do incremento de investimento [Y–X].

Exemplos numéricos – Vários investimentos mutuamente exclusivos

Os exemplos numéricos a seguir mostram a análise de vários investimentos mutuamente exclusivos, com valores iniciais diferentes (escalas diferentes) e com valores iniciais iguais (mesma escala), pelos métodos VPL e TIR, e ainda comparam os PBDs deles.

1. Quatro investimentos mutuamente exclusivos, representados pelos fluxos de caixa **A**, **B**, **C** e **D**, indicados na Tabela 9.16, estão sendo analisados por uma empresa que utiliza uma taxa mínima de atratividade de 8,00% a.a. Escolha, utilizando os métodos do VPL e da TIR, qual dos projetos é o mais atrativo.

Capítulo 9 » Métodos de análise de investimentos 257

TABELA 9.16 Investimentos mutuamente exclusivos

Ano	Fluxos de caixa ($)			
	A	B	C	D
0	–5.000,00	–10.000,00	–15.000,00	–20.000,00
1	1.500,00	2.800,00	4.000,00	5.700,00
2	1.500,00	2.800,00	4.000,00	5.700,00
3	1.500,00	2.800,00	4.000,00	5.700,00
4	1.500,00	2.800,00	4.000,00	5.700,00
5	1.500,00	2.800,00	4.000,00	5.700,00
Soma	2.500,00	4.000,00	5.000,00	8.500,00

Indicadores	A	B	C	D
VPL (8%)	989,07	1.179,59	970,84	2.758,45
TIR (% a.a.)	15,2%	12,4%	10,4%	13,1%
PBD (8%)	4 anos e 11 dias	4 anos e 139 dias	4 anos e 234 dias	4 anos e 105 dias

Fonte: elaborada pelo autor.

SOLUÇÃO

Os VPLs e PBDs desses investimentos com a taxa mínima de atratividade de 8,00% a.a., e ainda suas TIRs, estão indicados na parte inferior da Tabela 9.16.

A análise desses valores permite as conclusões a seguir.

a) Valor Presente Líquido (VPL)

Os VPLs com a taxa mínima de atratividade (8% a.a.) são positivos e, portanto, os quatro investimentos devem ser considerados no processo decisório. A melhor alternativa é o investimento **D**, pois tem o maior VPL positivo, igual a $2.758,45. Investir $20.000,00 na alternativa **D** significa que os $20.000,00 estão sendo remunerados com taxa i_{min} = 8,00% a.a. e, além disso, o investimento agrega um valor econômico de $2.758,45 para o investidor, expresso em moeda do ponto zero.

b) "*Payback* Descontado" (PBD)

Os valores dos PBDs com a taxa de desconto de 8% a.a. indicam, erradamente, que a melhor alternativa é o investimento **A**, que oferece o menor valor de PBD (4 anos e 11 dias).

c) Taxa Interna de Retorno (TIR) – Análise Incremental

Os valores das TIRs indicam que os quatro investimentos devem ser considerados no processo decisório, pois todos têm TIR superior à taxa mínima de atratividade de 8% a.a.

258 Matemática Financeira

Não podemos considerar o investimento **A** como a melhor alternativa simplesmente porque oferece a maior taxa interna de retorno (15,2% a.a.). Para se aplicar corretamente o método da TIR é indispensável a realização da análise incremental dos investimentos envolvidos, obedecendo aos passos descritos no início do item 9.6.

A Tabela 9.17 mostra os fluxos de caixa dos incrementos de investimentos que devem ser considerados na escolha da melhor alternativa, seus VPLs e suas TIRs:

TABELA 9.17 Investimentos mutuamente exclusivos

Ano	Fluxo de caixa dos incrementos [$]		
	B–A	C–B	D–B
0	−5.000,00	−5.000,00	−10.000,00
1	1.300,00	1.200,00	2.900,00
2	1.300,00	1.200,00	2.900,00
3	1.300,00	1.200,00	2.900,00
4	1.300,00	1.200,00	2.900,00
5	1.300,00	1.200,00	2.900,00
Soma	**1.500,00**	**1.000,00**	**4.500,00**
VPL (8%)	190,52	−208,75%	1.578,86
TIR (% a.a.)	9,4%	6,4%	13,8%

Fonte: elaborada pelo autor.

Na análise incremental, cada incremento de investimento deve ser analisado separadamente e sua aceitação ou rejeição depende de sua TIR ser, respectivamente, superior ou inferior à taxa mínima de atratividade.

Começamos a análise incremental aceitando o investimento **A**, de menor desembolso inicial, por apresentar uma $TIR_A = 15,2\%$ a.a., superior à taxa $i_{min} = 8,00\%$ a.a.

O primeiro incremento de investimento a ser analisado é, portanto, o incremento [**B–A**], que tem uma TIR_{B-A} igual a 9,4% a.a., superior à taxa $i_{min} = 8,00\%$ a.a. Assim, o incremento [**B–A**] deve ser aceito, o que leva à escolha do investimento **B** em detrimento do investimento **A**.

Como o investimento **B** eliminou o investimento **A**, o próximo incremento a ser analisado é o incremento [**C–B**], que tem uma TIR_{C-B} igual a 6,4% a.a., inferior à taxa $i_{min} = 8,00\%$ a.a. Assim, esse incremento deve ser rejeitado, o que leva à escolha do investimento **B** em detrimento do investimento **C**.

Capítulo 9 » Métodos de análise de investimentos   259

Como o investimento **B** eliminou o investimento **C**, o próximo incremento a ser analisado é o incremento **[D–B]**, que tem uma TIR_{D-B} igual a 13,8% a.a., superior à taxa i_{min} = 8,00% a.a. Assim, esse incremento deve ser aceito, o que leva à escolha do investimento **D**, confirmando a escolha indicada pelo método do VPL.

Resumidamente, os passos para se chegar à escolha do investimento **D** foram os seguintes:

- inicialmente, retiramos $5.000,00 da alternativa **Z** para aplicar na alternativa **A**, que fornece uma TIR_A = 15,2% a.a., superior à i_{min} = 8,00% a.a.;
- em seguida, retiramos mais $5.000,00 da alternativa **Z** para aplicar no incremento **[B–A]** com uma remuneração de 9,4% a.a., e assim viabilizamos a alternativa **B**, com o desembolso inicial de $10.000,00;
- o último passo deve ser a retirada de mais $10.000,00 da alternativa **Z** para aplicar no incremento **[D–B]** com uma remuneração de 13,8% a.a., e assim viabilizamos a alternativa **D** com o desembolso inicial de $20.000,00.

Podemos, então, considerar o fluxo de caixa da alternativa **D** igual à soma dos fluxos de caixa da alternativa **A** e dos incrementos **[B–A]** e **[D–B]**, conforme mostramos a seguir:

[D]	=	[A]	+	[B–A]	+	[D–B]
$20.000,00		$5.000,00		$5.000,00		$10.000,00
TIR_D = 13,1%		TIR_A = 15,2%		TIR_{B-A} = 9,4%		TIR_{D-B} = 13,8%

É válida a seguinte relação dos VPLs desses fluxos de caixa:

VPL_D (8,00%)	=	VPL_A (8,00%)	+	VPL_{B-A} (8,00%)	+	VPL_{D-B} (8,00%)
$2.758,45	=	$989,07	+	$190,07	+	$1.578,86

Como o VPL_A (8,00%) é positivo, podemos assegurar que a TIR_A é maior do que a taxa i_{min} = 8,00% a.a. Da mesma forma, o VPL_{B-A} sendo positivo garante que a TIR_{B-A} é maior do que a taxa i_{min} = 8,00% a.a. Finalmente, o VPL_{D-B} sendo positivo garante que a TIR_{D-B} é maior do que a taxa i_{min} = 8,00% a.a.

Fica assim mais uma vez demonstrado que a análise incremental, exigida pelo método da TIR, é feita automaticamente pelo método do VPL, e que os dois métodos conduzem à mesma decisão.

d) Gráfico do VPL × taxa de desconto

Os VPLs dos fluxos de caixa desses investimentos estão indicados na Figura 9.7:

FIGURA 9.7 VPL × taxa de desconto

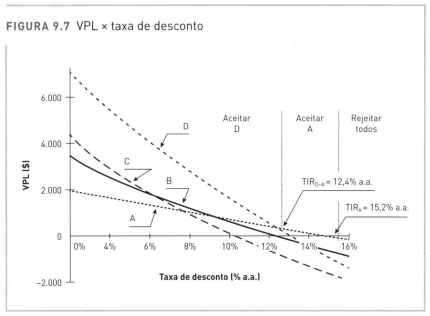

Fonte: elaborada pelo autor.

O ponto de interseção das curvas dos investimentos **A** e **D** (**ponto de Fisher**) corresponde à TIR_{D-A} = 12,4% a.a., cujo valor pode ser obtido com o fluxo de caixa do incremento [**D–A**].

A análise do gráfico da Figura 9.7 permite definir a decisão mais adequada em função do nível da taxa mínima de atratividade (i_{min}), conforme indicado na Tabela 9.18:

TABELA 9.18 Intervalos de decisão

Intervalos de i_{min}	Decisão a ser tomada
0% ≤ i_{min} < 12,4% a.a.	Escolher o investimento D
12,4% a.a. ≤ i_{min} < 15,2% a.a.	Escolher o investimento A
i_{min} ≥ 15,2% a.a.	Rejeitar todos os investimentos

Fonte: elaborada pelo autor.

2. Escolha, utilizando os métodos do VPL e da TIR, qual dos três projetos representados pelos seus fluxos de caixa na Tabela 9.19, a seguir, é o mais atrativo, considerando-se uma taxa mínima de atratividade de 7,00% a.a.

TABELA 9.19 Investimentos mutuamente exclusivos

Ano	Fluxos de caixa ($)		
	Projeto A	Projeto B	Projeto C
0	–10.000,00	–10.000,00	–10.000,00
1	3.800,00	1.000,00	0,00
2	3.500,00	1.500,00	0,00
3	3.500,00	3.000,00	3.500,00
4	2.500,00	4.000,00	5.000,00
5	1.000,00	6.000,00	9.000,00
Soma	4.300,00	5.500,00	7.500,00

Indicadores	Projeto A	Projeto B	Projeto C
VPL (7%)	2.085,70	2.023,13	3.088,39
TIR (% a.a.)	15,88%	12,52%	13,99%
PBD (7%)	4 anos e 102 dias	4 anos e 192 dias	4 anos e 189 dias

Fonte: elaborada pelo autor.

SOLUÇÃO

Os VPLs desses investimentos com a taxa mínima de atratividade de 7,00% a.a., suas TIRs e, ainda, os respectivos PBDs estão indicados na parte inferior da Tabela 9.19.

a) Valor Presente Líquido (VPL)

Os VPLs com a taxa mínima de atratividade (7,00% a.a.) são positivos e, portanto, os três projetos devem ser considerados no processo decisório. O melhor projeto é o **C**, pois tem o maior VPL positivo, igual a $3.088,39. Investir $10.000,00 no projeto **C** significa que os $10.000,00 estão sendo remunerados com a taxa i_{min} = 7,00% a.a. e, além disso, o investimento agrega um valor econômico de $3.088,39 para o investidor, expresso em moeda do ponto zero.

b) "*Payback* Descontado" (PBD)

Os valores dos PBDs com a taxa de desconto de 7,00% a.a. indicam, erradamente, que o melhor projeto é o projeto **A**, que oferece o menor valor de PBD (4 anos e 102 dias).

c) Taxa Interna de Retorno (TIR) – Análise Incremental

Os valores das TIRs indicam que os três projetos devem ser considerados no processo decisório, pois todos têm taxa interna de retorno superior à taxa mínima de atratividade de 7,00% a.a.

Não podemos considerar o projeto **A** o melhor investimento simplesmente porque oferece a maior taxa interna de retorno (15,88% a.a.). O método da TIR exige a análise incremental dos investimentos envolvidos tal como realizamos no exemplo anterior.

A análise incremental precisa ser feita com um certo cuidado, pois os três projetos têm o mesmo capital inicial aplicado de $10.000,00, portanto, o incremento entre os três investimentos é nulo.

Qualquer um dos três projetos pode ser usado como ponto de partida para a análise incremental, e o resultado obtido, se o método for aplicado corretamente, deve conduzir à escolha do projeto **C**, já anunciada pelo método do VPL.

Escolhemos o projeto **A** para iniciar a análise incremental e com isso retiramos $10.000,00 da alternativa **Z**, com remuneração de i_{min} = 7,00% a.a., para ser aplicado no projeto **A** com a TIR_A = 15,88% a.a.

O primeiro incremento deve ser [**B–A**] e não [**A–B**], pois a soma de todas as parcelas do seu fluxo de caixa é positiva com valor de $1.200,00, caracterizando que esse fluxo de caixa incremental é um investimento. Pela mesma razão escolhemos o incremento [**C–A**] e não [**A–C**].

A Tabela 9.20 mostra os fluxos de caixa dos incrementos de investimentos que devem ser considerados na escolha do melhor projeto, seus VPLs e suas taxas internas de retorno:

TABELA 9.20 Investimentos mutuamente exclusivos

Ano	Fluxo de caixa dos incrementos ($)	
	B–A	C–A
0	0,00	0,00
1	−2.800,00	−3.800,00
2	−2.000,00	−3.500,00
3	−500,00	0,00
4	1.500,00	2.500,00
5	5.000,00	8.000,00
Soma	**1.200,00**	**2.000,00**
VPL (7%)	**−62,58**	**1.002,69**
TIR (% a.a.)	**6,56%**	**11,70%**

Fonte: elaborada pelo autor.

O primeiro incremento de investimento [**B–A**] deve ser rejeitado, pois tem TIR_{B-A} = 6,56% a.a., inferior à taxa i_{min} = 7,00% a.a. Assim, o projeto **A** elimina o projeto **B**. Verifique pelo método do VPL que VPL_A (7,00%) é maior do que o VPL_B (7,00%), confirmando essa decisão.

Como o projeto **A** eliminou o projeto **B**, o próximo incremento a ser analisado é o [**C–A**], que tem $TIR_{C-A} = 11{,}70\%$ a.a., superior à taxa $i_{min} = 7{,}00\%$ a.a. Assim, esse incremento deve ser aceito, o que leva à escolha do projeto **C**, confirmando a escolha indicada pelo método do VPL.

d) Gráfico do VPL × taxa de desconto

Os VPLs dos fluxos de caixa desses investimentos, em função da taxa de desconto, estão indicados na Figura 9.8:

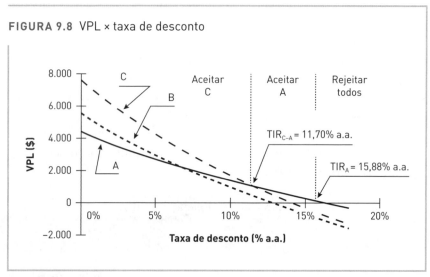

FIGURA 9.8 VPL × taxa de desconto

Fonte: elaborada pelo autor.

O ponto de interseção das curvas dos projetos **A** e **C** (ponto de Fisher) corresponde à $TIR_{C-A} = 11{,}70\%$ a.a., cujo valor é obtido com o fluxo de caixa do incremento [**C–A**].

A análise desse gráfico permite definir a decisão mais adequada em função do nível da taxa mínima de atratividade (i_{min}), conforme indicado na Tabela 9.21:

TABELA 9.21 Intervalos de decisão

Intervalos da i_{min}	Decisão a ser tomada
$0\% \leq i_{min} < 11{,}70\%$ a.a.	Escolher o projeto C
$11{,}70\%$ a.a. $\leq i_{min} < 15{,}88\%$ a.a.	Escolher o projeto A
$i_{min} \geq 15{,}88\%$ a.a.	Rejeitar todos os projetos

Fonte: elaborada pelo autor.

9.6.2 Análise de investimentos com durações diferentes

Na análise de investimentos com vidas úteis (durações) diferentes, a questão principal é a definição do horizonte de análise. Por exemplo, para comparar um equipamento com vida útil de quatro anos com outro cuja vida útil é oito anos é indispensável definir o horizonte de análise do fluxo de caixa:

a) caso o horizonte de análise seja de oito anos, o equipamento com vida útil de oito anos cobrirá perfeitamente o horizonte de análise, ao passo que o equipamento com vida útil de quatro anos terá que ser substituído por outro para cobrir os oito anos do horizonte de análise;

b) caso o horizonte de análise seja de quatro anos, o equipamento com vida útil de quatro anos se ajustará perfeitamente a esse horizonte, ao passo que o equipamento com vida útil de oito anos terá de ser vendido no final do 4º ano. Assim, é preciso estimar o valor residual desse equipamento após quatro anos de uso, e considerá-lo como uma saída de caixa no final do 4º ano.

O importante é que para se aplicar o método do VPL é necessário definir o fluxo de caixa para todo o horizonte de análise, inclusive os reinvestimentos necessários para a substituição de equipamentos com vida útil inferior a esse horizonte.

O exemplo a seguir mostra a aplicação do método VPL na escolha de dois equipamentos com vidas úteis diferentes, assumindo conservadoramente que o equipamento com menor vida útil será substituído por um equipamento idêntico ao adquirido no início do projeto.

Exemplo numérico

Uma empresa deseja criar uma nova linha de produção na sua unidade fabril. Dois projetos são apresentados para análise da administração, e os dados para seus fluxos de caixa estão indicados na Tabela 9.22. Os recebimentos anuais da empresa provenientes dessa nova linha de produção não serão alterados pela escolha do projeto. Considere um horizonte de análise de oito anos e escolha o projeto que deve ser adotado pela empresa para uma taxa mínima de atratividade de 10% a.a.

TABELA 9.22 Dados para fluxo de caixa

Dados	Projeto A	Projeto B
Investimento inicial	$50.000,00	$100.000,00
Vida útil (anos)	4	8
Valor residual	0	$20.000,00
Dispêndios anuais	$7.000,00	$4.000,00

Fonte: elaborada pelo autor.

SOLUÇÃO

Como o horizonte de análise é de oito anos, o equipamento do projeto **B**, com vida útil de oito anos, encaixa-se perfeitamente no horizonte de análise, ao passo que o equipamento do projeto **A**, com vida útil de quatro anos, terá que ser substituído por outro equipamento com a mesma vida útil para completar o horizonte de análise.

A hipótese usualmente utilizada nessa substituição de equipamentos é a de que o fluxo de caixa do novo equipamento é idêntico ao fluxo de caixa do equipamento inicial, que é descartado no final do 4º ano.

Com o avanço de tecnologia é possível que no futuro apareça um novo equipamento com melhores condições de desenvolvimento do que a do equipamento inicial. Como esse diferencial é de difícil quantificação, ele não é usualmente considerado e fica a favor da segurança do projeto **A**, que faz a substituição do equipamento por outro idêntico ao inicial.

A Tabela 9.23 mostra os fluxos de caixa dos dois projetos e do incremento de investimento [**B–A**] e, ainda, seus respectivos VPLs e TIRs.

TABELA 9.23 Investimentos mutuamente exclusivos – Vidas diferentes

| Ano | Fluxos de caixa [$] | | | | |
| | Projeto A | | | Projeto B | Incremento B–A |
	1º invest.	2º invest.	Total		
0	–50.000,00		–50.000,00	–100.000,00	–50.000,00
1	–7.000,00		–7.000,00	–4.000,00	3.000,00
2	–7.000,00		–7.000,00	–4.000,00	3.000,00
3	–7.000,00		–7.000,00	–4.000,00	3.000,00
4	–7.000,00	–50.000,00	–57.000,00	–4.000,00	53.000,00
5		–7.000,00	–7.000,00	–4.000,00	3.000,00
6		–7.000,00	–7.000,00	–4.000,00	3.000,00
7		–7.000,00	–7.000,00	–4.000,00	3.000,00
8		–7.000,00	–7.000,00	–4.000,00	3.000,00
Vl. Res.				20.000,00	20.000,00
Soma	**–78.000,00**	**–78.000,00**	**–156.000,00**	**–112.000,00**	**44.000,00**
TIR (% a.a.)					14,27%
VPL (10%)			–121.495,16	–112.009,56	9.485,60

Fonte: elaborada pelo autor.

Observe que no projeto **A** o fluxo de caixa dos primeiros quatro anos é repetido nos últimos quatro anos e que a 3ª coluna do quadro mostra o fluxo de caixa do projeto **A** para os oito anos do horizonte de análise.

266 Matemática Financeira

Podemos, então, comparar os fluxos de caixa dos dois projetos no prazo de oito anos. Esses dois fluxos de caixa representam exclusivamente os custos envolvidos no projeto. Como os fluxos de receitas não se alteram em função da decisão entre **A** e **B**, não precisam ser considerados.

A melhor alternativa é o projeto **B**, pois apresenta, para a taxa i_{min} = 10,00% a.a., o menor VPL ($112.009,56), que corresponde ao menor custo à vista do equipamento **B**.

A última coluna do quadro anterior é a do incremento **[B−A]**, que representa as economias alcançadas anualmente pelo projeto **B** em relação ao projeto **A**. Esse fluxo de caixa oferece uma TIR igual a 14,27%, superior à taxa i_{min} = 10% a.a., portanto, o incremento **[B−A]** deve ser aceito e o projeto B deve ser o escolhido.

O investimento incremental de $50.000,00 para permitir a escolha do projeto **B** está produzindo um VPL positivo de $9.485,60, que é o valor econômico agregado por esse incremento de investimento para uma taxa i_{min} = 10,00% a.a.

Podemos chegar aos mesmos valores de VPL dos dois projetos sem a necessidade de repetir os fluxos de caixa no projeto **A**. Para isso, precisamos calcular a série uniforme equivalente PMT de cada projeto e considerar que elas se estendem até o final do horizonte de análise.

Essa forma de equacionar o problema é interessante, pois serve como base para a solução de situações que envolvem cálculos com vidas perpétuas, como será mostrado no item 9.6.3.

Inicialmente, devemos calcular os custos de capital de cada projeto, representados pelas séries PMT correspondentes aos investimentos iniciais e valores residuais de cada um, com as respectivas vidas úteis de cada equipamento, conforme indicado a seguir:

Cálculo da PMT – Projeto A

n	i	PV	PMT	FV
4	10,00	−50.000,00	**15.773,54**	0,00

Cálculo da PMT – Projeto B

n	i	PV	PMT	FV
8	10,00	−100.000,00	**16.995,52**	20.000,00

Os custos anuais desses dois projetos podem, então, ser obtidos pelos seguintes passos:

	Projeto A	Projeto B
• Dispêndios anuais operacionais	7.000,00	4.000,00
• Custo anual de capital (PMT)	**15.773,54**	16.995,52
Custo anual	22.773,54	20.995,52

O melhor projeto é o projeto **B**, que apresenta o menor custo anual no valor de $20.995,52 para uma taxa $i_{min}=10\%$ a.a.

A partir desses dois valores de custos anuais equivalentes podemos facilmente calcular os VPLs dos fluxos de caixa dos dois projetos, num horizonte de oito anos. Para isso, basta assumirmos que esses dois custos anuais equivalentes são estendidos até o final do 8º ano do horizonte de análise, e, em seguida, calcular seus respectivos VPLs, como indicado a seguir:

Cálculo de VP - Projeto A

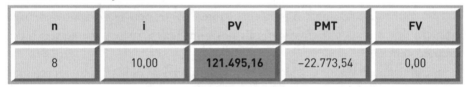

Cálculo de VP - Projeto B

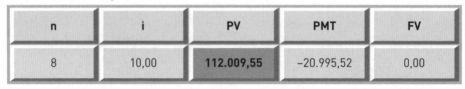

Verifique que esses valores presentes coincidem com aqueles calculados a partir dos fluxos de caixa desenvolvidos para o horizonte de análise de oito anos, com a repetição do fluxo de caixa do equipamento com vida útil de quatro anos.

9.6.3 Análise de investimentos com durações perpétuas

O exemplo desenvolvido neste item é o mesmo problema que foi resolvido no item 9.6.2, com a única alteração no horizonte de análise, que passa a ser infinito.

Exemplo numérico

Os dados do problema estão resumidos na Tabela 9.24:

TABELA 9.24 Dados para fluxo de caixa		
Dados	Projeto A	Projeto B
Investimento inicial	$50.000,00	$100.000,00
Vida útil (anos)	4	8
Valor residual	0	$20.000,00
Dispêndios anuais	$7.000,00	$4.000,00

Fonte: elaborada pelo autor.

Os recebimentos anuais da empresa não serão alterados pela escolha do projeto. Escolha o projeto que deve ser adotado perpetuamente para uma taxa mínima de atratividade de 10,00% a.a.

SOLUÇÃO

Como estamos tratando de perpetuidade, o equipamento do projeto **B**, com vida útil de oito anos, será substituído a cada oito anos, e o equipamento do projeto **A**, com vida útil de quatro anos, será substituído a cada quatro anos. As substituições se repetirão por um número infinito de vezes, com fluxos de caixa idênticos aos do investimento inicial.

O cálculo do VPL dos fluxos de caixa perpétuos será alcançado com o auxílio da série uniforme equivalente PMT de cada projeto, conforme mostrado a seguir. Reveja na seção 5.6.1 do Capítulo 5 os conceitos e cálculos que envolvem prestações perpétuas ou perpetuidades.

a) VPL do projeto A

Esse projeto envolve reinvestimentos perpétuos de $50.000,00 a cada quatro anos, com valor residual nulo, e seu VPL é composto das seguintes parcelas:

- investimento inicial: $50.000,00;
- valor presente dos dispêndios perpétuos de $7.000,00 a.a.

O valor presente (VP) de uma série infinita de dispêndios anuais de $7.000,00, com uma taxa de desconto de 10,00% a.a., é obtido pela relação:

$$VP = \$7.000,00 \, / \, 10,00\% = \$70.000,00$$

- valor presente das infinitas reposições de equipamento a cada quatro anos.

Inicialmente, devemos calcular a série PMT equivalente ao valor de $50.000,00 da 1ª reposição de equipamento no final do 4º ano, conforme indicado a seguir:

Capítulo 9 » Métodos de análise de investimentos   269

Cálculo da PMT – Projeto A

n	i	PV	PMT	FV
4	10,00	0,00	**10.773,54**	−50.000,00

Devemos assumir agora que essa série PMT se estende até o infinito, portanto, seu valor presente (VP), com a taxa de desconto de 10,00% a.a., é obtido com a relação:

$$VP = \$10.773,54 / 10,00\% = \$107.735,40$$

Assim, o valor presente do fluxo de caixa do projeto A é igual a $227.735,40, que corresponde à soma dessas três parcelas ($50.000,00. $70.000,00 e $107.735,40).

b) VPL do projeto B
Esse projeto envolve reinvestimentos perpétuos de $100.000,00 a cada oito anos, com valor residual de $20.000,00, e seu VPL é composto das seguintes parcelas:

- investimento inicial: $100.000,00;
- valor presente dos dispêndios perpétuos de $4.000,00 a.a.

O valor presente (VP) de uma série infinita de dispêndios anuais de $4.000,00, com taxa de desconto de 10,00% a.a., é obtido pela relação:

$$VP = \$4.000,00 / 10,00\% = \$40.000,00$$

- valor presente das infinitas reposições de equipamento a cada oito anos

No final de cada oito anos, o projeto B exige um novo investimento de $100.000,00, e o equipamento descartado tem um valor residual de $20.000,00. Assim, o reinvestimento líquido, a cada oito anos, é igual a $80.000,00.

Inicialmente, devemos calcular a série PMT equivalente ao valor líquido de $80.000,00 da 1ª reposição de equipamento no final do 8º ano, conforme indicado a seguir:

Cálculo da PMT – Projeto B

n	i	PV	PMT	FV
8	10,00	0,00	**6.995,52**	−80.000,00

Devemos assumir agora que essa série PMT se estende até o infinito, portanto, seu valor presente (VP), com taxa de desconto de 10,00% a.a., é obtido pela relação:

$$VP = \$6.995,52 \: / \: 10,00\% = \$69.955,20$$

Assim, o valor presente do fluxo de caixa do projeto B é igual a $209.955,21, que corresponde à soma dessas três parcelas.

O resumo desses valores para os dois projetos está indicado na Tabela 9.25:

TABELA 9.25 VPLs das séries perpétuas

	Projeto A	Projeto B
Investimento inicial	−50.000,00	−100.000,00
Valor presente dos dispêndios anuais	−70.000,00	−40.000,00
Valor presente das infinitas reposições	−107.735,40	−69.955,21
VPL (10%) =	**−227.735,40**	**−209.955,21**

Fonte: elaborada pelo autor.

O melhor projeto é o B, que apresenta o menor custo à vista equivalente ($209.955,21), considerando a taxa mínima de atratividade de 10,00% a.a., definida pela empresa.

No exemplo do item 9.6.2, com os mesmos dados desse problema e com um horizonte de análise de oito anos, obtivemos custos anuais de $22.773,54 e $20.995,52 para os projetos **A** e **B**, respectivamente. Se considerarmos que esses custos anuais serão mantidos de forma perpétua, podemos obter os VPLs desses projetos dividindo-se esses valores anuais pelo valor da taxa de juros de 10,00% a.a. Observe que os valores assim obtidos são idênticos aos indicados na Tabela 9.25.

9.7 Análise de investimentos independentes

Neste item, mostraremos um exemplo de aplicação do método do VPL na tomada de decisão sobre alternativas de investimentos independentes e com mesma duração.

O melhor conjunto de investimentos para a aplicação de recursos financeiros é aquele que maximiza a soma dos VPLs dos investimentos selecionados para determinada taxa mínima de atratividade. Por esse critério, estamos maximizando o valor econômico agregado ao investidor, com a taxa i_{min} que for fixada.

Lembramos o conceito de que quando o capital está aplicado na alternativa **Z**, tem $VPL_Z(i_{min}) = 0$, isto é, o capital é apenas remunerado com a taxa i_{min} e não agrega qualquer valor econômico para o investidor.

Ressaltamos que o método da TIR não se aplica no processo de decisão que envolve investimentos independentes, pelas seguintes razões:

a) a decisão consiste em escolher o melhor conjunto de investimentos, dentro do limite do capital a ser aplicado;

b) não podemos priorizar os melhores investimentos apenas comparando os valores das suas respectivas taxas internas de retorno;

c) a análise incremental é absolutamente impraticável pelo fato de os investidores serem independentes;

d) não podemos agregar as taxas internas de retorno de um conjunto de investimentos num único valor para permitir a comparação com outro conjunto de investimentos.

Quatro projetos independentes, representados pelos fluxos de caixa **A**, **B**, **C** e **D**, indicados na Tabela 9.26, estão disponíveis para aplicação de recursos de uma empresa.

TABELA 9.26 Quatro investimentos independentes

Anos	Fluxos de caixa ($)			
	A	B	C	D
0	−5.000,00	−10.000,00	−15.000,00	−20.000,00
1	1.300,00	3.500,00	3.300,00	5.100,00
2	1.300,00	3.500,00	3.300,00	5.100,00
3	1.300,00	3.500,00	3.300,00	5.100,00
4	2.800,00	3.500,00	11.300,00	12.600,00
Soma	1.700,00	4.000,00	6.200,00	7.900,00
TIR (% a.a.)	11,2%	15,0%	12,3%	12,5%

Fonte: elaborada pelo autor.

Indique os investimentos que devem ser escolhidos para as seguintes taxas mínimas de atratividade e disponibilidades de recursos.

a) taxas mínimas de atratividade: 10,00% a.a. e 12,00% a.a.;

b) disponibilidade de recursos: $5.000,00; $15.000,00 e $25.000,00.

SOLUÇÃO

Inicialmente, calculamos os VPLs de todos os projetos com as taxas mínimas de atratividade de 10,00% a.a. e 12,00% a.a. Os resultados estão indicados na Tabela 9.27:

272 Matemática Financeira

TABELA 9.27 Valores dos VPLs dos projetos

Taxa (% a.a.)	VPL$_A$	VPL$_B$	VPL$_C$	VPL$_D$
10,00%	145,35	1094,53	924,66	1288,91
12,00%	(98,17)	630,72	107,40	256,87

Fonte: elaborada pelo autor.

Com base nas informações da Tabela 9.27, temos condições de escolher o melhor investimento ou grupo de investimentos para cada volume de recursos definidos pela empresa.

a) taxa mínima de atratividade de 10,00% a.a.

- Volume de recursos fixado em $5.000,00

  O único projeto a ser selecionado é o projeto **A**, que absorve a totalidade dos recursos disponíveis ($5.000,00) e gera um VPL positivo de $145,35.

- Volume de recursos fixado em $15.000,00

  O projeto **C**, que absorve os $15.000,00, tem VPL$_C$ (10,00%) = $924,66 e não deve ser o escolhido, pois a combinação do projeto **A** com o projeto **B** absorve os $15.000,00 e oferece VPL$_{A+B}$ (10,00%) = $1.239,88, superior ao VPL$_C$ (10,00%), como indicado na Tabela 9.28:

TABELA 9.28 Combinação dos projetos **A** e **B**

	VPL (10,00%) ($)	Recursos ($)
Projeto A	145,35	5.000,00
Projeto B	1.094,53	10.000,00
Soma	**1.239,88**	**15.000,00**

Fonte: elaborada pelo autor.

- Volume de recursos fixado em $25.000,00

  A totalidade dos recursos é integralmente absorvida tanto na combinação dos projetos **B** e **C** como na combinação dos projetos **A** e **D**.

  Para a escolha da melhor combinação de projetos precisamos comparar a soma dos VPLs de cada combinação de projetos, como indicado nas Tabelas 9.29 e 9.30:

Capítulo 9 » Métodos de análise de investimentos   273

TABELA 9.29 Combinação dos projetos A e D		
	VPL (10,00%) ($)	Recursos ($)
Projeto A	145,35	5.000,00
Projeto D	1.288,91	20.000,00
Soma	**1.434,26**	**25.000,00**

TABELA 9.30 Combinação dos projetos B e C		
	VPL (10%) ($)	Recursos ($)
Projeto B	1.094,53	10.000,00
Projeto C	924,66	15.000,00
Soma	**2.019,19**	**25.000,00**

Fonte: elaborada pelo autor.

A escolha deve ser pelos projetos **B** e **C**, que oferecem o maior valor para a soma dos VPLs a 10,00% a.a. e agregam um valor econômico de $2.019,19 para essa empresa, caso sua taxa mínima de atratividade seja de 10,00% a.a.

A Tabela 9.31 resume a seleção dos melhores projetos para a taxa i_{min} = 10,00% a.a. e indica os VPLs das respectivas combinações dos projetos selecionados:

TABELA 9.31 Taxa mínima de atratividade de 10,00% a.a.			
	Disponibilidade de recursos		
	$5.000,00	$15.000,00	$25.000,00
Projetos selecionados	A	A + B	B + C
VPL	$145,35	$1.239,88	$2.019,19

Fonte: elaborada pelo autor.

b) taxa mínima de atratividade de 12% a.a.

- Volume de recursos fixado em $5.000,00

O projeto **A** é único que pode ser considerado para o volume de recursos de $5.000,00, tem seu VPL_A (12,00%) = (–$98,17) e deve ser rejeitado. Assim, a melhor decisão da empresa é deixar os $5.000,00 aplicados na alternativa **Z** e obter a remuneração mínima de 12,00% a.a., garantida pelo VPL_Z (12,00%) = 0,00.

- Volume de recursos fixado em $15.000,00

Observe que os $15.000,00 são integralmente absorvidos pelo projeto **C** ou pela combinação dos projetos **A** e **B**. Como o projeto **A** deve ser rejeitado por ter um VPL_A (12,00%) negativo, devemos comparar o investimento de $15.000,00 no projeto **C** com o investimento de $10.000,00 no projeto **B** e $5.000,00 aplicados na alternativa **Z**.

O projeto **C** tem um VPL_C (12,00%) = $107,40, e a combinação do projeto **B** com a alternativa **Z** oferece um VPL_{B+Z} (12,00%) = $630,72, sendo o VPL_Z (12,00%) = 0,00. Assim, devemos investir $10.000,00 no projeto **B** e deixar $5.000,00 aplicados na alternativa **Z**.

- Volume de recursos fixado em $25.000,00

A totalidade dos recursos é integralmente absorvida tanto na combinação dos projetos **B** e **C** como na combinação dos projetos **A** e **D**. O projeto **A** deve ser rejeitado e substituído pela alternativa **Z**. Assim, devemos comparar os projetos **B** e **C** com o projeto **D** e a alternativa **Z**.

Para a escolha dos projetos, precisamos comparar a soma dos VPLs de cada combinação de projetos, como indicado nas Tabelas 9.32 e 9.33:

TABELA 9.32 Combinação dos projetos B e C

	VPL (12%) ($)	Recursos ($)
Projeto B	630,72	10.000,00
Projeto C	107,40	15.000,00
Soma	**838,12**	**25.000,00**

TABELA 9.33 Combinação dos projetos D e Z

	VPL (12%) ($)	Recursos ($)
Projeto D	256,87	20.000,00
Alternativa Z	0,00	5.000,00
Soma	**256,87**	**25.000,00**

Fonte: elaborada pelo autor.

A escolha deve ser pelos projetos **B** e **C**, que oferecem o maior valor para a soma dos VPLs a 12% a.a., agregando um valor econômico de $838,12 para essa empresa, caso sua taxa mínima de atratividade seja igual a 12,00% a.a.

A Tabela 9.34 resume a seleção dos melhores projetos para a taxa i_{min} = 12,00% a.a. e indica os VPLs das respectivas combinações dos projetos selecionados:

Capítulo 9 » Métodos de análise de investimentos   275

TABELA 9.34 Taxa mínima de atratividade de 12,00% a.a.

	Disponibilidade de recursos		
	$5.000,00	$15.000,00	$25.000,00
Projetos selecionados	Z	B+Z	B+C
VPL	$0,00	$630,72	$838,12

Fonte: elaborada pelo autor.

9.8 Análise de um investimento após o Imposto de Renda

Na análise de viabilidade econômica de um investimento, devemos inicialmente assumir que sua realização será alcançada exclusivamente com recursos próprios do investidor. O fluxo de caixa deve levar em consideração todos os impostos vigentes e aplicáveis ao tipo de projeto em análise, sejam eles federais, estaduais e/ou municipais.

No item 9.8.1 mostramos o impacto do Imposto de Renda (IR) no cálculo da TIR de um investimento realizado integralmente com capital próprio. Destacamos, ainda, a depreciação como uma despesa dedutível para efeito de IR, apesar de não representar uma saída efetiva de caixa.

Em alguns casos, quando o montante de recursos próprios é insuficiente para viabilizar a execução do investimento, o investidor precisa financiá-lo parcialmente com recursos de terceiros.

Dessa forma, uma parte do fluxo de caixa do projeto é utilizada no pagamento de amortização e juros do financiamento, e o restante é destinado à remuneração do capital próprio investido no projeto.

No item 9.8.2 mostramos como incluir os dados de um financiamento no fluxo de caixa de um projeto e como calcular a TIR do capital próprio antes e depois da tributação do IR.

9.8.1 Exemplo de investimento com recursos próprios

Uma empresa está analisando a compra de um equipamento pelo preço à vista de $15.000,00, com valor residual de $3.000,00 no final de sua vida útil de cinco anos. Esse equipamento, se adquirido, deve proporcionar um ganho líquido anual de $5.000,00 nos próximos cinco anos.

Calcule as taxas internas de retorno desse investimento, antes e depois do IR, sabendo que o equipamento será depreciado linearmente no prazo de cinco anos e que a alíquota de IR dessa empresa é de 35,00% sobre sua renda tributável.

SOLUÇÃO

É simples obter o fluxo de caixa do investimento antes do IR, como está indicado na coluna A da Tabela 9.35:

276   Matemática Financeira

TABELA 9.35 Obtenção do fluxo de caixa após o Imposto de Renda

Ano	Fluxo de caixa antes do IR (A)	Depreciação linear (B)	Renda tributável (C)	Fluxo de caixa do IR (D) = 35% × (C)	Fluxo de caixa após IR (E) = (A) + (D)
0	−15.000,00				−15.000,00
1	5.000,00	−2.400,00	2.600,00	−910,00	4.090,00
2	5.000,00	−2.400,00	2.600,00	−910,00	4.090,00
3	5.000,00	−2.400,00	2.600,00	−910,00	4.090,00
4	5.000,00	−2.400,00	2.600,00	−910,00	4.090,00
5	5.000,00	−2.400,00	2.600,00	−910,00	4.090,00
Valor residual	3.000,00				3.000,00
Soma	**13.000,00**	**−12.000,00**	**13.000,00**	**−4.550,00**	**8.450,00**
TIR	**23,25%**				**15,52%**

Fonte: elaborada pelo autor.

Para a obtenção do fluxo de caixa do IR (coluna D), precisamos determinar a renda tributável do investimento, que depende de regras aprovadas pelo governo. Uma despesa aceita pelo governo como dedutível do IR é a depreciação, que deve ser, portanto, levada em consideração na obtenção da renda tributável.

A coluna (B) mostra os valores da depreciação anual do equipamento, obtidos pela fórmula da depreciação linear, como segue:

$$\text{Depreciação anual} = (\text{Valor inicial} - \text{Valor residual}) / \text{Prazo (em anos)} =$$
$$= (\$15.000,00 - \$3.000,00) / 5 = \$2.400,00$$

Importante ressaltar que a depreciação não representa uma saída efetiva de caixa, mas tem influência direta no fluxo de caixa do IR ao reduzir a renda tributável anual, indicada na coluna (C) e obtida pela relação:

$$\text{Renda tributável anual} = \$5.000,00 - \text{depreciação anual} =$$
$$= \$5.000,00 - \$2.400,00 = \$2.600,00$$

Os valores anuais do IR, indicados na coluna (D), correspondem a 35,00% da renda tributável anual.

O fluxo de caixa após o IR, indicado na coluna (E), é igual ao fluxo de caixa antes do IR, indicado na coluna (A), somado algebricamente com o fluxo de caixa do IR, indicado na coluna (D).

As taxas internas de retorno do investimento, antes e depois do IR, são calculadas, respectivamente, pelos fluxos de caixa das colunas (A) e (E). Observe que o IR reduziu a taxa interna do investimento de 23,25% a.a. para 15,52% a.a., e que o investimento foi realizado 100,00% com capital próprio.

Capítulo 9 » Métodos de análise de investimentos

9.8.2 Exemplo de investimento com recursos de financiamento

O exemplo deste item é baseado nos mesmos dados do exemplo do item 9.8.1, com a única diferença de que o investimento passou a ter uma parcela financiada com recursos de terceiros.

Uma empresa está analisando a compra de um equipamento pelo preço à vista de $15.000,00, com um valor residual de $3.000,00 no final de sua vida útil de cinco anos. Esse equipamento, se adquirido, deve proporcionar um ganho líquido anual de $5.000,00 nos próximos cinco anos e será depreciado linearmente durante sua vida útil.

Para viabilizar esse investimento, será levantado um financiamento de $10.000,00, a ser amortizado em cinco parcelas anuais de $2.000,00, com juros de 12,00% a.a. sobre o saldo devedor.

Calcule as taxas internas de retorno do capital próprio desse investimento, antes e depois do IR, sabendo que a alíquota desse imposto da empresa é de 35,00% sobre sua renda tributável.

SOLUÇÃO

A primeira parte do problema consiste em obter o fluxo de caixa do capital próprio antes do IR, indicado na coluna (D) da Tabela 9.36:

TABELA 9.36 Obtenção do fluxo de caixa do capital próprio antes do Imposto de Renda

Ano	Fluxo de caixa antes do IR (A)	Amortização do financiamento (B)	Juros s/ saldo devedor (12% a.a.) (C)	Fluxo de caixa capital próprio antes do IR (D) = (A) + (B) + (C)
0	−15.000,00			−5.000,00
Financiamento	10.000,00			
1	5.000,00	−2.000,00	−12.000,00	1.800,00
2	5.000,00	−2.000,00	−960,00	2.040,00
3	5.000,00	−2.000,00	−720,00	2.280,00
4	5.000,00	−2.000,00	−480,00	2.520,00
5	5.000,00	−2.000,00	−240,00	2.760,00
Valor residual	3.000,00			3.000,00
Soma	23.000,00	−10.000,00	−3.600,00	9.400,00

Fonte: elaborada pelo autor.

O financiamento de $10.000,00 tem seu *principal* representando uma entrada de caixa no ano zero e suas amortizações representando as saídas de caixa da coluna (B). Os juros de 12,00% a.a. sobre o saldo devedor estão indicados na coluna (C).

O fluxo de caixa do capital próprio antes do IR está representado na coluna (D) e corresponde à soma algébrica das colunas (A), (B) e (C).

A segunda parte do problema consiste em obter o fluxo de caixa do capital próprio após o IR, indicado na coluna (H) da Tabela 9.37:

TABELA 9.37 Obtenção do fluxo de caixa do capital próprio após o IR

Ano	Fluxo de caixa capital próprio antes IR (D)	Depreciação linear (E)	Renda Tributável (F)	Fluxo de caixa do IR (G) = 35% × (F)	Fluxo de caixa capital próprio após IR (H) = (D) + (G)
0 Financiamento	−5.000,00				−5.000,00
1	1.800,00	−2.400,00	1.400,00	−490,00	1.310,00
2	2.040,00	−2.400,00	1.640,00	−574,00	1.466,00
3	2.280,00	−2.400,00	1.880,00	−658,00	1.622,00
4	2.520,00	−2.400,00	2.120,00	−742,00	1.778,00
5 Valor residual	2.760,00 3.000,00	−2.400,00	2.360,00	−826,00	1.934,00 3.000,00
Soma	**9.400,00**	**−12.000,00**	**9.400,00**	**−3.290,00**	**6.110,00**
TIR (% a.a.)	**38,85%**				**26,26%**

Fonte: elaborada pelo autor.

A coluna (D), que representa o fluxo de caixa do capital próprio antes do IR, foi obtida na Tabela 9.36, e a coluna (E) mostra os valores da depreciação anual do equipamento, conforme cálculos indicados no exemplo do item 9.8.1.

A renda tributável anual, para os cinco anos do projeto, está indicada na coluna (F) e é obtida pela relação:

Renda tributável anual = $5.000,00 − depreciação anual − juros anuais

Os valores da depreciação anual e dos juros anuais do financiamento estão indicados nas colunas (E) da Tabela 9.37 e (C) da Tabela 9.36, respectivamente.

Os valores anuais do IR, indicados na coluna (G), correspondem a 35,00% da renda tributável anual.

O fluxo de caixa do capital próprio, após o IR, está indicado na coluna (H) e é igual ao fluxo de caixa do capital próprio antes do IR, indicado na coluna (D), somado algebricamente com o fluxo de caixa do IR, indicado na coluna (G).

As taxas internas de retorno do capital próprio, antes e depois do IR, são calculadas, respectivamente, pelos fluxos de caixa das colunas (D) e (H) e tiveram seus valores reduzidos de 38,85% a.a. para 26,26% a.a., respectivamente.

A Tabela 9.38 resume os valores das taxas internas de retorno do capital próprio, antes e depois do IR, que foram obtidos nesses dois exemplos.

Capítulo 9 » Métodos de análise de investimentos

TABELA 9.38 Taxa interna de retorno do capital próprio (% a.a.)

	Antes do IR	Depois do IR
Sem financiamento	23,25%	15,52%
Com financiamento	38,85%	26,26%

Fonte: elaborada pelo autor.

Observe que a TIR do capital próprio aumentou de valor com a inclusão do financiamento, pois a taxa do financiamento de 12,00% a.a. é inferior à taxa interna de retorno do investimento em análise.

O aumento da TIR do capital próprio antes do IR, de 23,25% a.a. para 38,85% a.a., pela inclusão do financiamento, pode ser verificado pela Tabela 9.39:

TABELA 9.39 Análise dos fluxos de caixa antes do Imposto de Renda

Ano	Fluxo de caixa total (A)	Fluxo de caixa Capital próprio (B)	Fluxo de caixa Financiamento (C) = (A) – (B)	Fluxo de caixa proporcional (D) = 2/3 × (A)
0	–15.000,00	–5.000,00	–10.000,00	–10.000,00
1	5.000,00	1.800,00	3.200,00	3.333,33
2	5.000,00	2.040,00	2.960,00	3.333,33
3	5.000,00	2.280,00	2.720,00	3.333,33
4	5.000,00	2.520,00	2.480,00	3.333,33
5	8.000,00	5.760,00	2.240,00	5.333,33
Soma	**13.000,00**	**9.400,00**	**3.600,00**	**8.666,67**
TIR (% a.a.)	**23,25%**	**38,85%**	**12,00%**	**23,25%**

Fonte: elaborada pelo autor.

Pelos valores do quadro acima, podemos constatar que:

- quando o investimento de $15.000,00 é realizado com 100% de capital próprio, sua TIR de 23,25% é a própria remuneração do capital próprio;
- quando 2/3 do investimento ($10.000,00) são financiados com juros de 12% a.a., os pagamentos anuais de amortizações e juros desse financiamento são inferiores a 2/3 da renda anual do projeto;
- o capital próprio de $5.000,00 ficou com mais de 1/3 da renda anual do projeto e sua rentabilidade foi aumentada de 23,25% a.a. para 38,85% a.a., pela inclusão do financiamento com a taxa de juros de 12% a.a.

Quando o projeto é realizado parte com recursos próprios e parte com recursos de terceiros (financiamentos) diz-se que ele está alavancado. A alavancagem é favorável ao projeto quando o financiamento tem um custo menor do que a TIR do projeto calculada com 100% de recursos próprios. O efeito dessa alavancagem é aumentar a TIR dos recursos próprios, como mostrado no exemplo anterior.

9.9 Conclusão

Neste capítulo apresentamos os métodos do valor presente líquido (VPL) e da taxa interna de retorno (TIR), que são considerados os principais métodos de análise de investimentos.

Desenvolvemos também o conceito de *Payback* Descontado (PBD), que é um indicador de liquidez do investimento, pois mede o tempo de recuperação do capital inicial aplicado. O PBD não deve ser utilizado de forma independente na análise de fluxos de caixa, pois pode conduzir a erros de decisão, uma vez que não considera os valores do fluxo de caixa a partir do ponto de recuperação do capital aplicado.

A comparação entre alternativas de investimentos exige a fixação de uma taxa mínima de atratividade, que corresponde ao custo de oportunidade do investidor e que pode ser representada pela taxa de aplicação básica no mercado, no caso de pessoas físicas, ou pelo custo médio ponderado de capital, no caso de empresas.

Apresentamos diversos exemplos de decisão sobre investimentos mutuamente exclusivos, que foram resolvidos pelos métodos do VPL e da TIR, e mostramos que os dois métodos levam à mesma tomada de decisão à medida que a análise incremental exigida pelo método da TIR seja corretamente aplicada.

A análise de investimentos independentes foi realizada apenas pelo método do VPL, até pela impossibilidade de se aplicar o método da TIR nesse tipo de decisão.

O método do valor presente líquido (VPL) está consagrado como o melhor e o mais utilizado dentre os métodos de análise de investimentos, não só pela sua simplicidade como também pela interpretação do seu valor.

O VPL de um investimento positivo para determinada taxa de desconto significa que o investimento está sendo remunerado a essa taxa de desconto e ainda está agregando esse valor positivo do VPL ao patrimônio do investidor, medido em moeda do ponto zero.

Apresentamos ainda exemplos de análise de investimentos mutuamente exclusivos com durações diferentes e com horizonte de análise infinito (perpetuidades). Nesses casos, a utilização da série uniforme equivalente (PMT) pode conduzir a soluções mais rápidas, evitando a repetição de fluxos de caixa até o horizonte da análise.

Finalmente, demonstramos o impacto do IR na TIR de um investimento realizado integralmente com recursos próprios, e apresentamos o cálculo da TIR do capital próprio, antes e depois do IR, em investimentos que são parcialmente financiados, mostrando o efeito positivo de uma alavancagem financeira.

9.10 Problemas propostos

1 Calcule o valor do *payback* descontado (PBD) dos investimentos representados pelos fluxos de caixa indicados a seguir, considerando um custo de capital de 10,00% a.a.

a)

Ano	Valor ($)
0	(10.000,00)
1	3.000,00
2	4.000,00
3	5.000,00
4	7.000,00
Soma	**9.000,00**

b)

Ano	Valor ($)
0	(10.000,00)
1	7.000,00
2	5.000,00
3	4.000,00
4	3.000,00
Soma	**9.000,00**

c)

Ano	Valor ($)
0	(30.000,00)
1	(10.000,00)
2	20.000,00
3	30.000,00
4	40.000,00
5	50.000,00
Soma	**100.000,00**

2 Uma empresa de mineração pretende explorar uma jazida de minério de ferro durante 20 anos, no nível de 10 milhões de toneladas por ano. São conhecidos os seguintes dados desse projeto:

a) Investimentos iniciais (em $ milhões) **60,00**
- Equipamentos e instalações fixas na mina (vida útil de 20 anos) — 30,00
- Equipamentos móveis na mina (vida útil de 10 anos) — 10,00
- Instalações portuárias (vida útil de 20 anos) — 20,00

b) Valores residuais ($ milhões) **7,00**
- Equipamentos e instalações fixas da mina — 3,00
- Equipamentos móveis da mina — 2,00
- Instalações portuárias — 2,00

c) Custo variável unitário (em $/ton.) **5,20**
- Extração, beneficiamento e carregamento de vagões — 1,60
- Frete ferroviário — 3,00
- Manipulação no porto e carregamento de navios — 0,40
- Comercialização — 0,20

d) Despesas fixas anuais ($ milhões) **5,00**

e) Receita unitária de vendas ($/ton.) **7,00**

Assuma que no final de 10 anos serão feitos reinvestimentos nas mesmas condições dos respectivos investimentos iniciais, de forma a permitir a exploração da jazida pelo prazo de 20 anos. Verifique a viabilidade econômica do investimento para uma taxa mínima de atratividade de 8,00% a.a., antes do IR.

282   Matemática Financeira

3 A companhia XYZ está analisando a compra de um equipamento que produzirá os seguintes ganhos líquidos ao longo de sua vida útil de quatro anos:

Ano	Valor ($)
0	0,00
1	8.000,00
2	5.000,00
3	3.000,00
4	2.000,00
Soma	**18.000,00**

Assuma um custo de capital para essa empresa de 10,00% a.a. e determine a quantia máxima a ser paga à vista pelo equipamento de forma a garantir que essa aquisição não traga impacto desfavorável à sua situação financeira.

4 Uma empresa está cogitando a troca de um equipamento e dois novos modelos estão sendo analisados. O modelo A custa $15.000,00, tem vida útil de dois anos e proporcionará uma economia anual de $10.000,00. O modelo B também custa $15.000,00, tem vida útil de um ano e proporcionará uma economia anual de $18.000,00. Sabendo que o novo modelo a ser adquirido será necessário por dois anos e que o custo de capital dessa empresa é de 5,00% a.a., analise qual dos dois novos modelos deve ser adquirido.

5 Um investidor está analisando os projetos, mutuamente exclusivos, representados pelos fluxos de caixa indicados a seguir:

Ano	Projeto A	Projeto B
0	(10.000,00)	(10.000,00)
1	3.000,00	1.000,00
2	3.000,00	2.000,00
3	3.000,00	3.000,00
4	3.000,00	5.000,00
5	5.000,00	7.950,00
Soma	**7.000,00**	**8.950,00**

Indique, utilizando os métodos do VPL e da TIR, qual dos dois projetos deve ser escolhido pelo investidor, sabendo que sua taxa mínima de atratividade é de 15,00% a.a.

6 Escolha, utilizando os métodos do VPL e da TIR, qual dos dois projetos, representados pelos seus fluxos de caixa na tabela a seguir, é o mais atrativo, considerando uma taxa de desconto de 8,00% a.a.

Ano	Projeto A	Projeto B
0	(1.000,00)	(1.000,00)
1	0,00	315,47
2	0,00	315,47
3	0,00	315,47
4	1.464,10	315,47
Soma	**464,10**	**261,68**

Capítulo 9 » Métodos de análise de investimentos   283

7 Um investidor está analisando os projetos, mutuamente exclusivos, representados pelos fluxos de caixa indicados a seguir:

Ano	Projeto A	Projeto B
0	(1.000,00)	(1.000,00)
1	200,00	100,00
2	450,00	200,00
3	0,00	300,00
4	800,00	900,00
Soma	**450,00**	**500,00**

Indique, utilizando os métodos do VPL e da TIR, qual dos dois projetos deve ser escolhido pelo investidor, sabendo que sua taxa mínima de atratividade é de 8,00% a.a.

8 Uma empresa pretende fazer alterações no seu parque industrial e está analisando duas alternativas de investimentos, cujos dados em relação à situação atual estão indicados a seguir:

	Alternativa A	Alternativa B
Investimento inicial ($)	(20.000,00)	(40.000,00)
Vida útil dos equipamentos (anos)	6	4
Economias anuais em relação à situação atual ($)	6.000,00	14.000,00

Considere um horizonte de análise de 12 anos e assuma que os reinvestimentos no final da vida útil dos equipamentos serão realizados nas mesmas condições dos respectivos investimentos iniciais. Assuma, ainda, como nulos os valores residuais dos equipamentos no final de sua vida útil.

Indique as faixas de taxas mínimas de atratividade para as quais cada alternativa deve ser aceita.

9 A companhia estadual de eletricidade está analisando a construção de uma usina fornecedora de energia e dispões das seguintes alternativas:

	Hidrelétrica	Termelétrica
Investimento inicial ($)	(100.000,00)	(60.000,00)
Custo operacional anual ($)	(11.500,00)	(14.000,00)

Assuma um custo de capital de 5,00% a.a. e indique a alternativa que deve ser escolhida pela companhia de eletricidade, assumindo que as duas usinas têm vida perpétua.

10 Um investidor está analisando os projetos, mutuamente exclusivos, representados pelos fluxos de caixa indicados a seguir:

Ano	Projeto A	Projeto B	Projeto C
0	(10.000,00)	(10.000,00)	(10.000,00)
1	3.000,00	1.000,00	5.000,00
2	3.000,00	2.000,00	4.000,00
3	3.000,00	3.000,00	3.000,00
4	3.000,00	5.000,00	1.000,00
5	3.000,00	7.000,00	200,00
Soma	**5.000,00**	**8.000,00**	**3.200,00**

Indique, utilizando os métodos do VPL e da TIR, qual dos três projetos deve ser escolhido pelo investidor, sabendo que sua taxa mínima de atratividade é de 15,00% a.a.

11 Um investidor está analisando os projetos, mutuamente exclusivos, representados pelos fluxos de caixa indicados a seguir:

Ano	Projeto A	Projeto B	Projeto C
0	(10.000,00)	(10.000,00)	(10.000,00)
1	5.000,00	1.000,00	0,00
2	5.000,00	2.000,00	0,00
3	4.000,00	4.000,00	3.000,00
4	3.000,00	7.000,00	8.000,00
5	2.000,00	7.000,00	11.000,00
Soma	**9.000,00**	**10.000,00**	**12.000,00**

Indique, utilizando os métodos do VPL e da TIR, qual dos três projetos deve ser escolhido pelo investidor, sabendo que sua taxa mínima de atratividade é de 7,00% a.a.

12 Um investidor está analisando os projetos, mutuamente exclusivos, representados pelos fluxos de caixa indicados a seguir:

Ano	Projeto A	Projeto B	Projeto C	Projeto D
0	(10.000,00)	(15.000,00)	(25.000,00)	(50.000,00)
1	2.900,00	4.250,00	6.600,00	12.800,00
2	2.900,00	4.250,00	6.600,00	12.800,00
3	2.900,00	4.250,00	6.600,00	12.800,00
4	2.900,00	4.250,00	6.600,00	12.800,00
5	2.900,00	4.250,00	6.600,00	12.800,00
Soma	**4.500,00**	**6.250,00**	**8.000,00**	**14.000,00**

Indique, utilizando os métodos do VPL e da TIR, qual dos quatro projetos deve ser escolhido pelo investidor, sabendo que sua taxa mínima de atratividade é de 7,00% a.a.

13 Uma empresa, que tem uma taxa mínima de atratividade de 8,00% a.a., está analisando os investimentos representados pelos fluxos de caixa indicados a seguir:

Ano	A	B	C	D	E
0	(10.000,00)	(30.000,00)	(30.000,00)	(60.000,00)	(60.000,00)
1	2.600,00	7.600,00	8.000,00	15.500,00	18.000,00
2	2.600,00	7.600,00	7.800,00	15.500,00	17.000,00
3	2.600,00	7.600,00	7.500,00	15.500,00	15.000,00
4	2.600,00	7.600,00	7.400,00	15.500,00	14.000,00
5	2.600,00	7.600,00	7.300,00	15.500,00	13.000,00
Soma	3.000,00	8.000,00	8.000,00	17.500,00	17.000,00

Sabendo-se que esses investimentos são independentes e que a empresa dispõe de $100.000,00 para serem investidos, indique os investimentos que devem ser escolhidos para otimizar os resultados dessas aplicações.

14 Uma empresa está avaliando a compra de um equipamento pelo preço à vista de $3.000,00, com valor residual de $700,00 no final de sua vida útil de cinco anos. Como benefício de sua utilização, a empresa espera, nos próximos cinco anos, uma redução de $2.000,00 nos custos fixos de mão de obra, incorrendo, no entanto, em gastos adicionais de manutenção, energia etc. no total de $500,00 por ano.

Calcule as taxas internas de retorno do investimento, antes e depois do IR, sabendo que a empresa usa depreciação linear e que sua alíquota de IR está na faixa de 35,00%.

15 Assuma que no exemplo do problema 14 seja levantado um financiamento de $1.000,00 para ser amortizado em cinco parcelas anuais de $200,00, com juros de 12,00% a.a. sobre o saldo devedor. Calcule as taxas internas de retorno do capital próprio, antes e depois do IR.

10

Extensões

10.1 Introdução

No presente capítulo desenvolvemos os itens, abaixo mencionados, que têm relação direta com a Matemática Financeira e que não costumam ser incluídos no conteúdo da Matemática Financeira Básica.

- Fluxos de caixa com datas e valores
- Sistema alemão de amortização
- O anatocismo e a Lei da Usura
- Taxa Interna de Retorno Modificada – TIRM
- Vida econômica de equipamentos
- *Duration* de fluxos de caixa

10.2 Fluxos de caixa com datas e valores

10.2.1 Introdução

As fórmulas de Matemática Financeira para relacionar, a juros compostos, os diversos elementos de um fluxo de caixa exigem que a taxa de juros e os períodos tenham as mesmas unidades referenciais de tempo. Assim, se a taxa de juros é mensal, os períodos devem ser medidos em meses; se for trimestral, eles devem ser trimestrais. Além disso, essa taxa precisa ter o mesmo valor em todos os períodos.

Em princípio, todos os fluxos de caixa podem ser representados com o tempo medido em dias, e com a taxa de juros expressa em % ao dia.

A dificuldade de realizar os cálculos nessas condições é facilmente superada pelas funções **XVPL** e **XTIR**, da planilha Excel, que calculam, respectivamente, o valor presente líquido (VPL) e a taxa interna de retorno (TIR) de fluxos de caixa que são fornecidos com datas e valores de parcelas individuais.

No cálculo do VPL, a função **XVPL** tem um parâmetro que recebe a taxa de juros em % ao ano. Com base nessa taxa anual, a função **XVPL** calcula sua taxa equivalente diária, a juros compostos, considerando o ano com 365 dias, e realiza todos os cálculos com essa taxa diária.

No cálculo do TIR, a função **XTIR** inicialmente obtém a TIR diária e posteriormente a transforma na sua taxa anual equivalente, a juros compostos, considerando o ano com 365 dias.

Na hipótese de a taxa anual considerar o ano com 360 dias, podemos facilmente transformá-la na sua taxa anual equivalente, a juros compostos, para o ano com 365 dias e fornecer esse novo valor como parâmetro da função **XVPL**. Observe que, nesse caso, as duas taxas equivalentes diárias terão o mesmo valor, uma vez que as taxas anuais são equivalentes, a juros compostos.

Quando a função **XTIR** fornece o valor do parâmetro da TIR em % ao ano, com o ano de 365 dias, podemos posteriormente transformá-lo na sua taxa anual equivalente, considerando o ano com 360 dias.

Importante observar que a fórmula da Tabela Price exige que as prestações iguais sejam equidistantes. Por exemplo, se elas são mensais, devem ocorrer a cada 30 dias; se trimestrais, a cada 90 dias etc. Nessa sistemática, o ano tem 360 dias, que corresponde ao chamado ano comercial.

Na prática, entretanto, as prestações mensais não costumam ocorrer a cada 30 dias, e sim em datas fixas do mês, conhecidas como datas de aniversário, obedecendo ao ano civil de 365 dias.

Portanto, as prestações mensais obtidas pela Tabela Price, – com o ano de 360 dias – e recebidas em datas fixas do mês, têm cinco dias de juros que não são considerados em cada ano (seis dias no ano bissexto). Num contrato de 20 anos, 100 dias de juros são abandonados.

A seguir vamos mostrar o uso das funções do Excel – **XVPL** e **XTIR** –, que operam com datas e valores, e que permitem a obtenção de prestações iguais em datas fixas, com o ano civil de 365 dias.

10.2.2 Funções financeiras XVPL e XTIR

As funções financeiras **XVPL** e **XTIR** da Planilha Excel servem para calcular o VPL e a TIR de fluxos de caixa registrados nessa planilha através de suas parcelas individuais, juntamente com as datas de calendário de cada uma delas.

A função **XVPL**, que calcula o VPL do fluxo de caixa, tem a seguinte sintaxe:

$$= \text{XVPL (taxa; valores; datas)}$$

Esses parâmetros correspondem a:

- **taxa** – valor da taxa de juros que é usada no desconto individual das parcelas futuras do fluxo de caixa. Deve ser informada em % a.a., para um ano com 365 dias;
- **valores** – valores de todas as parcelas individuais do fluxo de caixa que devem ser informadas cronologicamente, desde a parcela inicial CF_0 colocada no ponto zero da escala de tempo até a última parcela;
- **datas** – datas de calendário, correspondentes aos valores das parcelas do fluxo de caixa, incluindo a data da parcela inicial colocada no ponto zero da escala de tempo.

Importante observar que, diferentemente da função **VPL**, a função **XVPL** considera a parcela CF_0 como a primeira parcela do fluxo de caixa.

A partir desses parâmetros, a função **XVPL** retorna o VPL do fluxo de caixa, que é obtido pelas seguintes operações internas dessa função:

- cálculo da taxa diária, a juros compostos, equivalente à taxa de desconto fornecida em % a.a. considerando o ano com 365 dias;
- desconto de todas as parcelas futuras do fluxo de caixa, com a taxa diária obtida anteriormente, levando em consideração o número exato de dias existente entre cada parcela futura e a parcela inicial colocada no ponto zero do fluxo de caixa;
- soma de todos os valores descontados para o ponto zero com o valor da parcela CF_0, fornecendo assim o VPL do fluxo de caixa.

A função **XVPL** pode ser usada para a obtenção de prestações iguais (PMT), mediante a utilização do conceito de equivalência de fluxos de caixa, como mostraremos no exemplo 3, a seguir.

A função **XTIR**, que calcula o valor da TIR do fluxo de caixa, tem a seguinte sintaxe:

$$= \text{XTIR (valores; datas; estimativa)}$$

Esses parâmetros correspondem a:

- **valores** – valores de todas as parcelas individuais do fluxo de caixa que devem ser informadas cronologicamente, desde a parcela inicial CF_0 colocada no ponto zero da escala de tempo até a última parcela;
- **datas** – datas de calendário, correspondentes aos valores das parcelas do fluxo de caixa, incluindo a data da parcela inicial colocada no ponto zero da escala de tempo;
- **estimativa** – valor estimado da taxa interna de retorno em % a.a. de 365 dias, que pode ser omitido ou sempre fornecido com o valor igual a zero.

Internamente, a função **XTIR** calcula a taxa interna de retorno diária do fluxo de caixa, e o resultado é fornecido na sua taxa anual equivalente para o ano com 365 dias.

Nos exemplos a seguir, sempre que possível, utilizaremos as funções **NPV**, da HP 12C, **VPL** e **XVPL**, do Excel, para calcular o VPL, e as funções **IRR**, da HP 12C, **TIR** e **XTIR**, do Excel, para calcular a TIR, a fim de comparamos os resultados obtidos pelas respectivas funções.

10.2.3 Problemas resolvidos

Um veículo cujo valor à vista é de $50.000,00 é vendido no dia 01/mar. com um financiamento que envolve três pagamentos mensais, sucessivos e iguais a $17.200,00, que devem ser efetuados a partir do 30º dia da data da venda. Cada prestação vence 30 dias após a prestação anterior, conforme indicado na Tabela 10.1:

TABELA 10.1 Fluxo de caixa do financiador

Datas	Dias	Mês	Valor ($)
01/mar.	0	0	-50.000,00
31/mar.	30	1	17.200,00
30/abr.	60	2	17.200,00
30/maio	90	3	17.200,00
Soma			**1.600,00**

Fonte: elaborada pelo autor.

A taxa de juros a ser utilizada no cálculo do VPL desse fluxo de caixa deve ser 12% a.a, considerando o ano com 360 dias.

Inicialmente calcule:

a) a taxa de juros mensal, que é equivalente à taxa de 12% a.a. com 360 dias;

b) a taxa de juros anual com 365 dias, que é equivalente à taxa de 12% a.a. com 360 dias.

Em relação ao fluxo de caixa da Tabela 10.1, calcule, utilizando a HP 12C e o seu simulador:

c) o VPL, utilizando a função **NPV**, com a taxa mensal obtida no item *a*, e a TIR do financiamento, em % a.m., utilizando a função **IRR**;

d) a TIR do financiamento, em % a.a. de 365 dias, que é equivalente à taxa mensal obtida no item *c*.

290   Matemática Financeira

Em relação ao fluxo de caixa da Tabela 10.1, calcule com a utilização da planilha Excel:

e) o VPL, utilizando a função **VPL**, com a taxa mensal obtida no item *a*, e a TIR, em % a.m., com a função **TIR**;

f) o VPL, utilizando a função **XVPL**, com a taxa de desconto anual obtida no item *b*, e a TIR, em % a.a. com 365 dias, utilizando a função **XTIR**.

SOLUÇÃO

Observe que, como as prestações ocorrem a cada 30 dias, podemos também realizar os cálculos com os períodos medidos em meses, e usar a taxa mensal equivalente à taxa fornecida.

Dessa forma, é possível utilizar as funções **NPV** e **IRR**, da HP 12C, e as funções **VPL** e **TIR**, do Excel, com os períodos em meses e com a taxa mensal. Além disso, as três parcelas de $17.200,00 podem ser consideradas como um parâmetro PMT no Simulador da HP 12C para o diagrama-padrão.

a) Taxa de juros mensal equivalente à taxa de 12,00% a.a. com 360 dias
Essa taxa é obtida conforme indicado a seguir:

Cálculo da taxa de juros mensal – ano 360 dias

n	i	PV	PMT	FV
12	0,9488793	−100,00	0,00	112,00

que indica a taxa de 0,9488793% a.m.

b) Taxa de juros anual com 365 dias, equivalente à taxa de 12% a.a. com 360 dias
Essa taxa anual é obtida conforme indicado a seguir:

Cálculo da taxa anual para 365 dias (n = 365/360 = 1,0138889)

n	i	PV	PMT	FV
1,0138889	12	−100,00	0,00	112,176428

que indica a taxa de 12,176428% a.a. com 365 dias.

c) Usando a HP 12C para obter o VPL com a função **NPV** – com a taxa mensal obtida no item *b* – e a TIR em % a.m., com a função **IRR**

Inicialmente devemos registrar o fluxo de caixa na HP 12C com as seguintes operações:

		f	REG	(limpeza dos registros)
50.000	CHS	g	CF_0	(parcela do mês 0 = (–) \$50.000,00)
	17.200	g	CF_j	(parcela do mês 1 = \$17.200,00)
	3	g	N_j	(repetir três vezes a parcela de \$17.200,00)

Com o fluxo de caixa registrado na HP 12C podemos fazer os cálculos do VPL, com a taxa de juros mensal do item *a*, e da TIR, como segue:

0,9488793	i		
	f	NPV	(VPL = \$636,025)
	f	IRR	(TIR = 1,5916226% a.m.)

Assim, o VPL é igual a \$636,025 e o valor da TIR é igual a 1,5916226% a.m.

d) Usando o Simulador da HP 12C – diagrama-padrão – para obter a TIR em % a.a. com 365 dias, equivalente à taxa mensal obtida no item *c*:

Cálculo de TIR anual para 365 dias (n = 365/30 = 12,1666667)

n	i	PV	PMT	FV
12,1666667	1,5916226	–100,00	0,00	121,18190

que indica a taxa de 21,18190% a.a. com 365 dias.

e) Usando o Excel para a obtenção do VPL, com a função **VPL** e com a taxa mensal obtida no item *a*, e da TIR, em % a.m., com a função **TIR**

Devemos, inicialmente, registrar o fluxo de caixa na Planilha Excel e executar a função **VPL**, conforme indicado a seguir:

E10		⊗ ⊘	fx	=VPL(D10;E4:E6)+E3	
A	B	C	D	E	F
1					
2	Datas	Dias	Mês	Valor ($)	
3	01 / mar	0	0	-50.000,00	
4	31 / mar	30	1	17.200,00	
5	30 / abr	60	2	17.200,00	
6	30 / mai	90	3	17.200,00	
7		SOMA		1.600,00	
8					
9			i %	VPL	
10			0,9488793%	=VPL(D10;E4:E6)+E3	
11					
12					

Com relação aos valores dessa planilha, destacamos os pontos na sequência.

A fórmula da função **VPL**, colocada na célula **E10**, tem a seguinte sintaxe:

$$= VPL\ (D10;\ E4:E6) + E3 \qquad \text{(fórmula na célula E10)}$$

Esses parâmetros correspondem a:

- **D10** – célula que contém a taxa de desconto de 0,9488794% a.m.;
- **E4:E6** – intervalo entre as células **E4** e **E6** que contém os valores das parcelas do fluxo de caixa, do 1º ao 3º mês.

Observe que o valor do fluxo de caixa do ponto zero (**CF$_0$**) é somado fora da fórmula da função. O VPL obtido pela execução da fórmula da célula **E10** é igual a $636,025, idêntico ao obtido no item *c*, conforme mostrado a seguir:

E12		⊗ ⊘	fx		
A	B	C	D	E	
	Datas	Dias	Mês	Valor ($)	
	01 / mar	0	0	-50.000,00	
	31 / mar	30	1	17.200,00	
	30 / abr	60	2	17.200,00	
	30 / mai	90	3	17.200,00	
		SOMA		1.600,00	
			i %	VPL	
			0,9488793%	636,025	

O valor da TIR é obtido com a função **TIR** do Excel, conforme indicado a seguir:

Capítulo 10 » Extensões **293**

E9	⇕	⊗ ⊘ ⊜	fx	=TIR(E3:E6)	

	A	B	C	D	E	F
1						
2		Datas	Dias	Mês	Valor ($)	
3		01 / mar	0	0	-50.000,00	
4		31 / mar	30	1	17.200,00	
5		30 / abr	60	2	17.200,00	
6		30 / mai	90	3	17.200,00	
7			SOMA		1.600,00	
8						
9				TIR	=TIR(E3:E6)	
10						
11						
12						
13						

Com relação aos valores dessa planilha, destacamos que a fórmula da função **TIR** está na célula **E9** e tem a seguinte sintaxe:

$$= \text{TIR (E3:E6)}$$ (fórmula na célula E9)

Esses parâmetros correspondem a:

- **E3:E6** – intervalo entre as células **E3** e **E6** que contém os valores de todas as parcelas do fluxo de caixa, desde o investimento inicial até a parcela do 3º mês.

A TIR obtida pela execução da fórmula da função **TIR** do Excel é igual a 1,5916226% a.m., idêntica à obtida no item *c*, conforme mostrado a seguir:

J24	⇕	⊗ ⊘ ⊜	fx		

	A	B	C	D	E	F
1						
2		Datas	Dias	Mês	Valor ($)	
3		01 / mar	0	0	-50.000,00	
4		31 / mar	30	1	17.200,00	
5		30 / abr	60	2	17.200,00	
6		30 / mai	90	3	17.200,00	
7			SOMA		1.600,00	
8						
9				TIR	1,5916226%	
10						
11						

f) Usando o Excel para a obtenção do VPL, com a função **XVPL**, com a taxa de desconto anual para 365 dias, obtida no item *b*, e da TIR em % a.a. com 365 dias, utilizando a função **XTIR**

Com o fluxo de caixa já registrado na planilha Excel, basta introduzir a taxa de desconto na célula **D10** e a fórmula da função **XVPL** na célula **E10**, como segue:

294   Matemática Financeira

E10		⊗ ⊘ ⌢ *fx*	=XVPL(D10;E3:E6;B3:B6)		
	A	**B**	**C**	**D**	**E**	**F**
1						
2		Datas	Dias	Mês	Valor ($)	
3		01 / mar	0	0	-50.000,00	
4		31 / mar	30	1	17.200,00	
5		30 / abr	60	2	17.200,00	
6		30 / mai	90	3	17.200,00	
7			SOMA		1.600,00	
8						
9				i %	XVPL	
10				12,176428%	=XVPL(D10;E3:E6;B3:B6)	
11						

Com relação aos valores dessa planilha, destacamos os pontos a seguir.

A fórmula da função **XVPL**, colocada na célula **E10**, tem a seguinte sintaxe:

$$= XVPL (D10; E3:E6; B3:B6) \qquad \text{(fórmula na célula E10)}$$

Esses parâmetros correspondem a:

- **D10** – célula que contém a taxa de desconto de 12,1764296% a.a.;
- **E3:E6** – intervalo entre as células **E3** e **E6** que contém os valores das parcelas do fluxo de caixa, desde o investimento inicial até a parcela do 3º mês;
- **B3:B6** – intervalo entre as células **B3** e **B6** que contém as datas referentes às parcelas do fluxo de caixa, desde o investimento inicial até a parcela do 3º mês.

O VPL obtido pela execução da fórmula da célula **E10** é igual a $636,025, idêntico ao obtidos nos itens *c* e *e*, conforme mostrado a seguir:

	A	B	C	D	E	
1						
2		Datas	Dias	Mês	Valor ($)	
3		01 / mar	0	0	-50.000,00	
4		31 / mar	30	1	17.200,00	
5		30 / abr	60	2	17.200,00	
6		30 / mai	90	3	17.200,00	
7			SOMA		1.600,00	
8						
9				i %	XVPL	
10				12,176428%	636,025	
11						

O valor da TIR é obtido com a função **XTIR** mediante a introdução da fórmula da função na célula **E9**, como indicado a seguir:

Capítulo 10 » Extensões   **295**

E9		⊗ ⊘	fx	=XTIR(E3:E6;B3:B6)		
	A	B	C	D	E	F	G
1						
2		Datas	Dias	Mês	Valor ($)	
3		01 / mar	0	0	-50.000,00	
4		31 / mar	30	1	17.200,00	
5		30 / abr	60	2	17.200,00	
6		30 / mai	90	3	17.200,00	
7			SOMA		1.600,00	
8						
9				XTIR	=XTIR(E3:E6;B3:B6)	
10						
11						
12						

Com relação aos valores dessa planilha, destacamos que a fórmula da função **XTIR**, colocada na célula **E9**, tem a seguinte sintaxe:

$$= \text{XTIR (E3:E6; B3:B6)} \qquad \text{(fórmula na célula E9)}$$

Esses parâmetros correspondem a:

- **E3:E6** – intervalo entre as células **E3** e **E6** que contém os valores das parcelas do fluxo de caixa, desde o investimento inicial até a parcela do 3º mês;
- **B3:B6** – intervalo entre as células **B3** e **B6** que contém as datas referentes às parcelas do fluxo de caixa, desde o investimento inicial até a parcela do 3º mês.

A TIR obtida pela execução da fórmula da função **XTIR** do Excel é igual a 21,18190% a.a., idêntica à obtida no item *d*, conforme mostrado a seguir:

G1		⊗ ⊘	fx			
	A	B	C	D	E	F
1						
2		Datas	Dias	Mês	Valor ($)	
3		01 / mar	0	0	-50.000,00	
4		31 / mar	30	1	17.200,00	
5		30 / abr	60	2	17.200,00	
6		30 / mai	90	3	17.200,00	
7			SOMA		1.600,00	
8						
9				XTIR	21,18190%	
10						
11						
12						

2. Um veículo cujo valor à vista é de $50.000,00 é vendido no dia 01/mar. com um financiamento que envolve três pagamentos mensais, sucessivos e iguais a $17.200,00, que devem ser efetuados no 1º dia de cada mês subsequente à data da venda. O fluxo de caixa do financiador está na Tabela 10.2:

296   Matemática Financeira

TABELA 10.2 Fluxo de caixa do financiador

Datas	Dias	Valor ($)
01 / mar.	0	–50.000,00
01 / abr.	31	17.200,00
01 / maio	61	17.200,00
01 / jun.	92	17.200,00
Soma		**1.600,00**

Fonte: elaborada pelo autor.

A taxa de juros a ser utilizada no cálculo do **VPL** desse fluxo de caixa deve ser 12% a.a., considerando o ano com 360 dias.

Inicialmente calcule:

a) a taxa de juros ao ano com 365 dias, que é equivalente à de 12% a.a., com 360 dias. Em relação ao fluxo de caixa da Tabela 10.2, calcule com a planilha Excel.

b) o valor presente líquido utilizando a função **XVPL**, com a taxa de desconto anual obtida no item *a*, e a taxa interna de retorno em % a.a. com 365 dias, utilizando a função **XTIR**.

SOLUÇÃO

Observe que, como as prestações não ocorrem a cada 30 dias, não podemos realizar os cálculos com os períodos medidos em meses, e consequentemente as prestações não podem ser consideradas um parâmetro PMT no simulador da HP 12C com o diagrama-padrão.

Precisamos resolver esse problema com a unidade de tempo medida em dias, e com a taxa de juros diária equivalente à taxa de juros anual, com o ano de 365 dias.

A solução desse problema pela planilha Excel é facilitada através das funções **XVPL** e **XTIR**, que consideram o fluxo de caixa registrado pelas datas e valores das parcelas do fluxo de caixa.

a) Taxa de juros anual com 365 dias, equivalente à taxa de 12% a.a. com 360 dias

Essa taxa anual é obtida conforme indicado a seguir:

Cálculo da taxa anual para 365 dias (n = 365/360 = 1,0138889)

n	i	PV	PMT	FV
1,0138889	12	–100,00	0,00	**112,176428**

que indica a taxa de 12,176428% a.a. (365 dias).

b) Usando o Excel, com a função **XVPL** para obter o VPL com a taxa de desconto anual obtida no item *a*, e com a função **XTIR** para obter a TIR em % a.a. com 365 dias

Devemos, inicialmente, registrar o fluxo de caixa na planilha Excel e executar a função **XVPL**, conforme indicado a seguir:

	D10		⊗ ⊘	fx	=XVPL(C10;D3:D6;B3:B6)	
	A	**B**	**C**	**D**	**E**	
1						
2		**Datas**	**Dias**	**Valor ($)**		
3		01 / mar	0	-50.000,00		
4		01 / abr	31	17.200,00		
5		01 / mai	61	17.200,00		
6		01 / jun	92	17.200,00		
7			**Soma**	1.600,00		
8						
9			**i %**	**XVPL**		
10			12,176428%	=XVPL(C10;D3:D6;B3:B6)		
11						
12						
13						
14						

Com relação aos valores dessa planilha, destacamos os pontos a seguir.

A fórmula da função **XVPL**, colocada na célula **D10**, tem a sintaxe indicada a seguir:

$$= \text{XVPL (C10; D3:D6; B3:B6)} \qquad \text{(fórmula na célula D10)}$$

Esses parâmetros correspondem a:

- **C10** – célula que contém a taxa de desconto de 12,176428% a.a.;
- **D3:D6** – intervalo entre as células **D3** e **D6** que contém os valores das parcelas do fluxo de caixa, desde o investimento inicial até a parcela do 3º mês;
- **B3:B6** – intervalo entre as células **B3** e **B6** que contém as datas referentes às parcelas do fluxo de caixa, desde o investimento inicial até a parcela do 3º mês.

O valor presente líquido obtido pela execução da fórmula da função **XVPL** é igual a $614,8268, conforme mostrado a seguir:

	I13		⊗ ⊘	fx	
	A	**B**	**C**	**D**	
1					
2		**Datas**	**Dias**	**Valor ($)**	
3		01 / mar	0	-50.000,00	
4		01 / abr	31	17.200,00	
5		01 / mai	61	17.200,00	
6		01 / jun	92	17.200,00	
7			**Soma**	1.600,00	
8					
9			**i %**	**XVPL**	
10			12,176428%	614,8268	
11					
12					

298   Matemática Financeira

Com o fluxo de caixa já registrado na planilha Excel, precisamos introduzir a fórmula da função **XTIR** na célula **D9**, como segue:

	A	B	C	D	E
				=XTIR(D3:D6;B3:B6)	
1					
2		Datas	Dias	Valor ($)	
3		01 / mar	0	-50.000,00	
4		01 / abr	31	17.200,00	
5		01 / mai	61	17.200,00	
6		01 / jun	92	17.200,00	
7		Soma		1.600,00	
8					
9			XTIR	=XTIR(D3:D6;B3:B6)	
10					
11					
12					

Com relação aos valores dessa planilha, destacamos que a fórmula da função **XTIR**, colocada na célula **D9**, tem a seguinte sintaxe:

$$= \text{XTIR (D3:D6; B3:B6)} \qquad \text{(fórmula na célula D9)}$$

Esses parâmetros correspondem a:

* **D3:D6** – intervalo entre as células **D3** e **D6** que contém os valores das parcelas do fluxo de caixa, desde o investimento inicial até a parcela do 3º mês;
* **B3:B6** – intervalo entre as células **B3** e **B6** que contém as datas referentes às parcelas do fluxo de caixa, desde o investimento inicial até a parcela do 3º mês.

A taxa interna de retorno obtida pela execução da fórmula da cédula **D9** é igual a 20,67618% a.a., conforme mostrado a seguir:

	A	B	C	D
1				
2		Datas	Dias	Valor ($)
3		01 / mar	0	-50.000,00
4		01 / abr	31	17.200,00
5		01 / mai	61	17.200,00
6		01 / jun	92	17.200,00
7		Soma		1.600,00
8				
9			XTIR	20,67618%
10				
11				

3. Um financiamento de $100.000,00, com os recursos liberados no dia 01/mar., deve ser liquidado em quatro prestações mensais, iguais e consecutivas, com uma taxa de juros compostos de 10,00% a.a. com 365 dias.

Calcule o valor das prestações mensais nas seguintes situações:

a) as prestações ocorrem a cada 30 dias após a liberação dos recursos;
b) as prestações ocorrem no 1º dia de cada mês subsequente à liberação dos recursos.

SOLUÇÃO

a) Prestações a cada 30 dias – ano comercial

Inicialmente devemos calcular a taxa de juros mensal, que é equivalente à taxa de juros de 10% a.a., com 365 dias, conforme indicado a seguir:

Cálculo da taxa de juros mensal (n = 365/30 = 12,166667)

n	i	PV	PMT	FV
12,166667	0,786448	-100,00	0,00	110,00

que indica a taxa de 0,786448% a.m.

Podemos utilizar a função **PMT** do simulador para diagrama-padrão, como segue:

Cálculo do PMT

n	i	PV	PMT	FV
4	0,786448	-100.000,00	25.493,46	0,00

que indica PMT = $25.493,46.

b) Prestações no dia 1º de cada mês – ano civil

Inicialmente devemos considerar as prestações iguais (**X**) como se fossem parcelas unitárias (**X = 1**), conforme indicado na Tabela 10.3, e calcular o valor presente dessas parcelas unitárias, como segue:

TABELA 10.3 Fluxo de caixa parcelas unitárias – ano civil

Datas	Dia	Valor ($)
01 / mar.	0	0,00
01 / abr.	31	1,00
01 / maio	61	1,00
01 / jun.	92	1,00
01 / jul.	122	1,00
Soma		**4,00**

Fonte: elaborada pelo autor.

A solução é facilitada pela função **XVPL**, conforme indicado a seguir:

D11			fx	=XVPL(C11;D3:D7;B3:B7)	
	A	**B**	**C**	**D**	**E**
1					
2		**Datas**	**Dia**	**Valor ($)**	
3		01 / mar	0	0,00	
4		01 / abr	31	1,00	
5		01 / mai	61	1,00	
6		01 / jun	92	1,00	
7		01 / jul	122	1,00	
8		**Soma**		**4,00**	
9					
10			**i %**	**XVPL**	
11			10%	=XVPL(C11;D3:D7;B3:B7)	
12					
13					

Com relação aos valores dessa planilha, destacamos que a fórmula da função **XVPL**, colocada na célula **D11**, tem a seguinte sintaxe:

$$= \text{XVPL (C11; D3:D7; B3:B7)}$$ (fórmula na célula D11)

Esses parâmetros correspondem a:

- **C11** – célula que contém a taxa de desconto de 10,00% a.a.;
- **D3:D7** – intervalo entre as células **D3** e **D7** que contém os valores das parcelas do fluxo de caixa, desde o investimento inicial até a parcela do 3º mês;
- **B3:B7** – intervalo entre as células **B3** e **B7** que contém as datas referentes às parcelas do fluxo de caixa, desde o investimento inicial até a parcela do 3º mês.

O valor presente líquido das parcelas unitárias, obtido pela execução da fórmula da célula **D11**, é igual a $3,921043, conforme mostrado a seguir:

J24			fx		
	A	**B**	**C**	**D**	
1					
2		**Datas**	**Dia**	**Valor ($)**	
3		01 / mar	0	0,00	
4		01 / abr	31	1,00	
5		01 / mai	61	1,00	
6		01 / jun	92	1,00	
7		01 / jul	122	1,00	
8		**Soma**		**4,00**	
9					
10			**i %**	**XVPL**	
11			10%	3,921043	
12					
13					

Então o valor da prestação **X** , que corresponde ao **PMT**, é obtido como segue:

$$X = 100.000,00 / 3,921043 = \$25.503,42$$

O valor da prestação mensal encontrada para o ano comercial, Tabela Price, é de $25.493,46 e para o ano civil é de $25.503,42, o que indica uma diferença de $9,96 em cada prestação mensal, correspondente aos dias de juros não cobrados na convenção do ano comercial.

10.2.4 Conclusão

Neste item mostramos a metodologia que deve ser usada no tratamento de qualquer fluxo de caixa que tenha suas parcelas individuais informadas com as respectivas datas de calendário, seja para calcular o valor presente líquido (VPL) para determinada taxa de desconto, seja para calcular a taxa interna de retorno (TIR).

Mostramos exemplos numéricos com o uso das funções **NPV** e **IRR**, da HP 12C, e com as funções **VPL** e **TIR**, da planilha Excel, que servem para calcular, respectivamente, o VPL e a TIR de fluxos de caixa não homogêneos. Para o uso dessas funções, os fluxos de caixa devem ser registrados de forma sequencial, e todas as suas parcelas devem ser informadas, inclusive aquelas que tiverem valor igual a zero. No caso da planilha Excel, cada célula corresponde a um período de capitalização de juros.

Mostramos também o uso das funções financeiras **XVPL** e **XTIR**, da planilha Excel, que são usadas para calcular, respectivamente, o valor presente líquido e a taxa interna de retorno de fluxos de caixa não homogêneos, que são registrados na planilha Excel mediante a informação da **data** e do respectivo **valor** de cada uma das parcelas.

Essas duas funções operam com a taxa anual, considerando o ano com 365 dias, e descontam individualmente, com a taxa diária equivalente, cada parcela do fluxo de caixa, levando em consideração os dias efetivos até o ponto zero da escala de tempo. A operação com a taxa anual para 360 dias pode ser feita mediante a utilização do conceito de taxas equivalentes, no regime de juros compostos.

As funções **VPL**, **XVPL**, **TIR** e **XTIR**, da planilha Excel em português, têm os seguintes nomes na planilha Excel em Inglês: **NPV**, **XNPV**, **IRR** e **XIRR**, respectivamente.

10.3 Sistema alemão de amortização

No sistema alemão de amortização, as prestações são iguais e os juros de cada período são calculados sobre o saldo devedor do início do período, da mesma forma que no Sistema Price. A grande diferença entre os dois sistemas é que no sistema alemão *os juros são pagos antecipadamente* no início do período, ao passo que no Sistema Price *os juros são pagos no final do período*.

302   Matemática Financeira

A fórmula para o cálculo da prestação do sistema alemão está na Figura 10.1, que mostra sua representação esquemática, em que todas as prestações têm o mesmo valor **PR**.

FIGURA 10.1 Sistema alemão – Juros antecipados

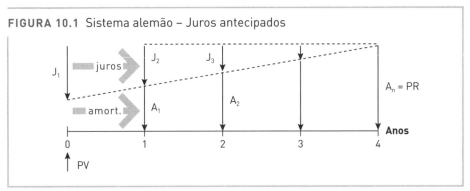

Fonte: elaborada pelo autor.

Todas as prestações têm o mesmo valor **PR**, porém na demonstração das fórmulas vamos representar como PR_1, PR_2, PR_3, ... os valores das prestações dos períodos 1, 2, 3, ..., respectivamente.

Os juros e as amortizações de cada período são representados por J_1, J_2, J_3, ... e A_1, A_2, A_3, ..., respectivamente.

Observe que os juros são pagos antecipadamente e na última prestação PR eles são nulos, o que permite escrever:

$$PR = A_n \tag{9.1}$$

- No início do 1º período (ponto zero) temos:

Saldo inicial = PV
Portanto, $J_1 = PV \times i$ (com pagamento antecipado no ponto zero).

- No início do 2º período (n = 1) temos:

Saldo inicial = $PV - A_1$
Portanto, $J_2 = (PV - A_1) \times i$ (com pagamento antecipado no ponto 1).

$$PR_1 = A_1 + J_2 = A_1 + (PV - A_1) \times i = A_1 + PV \times i - A_1 \times i$$

- No início do 3º período (n = 2) temos:

Saldo inicial = $PV - A_1 - A_2$
Portanto, $J_3 = (PV - A_1 - A_2) \times i$ (com pagamento antecipado no ponto 2).

$$PR_2 = A_2 + J_3 = A_2 + (PV - A_1 - A_2) \times i = A_2 + PV \times i - A_1 \times i - A_2 \times i$$

Como $PR_1 = PR_2$, podemos escrever:

$$A_1 + PV \times i - A_1 \times i = A_2 + PV \times i - A_1 \times i - A_2 \times i$$

Isso leva a: $A_1 = A_2 - A_2 \times i$. Portanto, temos

$$A_1 = A_2 (1 - i) \qquad (9.2)$$

A partir dessa relação, podemos chegar às expressões que seguem:

$$A_2 = A_3 (1 - i)$$
$$A_1 = A_2 (1 - i) = A_3 (1 - i)^2$$

Finalmente temos:

$$A_1 = A_n (1 - i)^{n-1} \qquad (9.3)$$

Pela relação acima podemos concluir que as amortizações do sistema alemão crescem exponencialmente segundo uma P.G. de razão igual a $1/(1 - i)$.

O valor do principal PV é igual à soma das amortizações, e assim temos a relação a seguir:

$$PV = A_1 + A_2 + A_3 + \ldots + A_n$$

Utilizando a relação anterior, podemos escrever:

$$PV = A_n [(1 - i)^{n-1} + (1 - i)^{n-2} + \ldots + (1 - i) + 1] \qquad (A)$$

Multiplicando por $(1 - i)$ os dois lados dessa equação temos:

$$PV (1 - i) = A_n [(1 - i)^n + (1 - i)^{n-1} + \ldots + (1 - i)^2 + (1 - i)] \qquad (B)$$

Fazendo (B) − (A) obtemos:

$$PV \times i = A_n [1 - (1 - i)^n]$$

Como sabemos que $A_n = PR$, pois a última prestação não tem pagamento de juros, que são antecipados, obtemos a fórmula para o cálculo da prestação PR pelo sistema alemão de amortização como indicado a seguir:

$$PR = PV \left[\frac{i}{1 - (1 - i)^n} \right] \qquad (9.4)$$

304 Matemática Financeira

Vamos agora usar essa expressão para calcular o valor da prestação do sistema alemão com os seguintes dados: PV = $1.000,00, i = 8% a.a. e n = 4 anos.

$$PR = \$1.000,00 \times [0,08/(1 - (1 - 0,08)^4] = 1.000,00 \times [0,08/0,28361] =$$

$$= \$282,08$$

Vale ressaltar que, nesse exemplo, pelo sistema alemão o valor líquido recebido no ponto zero será de $1.000,00 - 8% × $1.000,00 = $920,00, que deverá ser pago em quatro prestações anuais de $282,08.

A taxa efetiva desse financiamento será de 8,670% a.a. e não de 8,00% a.a., como ocorre no Sistema Price, no qual o valor líquido de $1.000,00 é liquidado em quatro prestações anuais de $301,92.

As Tabelas 10.4 e 10.5 mostram a evolução dos pagamentos e saldos devedores do sistema alemão e do sistema francês (Tabela Price) para liquidar um financiamento de $1.000,00, com juros de 8% a.a., num prazo de quatro anos.

TABELA 10.4 Tabela Price – Sistema francês – 8% a.a.

Anos	Juros	Amortização do saldo devedor	Pagamento – Prestação	Saldo devedor
0	0,00	0	0,00	1.000,00
1	80,00	221,92	301,92	778,08
2	62,24	239,68	301,92	538,40
3	43,07	258,85	301,92	279,55
4	22,36	279,56	301,92	0,00
Totais	**207,68**	**1.000,00**	**1.207,68**	

Fonte: elaborada pelo autor.

As amortizações da Tabela Price estão numa P.G., conforme pode ser verificado a seguir:

Razão da P.G. = $(1 + i)$ = 1,08;
$A_2 = A_1 \times (1,08) = 221,92 \times 1,08 = 239,68$;
$A_3 = A_2 \times (1,08) = 239,68 \times 1,08 = 258,85$;
$A_4 = A_3 \times (1,08) = 258,85 \times 1,08 = 279,56$.

Capítulo 10 » Extensões   **305**

TABELA 10.5 Sistema alemão – $1.000,00 – 8% a.a.

Anos	Juros	Amortização do saldo devedor	Pagamento – Prestação	Saldo devedor
0	80,00	0	80,00	1.000,00
1	62,43	219,65	282,08	780,35
2	43,33	238,75	282,08	541,59
3	22,57	259,51	282,08	282,08
4	0,00	282,08	282,08	0,00
Totais	**208,32**	**1.000,00**	**1.208,32**	

Fonte: elaborada pelo autor.

As amortizações do sistema alemão estão numa P.G., conforme indicado a seguir:

Razão da P.G. = $1/(1 - i) = 1/(1 - 0,08) = 1/0,92$;
$A_4 = PR = 282,08$
$A_3 = A_4 / (1/0,92) = A_4 \times 0,92 = 259,51$;
$A_2 = A_3 / (1/0,92) = A_3 \times 0,92 = 238,75$;
$A_1 = A_2 / (1/0,92) = A_2 \times 0,92 = 219,65$;

Se o valor financiado fosse de $100,00/0,92 = $1.086,96, o valor líquido recebido no ponto zero seria de $1.086,96 – 8% × $1.086,96 = $1.000,00 e, nesse caso, a prestação anual passaria a ser $306,61, superior à prestação de $301,92 do sistema Price.

Assim, o sistema alemão não é equivalente à Tabela Price, pois o valor presente das quatro prestações anuais de $306,61, com taxa de 8% a.a., é superior a $1.000,00. Para uma mesma taxa de juros o sistema alemão é mais oneroso do que a Tabela Price porque nele os juros são antecipados e na Tabela Price são postecipados.

10.4 O anatocismo e a Lei da Usura

10.4.1 Introdução

O Art. 4º do Decreto 22.626 assinado pelo Presidente Getúlio Vargas em 1933, mais conhecido como Lei da Usura, proíbe a aplicação de "juros sobre juros" em prazos inferiores a um ano e o Art. 7º do Novo Código Civil (Lei 10.406, de 2002) somente permite a capitalização de juros anualmente.

Anatocismo é uma palavra cujo significado é praticamente desconhecido pela maioria dos executivos financeiros. Entretanto, é muito familiar para os advogados, juízes e desembargadores, pois é o termo jurídico para se referir à capitalização de juros, ou cobrança de "juros sobre juros", proibida por lei quando praticada em períodos inferiores a um ano, exceto se autorizada por instrumentos legais específicos. A questão em torno da capitalização de juros tem gerado diversas demandas judiciais, que em alguns casos são levadas à instância do Superior Tribunal de Justiça e do Supremo Tribunal Federal.

Importante registrar que os documentos legais só se referem à proibição da cobrança de "juros sobre juros", permitindo a capitalização anual. Portanto, *não há qualquer proibição explícita quanto à utilização do regime de juros compostos.*

Mostramos nesta seção, de forma simples e pragmática, que o regime de juros compostos não implica necessariamente cobrança de "juros sobre juros", portanto, esse regime de juros não deve ser considerado obrigatoriamente ilegal. Enfatizamos, ainda, que a possiblidade da ocorrência do anatocismo nos financiamentos que utilizam a Tabela Price pode ser eliminada de fato se os contratos especificarem o desdobramento das suas prestações em amortização e juros de acordo com a convenção adotada nos compêndios internacionais, em todas as calculadoras financeiras especializadas e na própria planilha eletrônica Excel.

O Art. 354 do Novo Código Civil estipula que *"Havendo capital e juros, o pagamento imputar-se-á primeiro nos juros vencidos , e depois no capital, salvo estipulação em contrário, ou se o credor passar a quitação por conta do capital."*

A aplicação desse dispositivo legal no Sistema de Amortização Constante-SAC e no Sistema de Amortização Americano-SAA é espontânea e automática, pois os pagamentos periódicos estão contratualmente subdivididos em amortização e juros, e assim impedem nos contratos a possibilidade da capitalização de juros, proibida por lei. O mesmo poderá acontecer nos contratos realizados pela Tabela Price na medida em que nesses contratos sejam incluídas tabelas subdividindo as prestações em amortização e juros, facilmente obtidas por ocasião da assinatura dos contratos.

Finalmente cabe ressaltar que a Tabela Price utiliza a taxa nominal definida no item 4.5 como o principal parâmetro para acesso aos seus valores tabelados. O exemplo clássico é uma Tabela de 12% ao ano para o cálculo de prestações mensais iguais, Essa taxa é, a rigor, uma taxa de 12% ao ano, capitalizados mensalmente, que implica uma taxa efetiva de 1,00% ao mês, com a qual é feito o cálculo das prestações, amortizações e juros.

A informação enganosa é o valor de 12,00% ao ano, quando na realidade a taxa efetiva de 1,00% ao mês representa uma taxa equivalente de 12,68% ao ano. Algumas instituições financeiras passaram a informar nos seus contratos as duas taxas, a nominal e a efetiva.

10.4.2 Regime de juros compostos

Os procedimentos do regime de juros compostos, adotados pela comunidade internacional e nos livros de Matemática Financeira publicados no Brasil, são os que seguem.

a) Os juros devidos em cada período são calculados sobre o saldo devedor do financiamento existente no início do período e cobrados no final de cada respectivo período.

b) Qualquer pagamento existente no final do período deve ser aplicado prioritariamente na liquidação dos juros vencidos, conforme estipula o Art.354 do Novo Código Civil, mencionado anteriormente:

- Se o valor do pagamento no final do período for suficiente para liquidar integralmente os juros devidos do período (como ocorre em diversas situações), não existe a possibilidade fática de os juros do período serem capitalizados, pois os juros vencidos são quitados pelo pagamento no final do respectivo período; ilustra-se, portanto, um caso de juros compostos, em que não ocorre a capitalização de juros.

- Se o valor do pagamento no final do período for superior ao valor dos juros devidos do período, os juros são pagos integralmente, e a parcela excedente é usada na amortização do *principal* do financiamento. Essa é outra situação em que o regime de juros compostos não implica anatocismo.

- Se o valor do pagamento no final do período for inferior ao valor dos juros devidos nesse período, a parcela de juros que não for paga é automaticamente capitalizada e passa a fazer parte da base de cálculo dos juros dos períodos subsequentes, gerando a aplicação de "juros sobre juros". Essa é uma situação em que ocorre o anatocismo no uso do regime de juros compostos.

c) Não havendo pagamento no final do período, os juros devidos do período são integralmente capitalizados e passam a fazer parte da base de cálculo dos juros dos períodos subsequentes, gerando a aplicação de "juros sobre juros". Essa é outra situação em que ocorre o anatocismo no regime de juros compostos.

Portanto, fica demonstrado que o regime de juros compostos não é sinônimo de capitalização de juros. A rigor, é um regime de remuneração de saldos líquidos – após os eventuais pagamentos feitos no final de cada período – em que se prioriza a liquidação dos juros, conforme determina o Art. 354 do Novo Código Civil, para evitar que sejam capitalizados.

No regime de juros compostos, o anatocismo somente ocorre quando os juros de cada período não são integralmente pagos no final dos respectivos períodos, fazendo com que os saldos devedores líquidos passem a incluir em suas composições parcelas de juros que provocam a incidência de "juros sobre juros" nos períodos subsequentes.

Esses pontos são esclarecidos, a seguir, através de exemplos numéricos de fácil compreensão.

10.4.3 Tabela Price – Fórmula a partir de juros sobre o saldo devedor

Neste item vamos desenvolver a fórmula da Tabela Price de uma forma diferente daquela usada nos itens 5.2 e 5.3 do Capítulo 5. Nessa nova versão, vamos seguir o conceito de juros compostos, calculando os juros de cada período como sendo o produto da taxa de juros pelo saldo devedor do início do período correspondente, utilizando os parâmetros indicados na Figura 10.2, lembrando que os juros são postecipados.

FIGURA 10.2 Tabela Price – Juros postecipados sobre saldo devedor

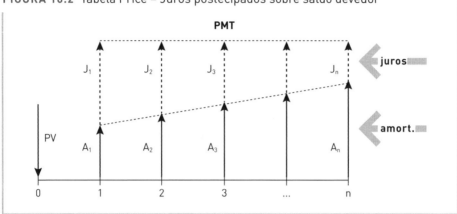

Fonte: elaborada pelo autor.

Os juros e as amortizações de cada período são representados por $J_1, J_2, J_3, \ldots$ e $A_1, A_2, A_3, \ldots$, respectivamente.

- No final do 1º período (n = 1) temos:

Saldo inicial = PV
Portanto, $J_1 = PV \times i$.

$$PMT = A_1 + J_1 = A_1 + PV \times i$$

- No final do 2º período (n = 2) temos:

Saldo inicial = $PV - A_1$
Portanto, $J_2 = (PV - A_1) \times i$.

$$PMT = A_2 + J_2 = A_2 + (PV - A_1) \times i$$

Podemos, então, escrever:

$$PMT = A_1 + PV \times i = A_2 + (PV - A_1) \times i = A_2 + PV \times i - A_1 \times i$$

Isso nos permite concluir $A_1 = A_2 - A_1 \times i$ e finalmente temos:

$$\boxed{A_2 = A_1 (1 + i)}$$

Se usarmos a relação acima e fizermos os cálculos no final do 3º período, concluiremos que:

$$A_3 = A_2(1 + i) = A_1(1 + i)^2$$

Podemos então generalizar:

$$A_n = A_1(1 + i)^{n-1}$$

Ou seja, as amortizações na Tabela Price crescem exponencialmente, na mesma taxa de juros do contrato de financiamento.

No início do último período, o saldo devedor é igual ao valor da última amortização, o que nos permite escrever:

$$J_n = A_n \times i$$

$$PMT = A_n + J_n = A_n + A_n \times i = A_n(1 + i) \rightarrow PMT = A_1(1 + i)^{n-1} \times (1 + i)$$

Finalmente temos:

$$A_1 = PMT / (1 + i)^n$$

O valor do *principal* (PV) é igual à soma das amortizações, isto é:

$$PV = A_1 + A_2 + A_3 + \ldots + A_n = A_1 + A_1(1 + i) + A_1(1 + i)^2 + \ldots + A_1(1 + i)^{n-1}$$

Portanto:

$$PV = A_1[1 + (1 + i) + (1 + i)^2 + \ldots + (1 + i)^{n-1}] \qquad \text{(A)}$$

Multiplicando os dois lados da relação (A) por $(1 + i)$, temos:

$$PV(1 + i) = A_1[(1 + i) + (1 + i)^2 + (1 + i)^3 + \ldots + (1 + i)^n] \qquad \text{(B)}$$

Fazendo (B) – (A) temos:

$$PV \times i = A_1[(1 + i)^n - 1]$$

Como $A_1 = PMT / (1 + i)^n$ podemos escrever:

$$PMT = PV \times \left[\frac{i(1 + i)^n}{(1 + i)^n - 1} \right]$$

A fórmula acima, para o cálculo de PMT, coincide com a relação **(5.6)**, desenvolvida no Capítulo 5.

10.4.4 Tabela Price sem anatocismo – Financiamento único

Considere a situação de um cliente de uma instituição financeira que assinou um contrato de financiamento de $100.000,00 para ser liquidado a juros compostos de 1,00% a.m. no prazo de quatro meses. A prestação mensal desse financiamento é obtida pelo simulador da HP 12C, como segue:

Cálculo da prestação mensal

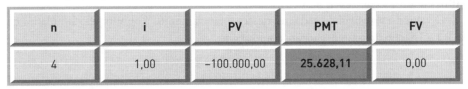

A Tabela 10.6 mostra o desdobramento das quatro prestações mensais nas suas parcelas de amortização e juros, segundo os procedimentos internacionalmente adotados e que são utilizados pela calculadora financeira HP 12C e pela planilha Excel.

TABELA 10.6 Tabela Price – Sem anatocismo – Financiamento de $100.000,00

Mês	Juros devidos do mês	Saldo antes do pagamento (*principal* + juros)	Prestação mensal	Juros	Amortização	Saldo após pagamento (*principal*)
0						100.000,00
1	1.000,00	101.000,00	25.628,11	1.000,00	24.628,11	75.371,89
2	753,72	76.125,61	25.628,11	753,72	24.874,39	50.497,50
3	504,98	51.002,48	25.628,11	504,98	25.123,13	25.374,37
4	253,74	25.628,11	25.628,11	253,74	25.374,37	0,00
Soma			102.512,44	2.512,44	100.000,00	

Fonte: elaborada pelo autor.

Observe, com atenção, que inicialmente se calculam os juros devidos de cada mês, que são *integralmente pagos* no final de cada um deles. Os valores das amortizações pagas em cada mês são obtidos pela diferença entre o valor da prestação e a parcela de juros que teve a prioridade inicial.

Com essa sistemática, os saldos do financiamento no final de cada mês, após o pagamento da prestação mensal, são compostos *unicamente* da parcela remanescente do *principal* a amortizar, pois nenhuma parcela de juros é capitalizada ao longo do processo. Isso acontece porque cada prestação periódica tem valor suficiente para liquidar os juros de cada período e ainda oferece um saldo para amortizar parte do *principal*.

Portanto, fica evidenciado que quando se prioriza o pagamento dos juros, conforme determina o Art. 354 do Novo Código Civil,em detrimento das amortizações, a Tabela Price não apresenta o anatocismo, pois não há qualquer capitalização de juros ao longo de todo o prazo do contrato.

10.4.5 Pagamentos iguais de quatro financiamentos independentes

Considere agora a situação de um cliente da instituição financeira que está realizando essa operação financeira e que exigiu que fossem feitos quatros contratos de financiamentos independentes (**A**, **B**, **C** e **D**), um para cada prestação mensal de $25.628,11, com prazos de 1, 2, 3 e 4 meses. Todos os quatro financiamentos serão liquidados com juros compostos de 1,00% a.m.

O valor do *principal* de cada um desses financiamentos é obtido pelo simulador da HP 12C para o diagrama-padrão, como segue:

Cálculo do valor do *principal* de cada contrato

n	i	PV	PMT	FV
4	1,00	**24.628,11**	0,00	25.628,11
3	1,00	**24.874,39**	0,00	25.628,11
2	1,00	**25.123,13**	0,00	25.628,11
1	1,00	**25.374,37**	0,00	25.628,11
Soma		**100.000,00**		

A Tabela 10.7 mostra os juros mensais e a evolução dos saldos mensais de cada um desses quatro contratos de financiamento da HP 12C.

TABELA 10.7 Quatro financiamentos independentes – Evolução dos saldos devedores

Financia-mentos	Descrição	Final dos meses					Total de juros pagos no final do prazo
		0 Principal	1	2	3	4	
A	Saldos mensais	25.374,37	**25.628,11**				
	Juros mensais		253,74				253,74
B	Saldos mensais	25.123,13	25.374,37	**25.628,11**			
	Juros mensais		251,24	253,74			504,98
C	Saldos mensais	24.874,39	25.123,13	25.374,37	**25.628,11**		
	Juros mensais		248,74	251,24	253,74		753,72
D	Saldos mensais	24.628,11	24.874,39	25.123,13	25.374,37	**25.628,11**	
	Juros mensais		246,28	248,74	251,24	253,74	1.000,00

Fonte: elaborada pelo autor.

A análise individual de cada um desses financiamentos permite as conclusões a seguir.

Financiamento A

No 1º mês, os juros são iguais a 1,00% × $25.374,37 = $253,74, que são pagos no final desse 1º mês juntamente com o *principal* de $25.374,37, totalizando $25.628,11 (valor da prestação mensal da Tabela Price). Não há, portanto, qualquer capitalização de juros nesse contrato.

Nesse contrato não há anatocismo. Esse financiamento pode ser representado, esquematicamente, na Figura 10.3, como segue:

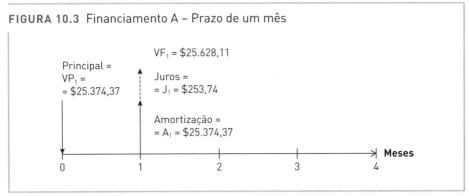

FIGURA 10.3 Financiamento A – Prazo de um mês

Fonte: elaborada pelo autor.

Financiamento B

No 1º mês, o valor dos juros é igual a 1,00% × $25.123,13 = $251,24, que são *capitalizados*, elevando o saldo devedor para $25.374,37, que passa a ser a base de cálculo dos juros do 2º mês.

No 2º mês, o valor dos juros é igual a 1,00% × $25.374,37 = $253.74. Esse valor, que contém uma parcela de "juros sobre juros", é somado ao saldo anterior de $25.374,27, totalizando $25.628,11, que é o valor do pagamento no final do 2º mês. Nesse contrato há anatocismo. Esse financiamento pode ser representado, esquematicamente, na Figura 10.4, como segue:

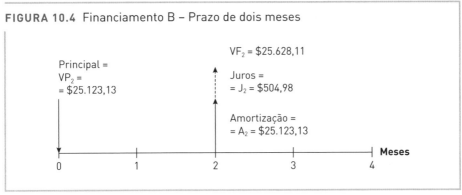

FIGURA 10.4 Financiamento B – Prazo de dois meses

Fonte: elaborada pelo autor.

Financiamento C

No 1º mês, o valor dos juros é igual a 1,00% × $24.874,393 = $248,74, que são *capitalizados*, elevando o saldo devedor para $25.123,13, que passa a ser a base de cálculo dos juros do 2º mês.

No 2º mês, o valor dos juros é igual a 1,00% × $25.123,13 = $251,24. Esse valor, que contém uma parcela de "juros sobre juros", é somado ao saldo anterior de $25.123,13, totalizando $25.374,37, que é o valor do saldo devedor no final do 2º mês.

No 3º mês, o valor dos juros é igual a 1,00% × $25.374,37 = $253.74. Esse valor, que contém uma parcela de "juros sobre juros", é somado ao saldo anterior de $25.374,27, totalizando $25.628,11, que é o valor do pagamento no final do 3º mês.

Nesse contrato há anatocismo. Esse financiamento pode ser representado, esquematicamente, na Figura 10.5, como segue:

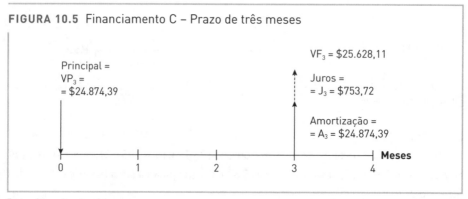

FIGURA 10.5 Financiamento C – Prazo de três meses

Fonte: elaborada pelo autor.

Financiamento D

No 1º mês, o valor dos juros é igual a 1,00% × $24.628,11 = $246,28, que são *capitalizados*, elevando o saldo devedor para $24.874,39, que passa a ser a base de cálculo dos juros do 2º mês.

No 2º mês, o valor dos juros é igual a 1,00% × $24.874,39 = $248,74. Esse valor, que contém uma parcela de "juros sobre juros", é somado ao saldo anterior de $24.874,39, totalizando $25.123,13, que é o valor do saldo devedor no final do 2º mês.

No 3º mês, o valor dos juros é igual a 1,00% × $25.123,13 = $251,24. Esse valor, que contém uma parcela de "juros sobre juros", é somado ao saldo anterior de $25.123,13, totalizando $25.374,37, que é o valor do saldo devedor no final do 3º mês.

No 4º mês, o valor dos juros é igual a 1,00% × $25.374,37 = $253.74. Esse valor, que contém uma parcela de "juros sobre juros", é somado ao saldo anterior de $25.374,27, totalizando $25.628,11, que é o valor do pagamento no final do 4º mês.

Nesse contrato há anatocismo. Esse financiamento pode ser representado, esquematicamente, na Figura 10.6, como segue:

FIGURA 10.6 Financiamento D – Prazo de quatro meses

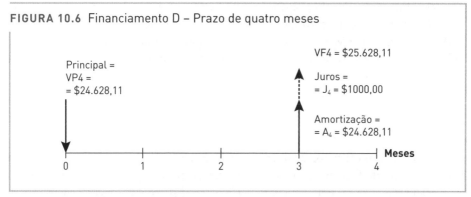

Fonte: elaborada pelo autor.

Resumidamente, podemos afirmar o que segue.

a) No financiamento do contrato **A** não há capitalização de juros, pois os juros de 1,00% a.m. são integralmente pagos no final do mês, juntamente com a amortização do *principal*.
b) No financiamento do contrato **B**, os juros do 1º mês são capitalizados e somente são pagos no final do 2º mês, juntamente com a amortização do *principal*.
c) No financiamento do contrato **C**, os juros do 1º e do 2º mês são capitalizados e somente são pagos no final do 3º mês, juntamente com a amortização do *principal*.
d) No financiamento do contrato **D**, os juros do 1º, 2º e 3º mês são capitalizados e somente são pagos no final do 4º mês, juntamente com a amortização do *principal*.

Assim, nos financiamentos dos contratos **B**, **C** e **D** há capitalização de juros em prazos inferiores a um ano, portanto, são situações que apresentam anatocismo, indubitavelmente.

Importante registrar que o cidadão envolvido nesses quatros financiamentos independentes terá de assinar quatro contratos, oferecer garantias para cada um deles e então receberá quatro cheques (ou créditos), conforme indicado na Tabela 10.8:

TABELA 10.8 Resumo dos quatro financiamentos independentes

Financiamento	Prazo (mês)	Principal	Pagamentos no final do mês		
			Total	Amortização	Juros
A	1	25.374,37	25.628,11	25.374,37	253,74
B	2	25.123,13	25.628,11	25.123,13	504,98
C	3	24.874,39	25.628,11	24.874,39	753,72
D	4	24.628,11	25.628,11	24.628,11	1.000,00
Soma		**100.000,00**	**102.512,44**	**100.000,00**	**2.512,44**

Fonte: elaborada pelo autor.

Nessa tabela, o valor do *principal* de cada contrato é calculado pelo desconto da prestação de $25.628,11 e corresponde ao valor da amortização incluído no pagamento no final do prazo do contrato. Portanto, a liquidação das amortizações tem prioridade sobre os juros, *que são calculados pela diferença entre o valor da prestação e o valor da respectiva amortização.*

10.4.6 Tabela Price com anatocismo – Soma de quatro financiamentos independentes

Quando os quatro contratos de financiamento da seção anterior são integrados num único contrato de financiamento, eles se transformam num único de financiamento de $100.000,00, para ser liquidado por quatro prestações mensais, iguais e sucessivas de $25.628,11, passando a ter, aparentemente, todas as características de uma Tabela Price.

A comunidade financeira internacional entende que estamos diante de um único contrato de financiamento de $100.000,00 para ser liquidado pela Tabela Price, com juros compostos de 1,00% a.m., num prazo de quatro meses, com o desdobramento das prestações em amortizações e juros conforme detalhado na Tabela 10.6, na qual as liquidações dos juros têm preferência sobre as amortizações, conforme estipula o Art. 354 do Novo Código Civil. Os juros de cada mês são pagos integralmente, não havendo a possibilidade fática de eles serem capitalizados. O único cheque (ou crédito) a ser liberado pela instituição financeira tem valor de $100.000,00, e o mutuário deve oferecer garantias para esse único contrato.

Esse desdobramento correto das prestações iguais da Tabela Price, em amortização e juros, está representado de forma esquemática na Figura 10.7:

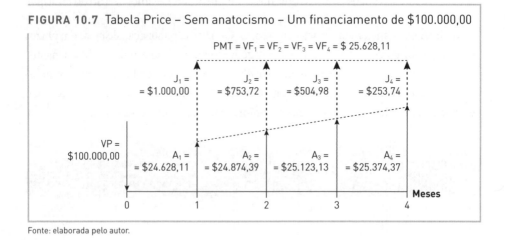

FIGURA 10.7 Tabela Price – Sem anatocismo – Um financiamento de $100.000,00

Fonte: elaborada pelo autor.

Convém observar que nessa convenção as amortizações crescem e os juros decrescem ao longo do prazo do financiamento, e a soma desses valores é sempre igual ao valor das prestações.

Diversos profissionais, inclusive peritos judiciais, entendem, a meu ver, incorretamente, que os quatro contratos, ao serem agrupados para formarem a Tabela Price, devem ser considerados como isolados e totalmente independentes, conforme detalhamos anteriormente. Evidente que dessa forma o anatocismo existente nos contratos **B**, **C** e **D** é automaticamente transferido para a Tabela Price. Isso acontece porque as liquidações das amortizações passam a ter prioridade sobre as liquidações dos juros, permitindo a instalação do anatocismo meramente pela forma de subdividir as prestações nas suas parcelas de amortizações e juros, uma vez que o valor dessas prestações permanece inalterado.

Esse desdobramento das prestações iguais da Tabela Price em amortização e juros está representado de forma esquemática na Figura 10.8:

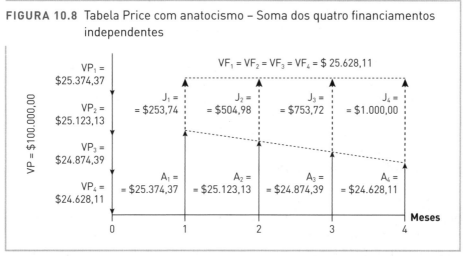

FIGURA 10.8 Tabela Price com anatocismo – Soma dos quatro financiamentos independentes

Fonte: elaborada pelo autor.

Nesse critério de desdobramento das prestações, a meu ver incorreto, as amortizações decrescem e os juros crescem ao longo do prazo do financiamento, e a soma desses valores é sempre igual ao valor das prestações.

10.4.7 Tabela Price – Comentários finais sobre o anatocismo

Conforme descrito no item anterior, fica evidente que a constatação da existência ou não do anatocismo na Tabela Price depende exclusivamente do desdobramento das prestações iguais em suas parcelas de amortização e juros.

Os contratos de financiamento pela Tabela Price costumam apenas definir o valor das prestações que são iguais ao longo de todos os períodos até o final do prazo do contrato, sem detalhar seus desdobramentos nas parcelas de amortização e juros. Isso permite que esse processo possa ser feito com a utilização do critério que prioriza a liquidação das amortizações, que demonstra a prática do anatocismo nessa modalidade de amortização de financiamentos.

Apenas para reforçar esse conceito, detalhamos a seguir os cálculos para o final do 1º mês do financiamento de $100.000,00, descrito no item anterior.

a) Com a taxa de 1,00% a.m., a parcela de juros para o final do 1º mês é igual a 1,00% × $100.000,00 = $1.000,00.

b) Pelo critério universal que prioriza o pagamento dos juros, a prestação de $25.628,11 é desdobrada em $1.000,00 de juros e $24.628,11 ($25.628,11 − $1.000,00) de *principal*. Assim, o saldo devedor, após esse pagamento, é igual a $75.371,19 ($100.000,00 − $24.628,11). Esse valor – base de cálculo dos juros do 2º mês – é constituído exclusivamente da parcela do *principal* que ainda falta ser liquidada, pois os $1.000,00 de juros foram integralmente liquidados no final do 1º mês. Dessa forma, não haverá a incidência de "juros sobre juros" no cálculo dos juros do 2º mês.

c) Pelo critério que prioriza o pagamento das amortizações, a 1ª prestação de $25.628,11 é desdobrada em $25.374,37 de amortização e $253,74 de juros, e o saldo devedor (base de cálculo dos juros do 2º mês) tem a seguinte composição:

Principal a liquidar = $100.000,00 − $25.374,37 = $74.625,63
Juros a capitalizar = $1.000,00 − $253,71 = $746,29
Saldo devedor para o 2º mês = $75.371,92

Observe que o saldo devedor de $75.371,92 é idêntico ao do critério anterior, que prioriza a liquidação dos juros em detrimento das amortizações. A grande diferença é que agora, neste saldo devedor, está incluída uma parcela de juros ($746,29) que não foi paga no final do 1º mês. Com isso teremos a incidência de "juros sobre juros" no cálculo dos juros do 2º mês.

Como na Tabela Price as prestações são pré-calculadas no início da operação, é possível incluir, no corpo do contrato, uma tabela com a composição de cada prestação nas parcelas de amortização e juros, priorizando o pagamento dos juros, eliminando de fato, pelos termos contratuais, qualquer possibilidade da interpretação da prática do anatocismo na Tabela Price.

A tabela de amortização e juros de cada prestação, a ser anexada aos contratos da Tabela Price, também serve para identificar a taxa efetiva de juros utilizada no cálculo das prestações, eliminado o "golpe" da taxa nominal que é sempre inferior à taxa efetiva aplicada no cálculo das prestações.

10.4.8 Sistema de amortização constante – SAC

No sistema de amortização constante – SAC, os valores das amortizações e juros de cada pagamento do financiamento estão objetivamente definidos nos termos dos contratos.

Nesse sistema de amortização, os contratos estipulam que o valor do *principal* seja amortizado em parcelas iguais (amortizações constantes) ao longo de todo o contrato, e os juros de cada período sejam calculados sobre o saldo devedor existente no início do período, além de serem integralmente pagos no final do período correspondente, inexistindo a possibilidade de serem capitalizados. Assim, o SAC está contratualmente protegido da ilegalidade do anatocismo.

Vamos, a seguir, mostrar, através do mesmo exemplo numérico desenvolvido para a Tabela Price, o que aconteceria com o SAC na eventualidade de se aplicar o critério que prioriza a liquidação das amortizações, no desdobramento das prestações em parcelas de amortização e juros.

Considere a situação de um cliente de uma instituição financeira que assinou um contrato de financiamento de $100.000,00 para ser liquidado pelo SAC, a juros compostos de 1,00% a.m., no prazo de quatro meses.

A Tabela 10.9 mostra as quatro prestações mensais do SAC e seus desdobramentos nas parcelas de amortização e juros, segundo os procedimentos que priorizam o pagamento dos juros em detrimento das amortizações.

TABELA 10.9 Sistema SAC sem anatocismo – Financiamento de $100.000,00

| Mês | Juros devidos do mês | Saldo antes pagamento (*principal* + juros) | Pagamentos no final do mês | | | Saldo após pagamento (*principal*) |
			Prestação mensal	Juros	Amortização	
0						100.000,00
1	1.000,00	101.000,00	26.000,00	1.000,00	25.000,00	75.000,00
2	750,00	75.750,00	25.750,00	750,00	25.000,00	50.000,00
3	500,00	50.500,00	25.500,00	500,00	25.000,00	25.000,00
4	250,00	25.250,00	25.250,00	250,00	25.000,00	0,00
Soma			**102.500,00**	**2.500,00**	**100.000,00**	

Fonte: elaborada pelo autor.

Inicialmente se calcula o valor da amortização mensal ($100.000,00 / 4 = $25.000,00). Em seguida são calculados os juros devidos de cada mês, que são somados ao valor da amortização mensal para se chegar ao valor da prestação no final de cada mês.

Observe, com atenção, que os juros são *integralmente pagos* no final de cada mês, evitando a capitalização deles, o que impossibilita o cálculo de "juros sobre juros" no final de cada mês.

Com essa sistemática, os saldos do financiamento no final de cada mês, após o pagamento da prestação mensal, são compostos *unicamente* da parcela remanescente do principal a amortizar, pois nenhuma parcela de juros é capitalizada ao longo do processo.

Vamos, agora, aplicar a sistemática que considera cada uma das quatro prestações como um financiamento isolado e totalmente independente, como foi utilizada na Tabela Price. Assim teremos quatro financiamentos (**A**, **B**, **C** e **D**), cujos valores presentes estão a seguir calculados com o simulador da HP 12C.

Capítulo 10 » Extensões **319**

Cálculo do valor do *principal* (PV) de cada contrato

n	i	PV	PMT	FV
4	1,00	**25.748,78**	0,00	26.000,00
3	1,00	**25.242,52**	0,00	25.750,00
2	1,00	**24.750,05**	0,00	25.500,00
1	1,00	**24.264,75**	0,00	25.250,00
Soma		**100.000,00**		

A partir desses valores podemos montar a Tabela 10.10, com o desdobramento das prestações nas parcelas de amortização e juros.

TABELA 10.10 SAC com anatocismo – Quatro financiamentos independentes –

Financiamento	Prazo (mês)	*Principal*	Pagamentos no final do mês		
			Total	Amortização	Juros
A	1	25.748,78	26.000,00	25.748,78	251,22
B	2	25.242,62	25.750,00	25.242,62	507,38
C	3	24.750,05	25.500,00	24.750,05	749,95
D	4	24.264,75	25.250,00	24.264,75	985,25
Soma		**100.006,20**	**102.500,00**	**100.006,20**	**2.493,80**

Fonte: elaborada pelo autor.

A Figura 10.9 mostra a representação gráfica dos valores da Tabela 10.10, com os valores das amortizações decrescentes (e não mais constantes) e os juros crescentes (e não mais decrescentes).

FIGURA 10.9 Soma dos Quatro Financiamentos Independentes – Sistema SAC – Com Anatocismo

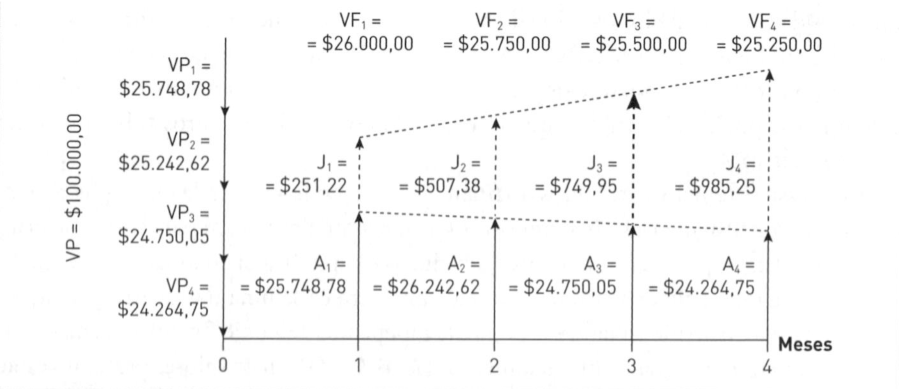

Fonte: elaborada pelo autor.

320   Matemática Financeira

Detalhamos, a seguir, os cálculos para o final do 1º mês do financiamento de $100.000,00 para mostrar que esse critério que prioriza o pagamento das amortizações introduz o anatocismo no SAC.

a) Com a taxa de 1,00% a.m., a parcela de juros para o final do 1º mês é igual a 1,00% × $100.000,00 = $1.000,00.

b) A 1ª prestação de $26.000,00 é desdobrada em $25.748,78 de amortização e $251,22 de juros, e o saldo devedor (base de cálculo dos juros do 2º mês) tem a seguinte composição:

Principal a liquidar = $100.000,00 − $25.748,78 = $74.251,22
Juros a capitalizar = $1.000,00 − $251,22 = $748,78
Saldo devedor para o 2º mês = $75.000,00

Observe que o saldo devedor de $75.00,00 é idêntico ao da Tabela 10.9, que prioriza a liquidação dos juros em detrimento das amortizações. A grande diferença é que agora, neste saldo devedor, está incluída uma parcela de juros ($748,78) que não foi paga no final do 1º mês. Com isso teremos a incidência de "juros sobre juros" no cálculo dos juros do 2º mês.

Observe, ainda, que as amortizações deixaram de ser constantes e passaram a ser decrescentes.

Fica, assim, evidenciado que se o critério que prioriza a liquidação das amortizações fosse aplicado no SAC, as amortizações do *principal* deixariam de ser constantes e de mesmo valor, contrariando as disposições dos contratos, e o SAC deixaria de ser um sistema de amortização constante e passaria a ser um sistema de amortização decrescente.

10.4.9 Sistema americano de amortização

Os contratos de financiamentos que utilizam o sistema americano de amortização também definem nas suas cláusulas contratuais que os juros são integralmente pagos no final de cada período e que o valor do *principal* é integralmente amortizado no final do prazo do contrato.

Portanto, o desdobramento dos pagamentos mensais em amortização e juros segundo o critério que prioriza o pagamento das amortizações não tem condições de ser aplicado nessa modalidade de amortização de financiamento, pois os termos dos contratos precisam ser respeitados.

Se o critério que prioriza a liquidação das amortizações fosse aplicado no sistema americano, os pagamentos dos juros periódicos passariam a conter parcelas de amortizações e com isso não liquidariam integralmente os juros devidos de cada período, conforme estabelecido contratualmente, e a prática do anatocismo passaria a existir.

Capítulo 10 » Extensões   321

Portanto, tal como o SAC, o sistema americano de amortização também está contratualmente protegido do anatocismo.

10.4.10 Conclusões e recomendações

Os financiamentos liquidados pelo SAC e pelo sistema americano, calculados no regime de juros compostos, estão protegidos de qualquer interpretação da existência de anatocismo pelos termos dos seus contratos, que especificam com clareza os valores das amortizações e juros contidos nas prestações.

Os financiamentos liquidados pela Tabela Price, calculados no regime de juros compostos, normalmente definem apenas os valores das prestações iguais que serão pagas pelos mutuários e não costumam especificar as parcelas de juros e amortização que compõem as prestações. Assim, ficam vulneráveis à interpretação da existência de anatocismo, caso os pagamentos das prestações liquidem prioritariamente as amortizações em detrimento dos juros, não atendendo o disposto no Art. 354 do Novo Código Civil.

Importante ressaltar que não é o fato de as prestações da Tabela Price serem calculadas no regime de juros compostos que gera a prática do anatocismo. O fator fundamental e decisivo para essa constatação é o critério a ser usado no desdobramento das prestações iguais em suas parcelas de amortização e de juros.

Para proteger a Tabela Price quanto à pratica do anatocismo, alegada por alguns peritos judiciais, basta, a meu ver, apenas especificar no corpo desses contratos os valores das amortizações e dos juros que compõem as prestações utilizando a convenção internacional que prioriza o pagamento dos juros, e que atende ao disposto no Art. 354 do Novo Código Civil.

Fórmulas para a Tabela Price no regime de juros simples para eliminar o suposto anatocismo e reduzir o valor das prestações são totalmente inócuas, pois não produzirão nenhum efeito prático, uma vez que as taxas de juros estão liberadas e podem ter seus valores elevados para produzirem, a juros simples, as mesmas prestações que seriam obtidas no regime de juros compostos com taxas de juros inferiores.

10.5 Taxa Interna de Retorno Modificada – TIRM

10.5.1 Introdução e conceito da TIRM

Os métodos do Valor Presente Líquido (VPL) e da Taxa Interna de Retorno (TIR) são as duas principais ferramentas para a análise de viabilidade econômica financeira de projetos.

Definida uma taxa mínima de atratividade, a aplicação do método do VPL é extremamente simples, pois o melhor projeto é sempre aquele que apresentar o maior VPL positivo.

O método da Taxa Interna de Retorno (TIR) exige uma aplicação mais cautelosa, pois nem sempre o melhor projeto é aquele que apresenta a maior TIR. A correta aplicação do método da TIR exige a análise dos incrementos de investimentos, que é automaticamente realizada pelo método do VPL. Existem, ainda, duas questões que fragilizam o método da TIR, citadas a seguir.

a) As entradas de caixa geradas ao longo do projeto são reinvestidas na taxa interna de retorno do projeto, o que na maioria das vezes não corresponde à realidade do mercado. No método do VPL, esses valores são reinvestidos na taxa mínima de atratividade, o que representa uma hipótese mais alinhada com as práticas do mercado.

b) Os fluxos de caixa que apresentarem mais de uma variação de sinal nas suas parcelas podem apresentar mais de uma taxa interna de retorno, o que complica a aplicação do método da TIR.

O método da Taxa Interna de Retorno Modificada (TIRM) resolve essas duas questões, pois utiliza os seguintes procedimentos:

a) as parcelas negativas do fluxo de caixa são trazidas para a data inicial do projeto, a valor presente, com uma taxa de juros de mercado para financiamento (captação de recursos);

b) as parcelas positivas do fluxo de caixa são levadas para a data final do projeto, a valor futuro, com uma taxa de juros de mercado para reinvestimento (aplicação) de capital;

c) a TIRM é a taxa efetiva, a juros compostos, obtida para esses valores concentrados na data inicial (PV) e na data final (FV) do projeto.

Os exemplos numéricos a seguir mostram a obtenção da Taxa Interna de Retorno Modificada (TIRM) através da função **TIRM** incluída no subconjunto de funções financeiras da planilha Excel, que tem a seguinte expressão:

= TIRM (valores; taxa_financiamento; taxa_reinvestimento)

10.5.2 Exemplos numéricos

1. Calcule a TIRM de um projeto cujo fluxo de caixa está representado na Tabela 10.11 para uma empresa cujas taxas de financiamento e reinvestimento são iguais a 15,00% a.a. e 10,00% a.a., respectivamente.

TABELA 10.11 Fluxo de caixa – TIRM

Ano	Valor ($)
0	–10.000,00
1	–5.000,00
2	6.000,00
3	7.000,00
4	8.000,00
Soma	**6.000,00**

Fonte: elaborada pelo autor.

A Taxa Interna de Retorno (TIR) desse fluxo de caixa é igual a 13,1% a.a.

Para se obter a Taxa Interna de Retorno Modificada (TIRM) desse fluxo de caixa, mostramos na Tabela 10.12 seu desdobramento em parcelas positivas e negativas.

TABELA 10.12 Desdobramento do fluxo de caixa para cálculo da TIRM

Ano	Parcelas negativas		Parcelas positivas		Valores para TIRM
	Valor ($)	PV (15,00%)	Valor ($)	FV (10,00%)	
0	–10.000,00	–10.000,00			–14.347,83
1	–5.000,00	–4.347,83			0,00
2			6.000,00	7.260,00	0,00
3			7.000,00	7.700,00	0,00
4			8.000,00	8.000,00	22.960,00
Soma		**–14.347,83**		**22.960,00**	**8.612,17**

Fonte: elaborada pelo autor.

As parcelas negativas trazidas para a data zero, com a taxa de desconto de 15,00% a.a., produzem um valor presente PV total de (–) $14.347,83, conforme mostrado a seguir:

$$PV = -10.000,00 - 5.000,00 / 1,15 = -10.000,00 - 4.347,83 =$$
$$= (-) \ \$14.347,83$$

As parcelas positivas levadas para a data final do projeto, com a taxa de juros de 10% a.a., produzem um valor futuro FV total de (–) $22.960,00, conforme mostrado a seguir:

$$FV = 6.000,00 \ (1,10)^2 + 7.000,00 \ (1,10) + 8.000,00 =$$
$$= 7.260,00 + 7.700,00 + 8.000,00 = \$22.960,00$$

Finalmente, a TIRM é a taxa de juros que faz um valor presente PV de $14.347,83 acumular um montante FV de $22.960,00 no final de quatro anos. Então, a taxa

324   Matemática Financeira

TIRM é igual a 12,473% a.a., conforme se verifica no simulador da HP 12C para o diagrama-padrão, indicado a seguir:

Cálculo da TIRM

que indica a taxa de 12,473% a.a.

A função **TIRM** da planilha Excel permite a obtenção da Taxa Interna de Retorno Modificada diretamente a partir do fluxo de caixa inicial da Tabela 10.11, como indicado a seguir:

	A	B	C	D
1				
2		Fluxo de Caixa - TIRM		
3		Ano	Valor	
4		0	-10.000,00	
5		1	-5.000,00	
6		2	6.000,00	
7		3	7.000,00	
8		4	8.000,00	
9		Soma	6.000,00	
10				
11		Taxas de Juros		
12		Financiamento	15,0%	
13		Reinvestimento	10,0%	
14				
15		TIRM	=TIRM(C4:C8;C12;C13)	
16				
17				

Com relação aos valores dessa planilha, destacamos que a fórmula da função **TIRM,** colocada na célula **C15**, tem a seguinte expressão:

= TIRM (C4:C8; C12; C13)   (fórmula na célula **C15**)

Esses parâmetros correspondem a:

- **C4:C8** – intervalo entre as células **C4** e **C8** que contém os valores das parcelas do fluxo de caixa, desde o investimento inicial;
- **C12** – célula que contém a taxa de juros de financiamento de 15,00% a.a.;
- **C13** – célula que contém a taxa de juros de reinvestimentos de 10,0% a.a.

A Taxa Interna de Retorno Modificada obtida pela execução da fórmula da função **TIRM**, colocada na célula **C15**, é igual a 12,473% a.a., conforme mostrado a seguir:

	A	B	C
1			
2		**Fluxo de Caixa - TIRM**	
3		**Ano**	**Valor**
4		0	-10.000,00
5		1	-5.000,00
6		2	6.000,00
7		3	7.000,00
8		4	8.000,00
9		**Soma**	**6.000,00**
10			
11		**Taxas de Juros**	
12		Financiamento	15,0%
13		Reinvestimento	10,0%
14			
15		**TIRM**	**12,473%**
16			
17			

2. Calcule a TIR e a TIRM do projeto cujo fluxo de caixa está representado na Tabela 10.13 para uma empresa cujas taxas de financiamento e reinvestimento são iguais a 12,00% a.a. e 8,00% a.a., respectivamente.

TABELA 10.13 Fluxo de caixa – TIRM

Ano	Valor [$]	Sinal
0	(5.860,00)	(–)
1	21.095,000	(+)
2	(25.208,00)	(–)
3	10.000,00	(+)
Soma	**27,00**	

Fonte: elaborada pelo autor.

Como os valores do fluxo de caixa apresentam três variações de sinal, a regra de sinal de Descartes garante que esse fluxo de caixa pode ter até três TIRs, com valores reais e positivos.

Efetivamente esse fluxo apresenta três TIRs (7,19% a.a., 18,92% a.a. e 33,87% a.a.). A escolha da TIR que será utilizada na decisão do projeto dependerá da possibilidade de reaplicar os excedentes de caixa na taxa escolhida para os reinvestimentos. Certamente a taxa de 33,87% a.a. deve ser sumariamente descartada.

Se você utilizar a função **TIR** para calcular a TIR desse fluxo de caixa, verificará que o resultado obtido depende da taxa de juros que for informada no parâmetro dessa função como "Estimativa", conforme mostrado a seguir:

326   Matemática Financeira

C12		⊗ ⊘ ⊙ fx	=TIR(C$5:C$8;B12)	

	A	B	C	D	E
1					
2		**Fluxo de Caixa - TIR**			
3		**Ano**	**Valor ($)**		
4					
5		0	-5.860,00		
6		1	21.095,00		
7		2	-25.208,00		
8		3	10.000,00		
9		Soma	27,00		
10					
11		**Estimativa**	**TIR**		
12		0,00%	=TIR(C$5:C$8;B12)		
13		15,00%	18,92%		
14		30,00%	33,87%		
15					

Com relação aos valores dessa planilha, destacamos que a fórmula da função **TIR** colocada na célula **C12** tem a seguinte expressão:

$$= TIR\ (C\$5:C\$8;\ B12) \qquad \text{(fórmula na célula C12)}$$

Esses parâmetros correspondem a:

- **C$5:C$8** – intervalo entre as células **C$5** e **C$8** que contém os valores das parcelas do fluxo de caixa, desde o investimento inicial;
- **B12** – célula que contém a estimativa inicial para a TIR.

A TIR obtida pela execução da fórmula da função **TIR** colocada na célula **C12** é igual a 7,19% a.a. para a estimativa inicial igual a 0,00%, conforme mostrado a seguir:

D17		⊗ ⊘ ⊙ fx	

	A	B	C
1			
2		**Fluxo de Caixa - TIR**	
3		**Ano**	**Valor ($)**
4			
5		0	-5.860,00
6		1	21.095,00
7		2	-25.208,00
8		3	10.000,00
9		Soma	27,00
10			
11		**Estimativa**	**TIR**
12		0,00%	7,19%
13		15,00%	18,92%
14		30,00%	33,87%
15			
16			

Na medida em que que as estimativas iniciais são alteradas para 15,00% e 30,00% nas células **B13** e **B14**, os valores da TIR são alterados para 18,92% e 33,87% nas células **C13** e **C14**, respectivamente.

A Figura 10.10 mostra o valor presente em função da taxa de desconto, em que se verifica a existência das três TIRs obtidas anteriormente.

FIGURA 10.10 Gráfico do VPL – Taxas múltiplas

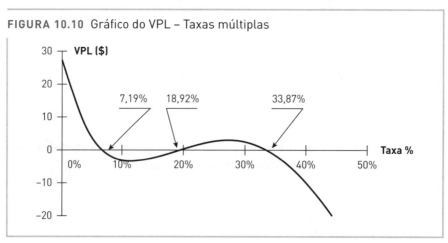

Fonte: elaborada pelo autor.

Para se obter a Taxa de Retorno Modificada (TIRM) do fluxo de caixa da Tabela 10.13, precisamos inicialmente fazer seu desdobramento em parcelas positivas e negativas, conforme indicado na Tabela 10.14.

TABELA 10.14 Desdobramento do fluxo de caixa para cálculo da TIRM

Ano	Parcelas negativas Valor ($)	PV (12,00%)	Parcelas positivas Valor ($)	FV (8,00%)	Valores para TIRM
0	−5.860,00	−5.860,00			−25.955,66
1			21.095,00	24.605,21	0
2	−25.208,00	−20.095,66			0
3			10.000,00	10.000,00	34.605,21
Soma		−25.955,66		34.605,21	8.649,54

Fonte: elaborada pelo autor.

As parcelas negativas trazidas para a data zero, com a taxa de desconto de 12,00% a.a., produzem um valor presente PV total de (−) $25.955,66, conforme mostrado a seguir:

$$PV = -5.860,00 - 25.208,00/(1,12)^2 = -5.860,00 - 20,095,66 =$$
$$= (-) \$25.955,66$$

As parcelas positivas levadas para a data final do projeto, com a taxa de juros de 8,00% a.a., produzem um valor futuro FV total de (−) $34.605,21, conforme mostrado a seguir:

$$FV = 21.095,00 \ (1,08)^2 + 10.000,00 =$$
$$= 24.605,21 + 10.000,00 = \$34.605,21$$

Finalmente, a TIRM é a taxa de juros que faz um valor presente PV de $25.955,56 acumular um montante FV de $34.605,21 no final de três anos. Essa taxa é igual a 10,062% a.a., conforme se verifica no simulador ada HP 12C para o diagrama-padrão, indicado a seguir:

Cálculo da TIRM

que indica a taxa de 10,062% a.a. para a TIRM.

A função **TIRM** da planilha Excel permite a obtenção da taxa interna de retorno modificada diretamente a partir do fluxo de caixa inicial da Tabela 10.13, como indicado a seguir:

	A	B	C	D
1				
2		Fluxo de Caixa - TIRM		
3		Ano	Valor	
4		0	-5.860,00	
5		1	21.095,00	
6		2	-25.208,00	
7		3	10.000,00	
8		Soma	27,00	
9				
10		Taxas de Juros		
11		Financiamento	12,0%	
12		Reinvestimento	8,0%	
13				
14		TIRM	=TIRM(C4:C7;C11;C12)	
15				

Com relação aos valores dessa planilha, destacamos que a fórmula da função **TIRM** colocada na célula **C14** tem a seguinte expressão:

= TIRM (C4:C7; C11; C12)   (fórmula na célula C14)

Esses parâmetros correspondem a:

- **C4:C7** – intervalo entre as células **C4** e **C7** que contém os valores das parcelas do fluxo de caixa, desde o investimento inicial;
- **C11** – célula que contém a taxa de juros de financiamento de 12,00% a.a.;
- **C12** – célula que contém a taxa de juros de reinvestimentos de 8,0% a.a.

A Taxa Interna de Retorno Modificada obtida pela execução da fórmula da função **TIRM** colocada na célula **C14** é igual a 10,062% a.a., conforme mostrado a seguir:

	A	B	C
1			
2		Fluxo de Caixa - TIRM	
3		Ano	Valor
4		0	-5.860,00
5		1	21.095,00
6		2	-25.208,00
7		3	10.000,00
8		Soma	27,00
9			
10		Taxas de Juros	
11		Financiamento	12,0%
12		Reinvestimento	8,0%
13			
14		TIRM	10,062%
15			
16			

10.6 Vida econômica de equipamentos

10.6.1 Vida útil e vida econômica

Vida útil de um equipamento é o período de tempo em que o equipamento consegue exercer suas funções técnicas com rentabilidade, e isso depende de como ele é utilizado e mantido. Assim, a vida útil diz respeito à capacidade física de produção do equipamento.

Os equipamentos desgastam-se com o uso, necessitando cada vez mais de manutenção e, assim, seus custos operacionais aumentam conforme eles "envelhecem".

Na determinação da vida econômica de um equipamento é preciso levar em consideração não só seus custos operacionais como também o custo do capital aplicado em sua aquisição e seu preço de revenda, que é sempre inferior ao preço dele novo e que diminui com o tempo de vida.

Dessa forma, o cálculo da vida econômica é feito pela comparação dos fluxos de caixa dos custos periódicos – de capital e operacionais – que decorrem: a) da aquisição e revenda do equipamento e b) da operação e manutenção do equipamento durante diferentes períodos de tempo, dentro de sua vida útil. Essa análise é feita com uma taxa de desconto a juros compostos e é baseada nos resultados da transformação desses fluxos de caixa em suas séries uniformes equivalentes (PMT).

Os cálculos são realizados para cada período da vida útil do equipamento, e estão desdobrados em dois grupos – custos operacionais e custo de capital –, conforme indicado a seguir.

a) Os custos operacionais, crescentes ao longo da vida útil do equipamento, são transformados, com uma taxa de desconto a juros compostos, nos seus valores presentes e, posteriormente, nas suas séries uniformes equivalentes (PMT-Op).
b) O custo de capital é obtido pela transformação, com uma taxa de desconto a juros compostos, do preço à vista do equipamento novo e do seu valor de revenda, nas suas séries uniformes equivalentes (PMT-Cap).

A soma dessas duas séries uniformes equivalentes (PMT-Op + PMT-Cap = PMT-Tot) passa por um valor mínimo, que corresponde à vida econômica do equipamento, conforme mostraremos no exemplo a seguir.

Podemos, assim, afirmar que a vida econômica de um equipamento corresponde ao tempo de sua utilização e operação, com o menor custo para a empresa.

10.6.2 Exemplo numérico

Um equipamento com um valor de mercado de $100.000,00 à vista tem vida útil de cinco anos. Seus custos operacionais e valores de revenda no mercado estão indicados na Tabela 10.15.

TABELA 10.15 Fluxo de caixa – vida útil

Ano	Custo operacional	Valor do equipamento
0		100.000,00
1	10.000,00	80.000,00
2	13.000,00	70.000,00
3	15.000,00	60.000,00
4	23.000,00	50.000,00
5	30.000,00	35.000,00

Fonte: elaborada pelo autor.

Calcule a vida econômica dele e o correspondente custo anual, considerando uma taxa de juros de 15,00% a.a.

SOLUÇÃO

Para a obtenção da vida econômica do equipamento precisamos calcular os valores das séries uniformes equivalentes, dos custos operacionais e de capital, para cada ano de operação do equipamento durante sua vida útil de cinco anos.

Primeiro ano de operação

Os custos operacionais e de capital aplicado no equipamento, com a revenda ocorrendo no final do 1º ano, estão indicados na Tabela 10.16:

TABELA 10.16 Fluxo de caixa – 1º ano

Ano	Custo operacional	Valor do equipamento	Fluxo de caixa total
0		−100.000,00	−100.000,00
1	−10.000,00	80.000,00	70.000,00

Fonte: elaborada pelo autor.

O valor da série uniforme equivalente para os custos operacionais é de $10.000,00 (PMT-Op).

O valor da série uniforme equivalente para o custo de capital (PMT-Cap) está indicado a seguir, no simulador da HP 12C para o diagrama-padrão:

Cálculo do PMT-Cap

n	i	PV	PMT	FV
1	15,00	−100.000,00	**35.000,00**	80.000,00

Assim, para o 1º ano de operação temos:

- PMT-Op = $10.000,00;
- PMT-Cap = $35.000,00;
- PMT-Tot = $45.000,00.

Dois anos de operação

Os custos operacionais e de capital aplicado no equipamento, com sua revenda ocorrendo no final do 2º ano, estão indicados na Tabela 10.17:

TABELA 10.17 Fluxo de caixa – dois anos

Ano	Custo operacional	Valor do equipamento	Fluxo de caixa total
0		−100.000,00	−100.000,00
1	−10.000,00	0,00	−10.000,00
2	−13.000,00	70.000,00	57.000,00

Fonte: elaborada pelo autor.

Para a obtenção do valor da série uniforme equivalente para os custos operacionais, devemos inicialmente calcular o valor presente dos custos operacionais e, em seguida, transformá-lo na série uniforme equivalente, conforme indicado a seguir:

Custos operacionais – Cálculo do valor presente

n	i	PV	PMT	FV
1	15,00	8.695,65	0,00	−10.000,00
2	15,00	9.829,87	0,00	−13.000,00
VPL - Total		18.525,82		

Cálculo do PMT-Op

n	i	PV	PMT	FV
2	15,00	−18.525,52	11.395,35	0,00

O valor da série uniforme equivalente para o custo de capital (PMT-Cap) está indicado a seguir, no simulador da HP 12C para o diagrama-padrão:

Cálculo do PMT-Cap

n	i	PV	PMT	FV
2	15,00	−100.000,00	28.953,49	70.000,00

Assim, para os dois primeiros anos de operação temos:

- PMT-Op = $11.395,35;
- PMT-Cap = $28.953,49;
- PMT-Tot = $40.348,84

Três anos de operação
Os custos operacionais e de capital, com a revenda do equipamento ocorrendo no final do 3º ano, estão indicados na Tabela 10.18:

TABELA 10.18 Fluxo de caixa – três anos

Ano	Custo operacional	Valor do equipamento	Fluxo de caixa total
0		−100.000,00	−100.000,00
1	−10.000,00	0,00	−10.000,00
2	−13.000,00	0,00	−13.000,00
3	−15.000,00	60.000,00	45.000,00

Fonte: elaborada pelo autor.

O valor da série uniforme equivalente para os custos operacionais está indicado a seguir, no simulador da HP 12C para o diagrama-padrão:

Custos operacionais – Cálculo do valor presente

n	i	PV	PMT	FV
1	15,00	8.695,65	0,00	−10.000,00
2	15,00	9.829,87	0,00	−13.000,00
3	15,00	9.862,74	0,00	−15.000,00
VPL - Total		28.388,26		

Cálculo do PMT-Op

n	i	PV	PMT	FV
3	15,00	−28.388,26	12.433,41	0,00

O valor da série uniforme equivalente para o custo de capital (PMT-Cap) está indicado a seguir, no simulador da HP 12C para o diagrama-padrão:

Cálculo do PMT-Cap

n	i	PV	PMT	FV
3	15,00	−100.000,00	26.519,08	60.000,00

Assim, para os três primeiros anos de operação, temos:

- PMT-Op = $12.433,41;
- PMT-Cap = $26.519,08;
- PMT-Tot = $38.952,48.

Quatro anos de operação

Os custos operacionais e de capital, com a revenda do equipamento ocorrendo no final do 4º ano, estão indicados na Tabela 10.19:

TABELA 10.19 Fluxo de caixa – quatro anos

Ano	Custo operacional	Valor do equipamento	Fluxo de caixa total
0		−100.000,00	−100.000,00
1	−10.000,00	0,00	−10.000,00
2	−13.000,00	0,00	−13.000,00
3	−15.000,00	0,00	−15.000,00
4	−23.000,00	50.000,00	27.000,00

Fonte: elaborada pelo autor.

O valor da série uniforme equivalente para os custos operacionais está indicado a seguir, no simulador da HP 12C para o diagrama-padrão:

Custos operacionais – Cálculo do valor presente

n	i	PV	PMT	FV
1	15,00	8.695,65	0,00	−10.000,00
2	15,00	9.829,87	0,00	−13.000,00
3	15,00	9.862,74	0,00	−15.000,00
4	15,00	13.150,32	0,00	−23.000,00
VPL - Total		41.538,59		

Cálculo do PMT-Op

n	i	PV	PMT	FV
4	15,00	−41.538,59	14.549,53	0,00

O valor da série uniforme equivalente para o custo de capital (PMT-Cap) está indicado a seguir, no simulador da HP 12C para o diagrama-padrão:

Cálculo do PMT-Cap

n	i	PV	PMT	FV
4	15,00	−100.000,00	**25.013,27**	50.000,00

Assim, para os quatro primeiros anos de operação temos:

- PMT-Op = $14.549,53;
- PMT-Cap = $25.013,27;
- PMT-Tot = $39.562,80.

Cinco anos de operação

Os custos operacionais e de capital, com a revenda do equipamento ocorrendo no final do 5º ano, estão indicados na Tabela 10.20:

TABELA 10.20 Fluxo de caixa − cinco anos

Ano	Custo operacional	Valor do equipamento	Fluxo de caixa total
0		-100.000,00	-100.000,00
1	-10.000,00	0,00	-10.000,00
2	-13.000,00	0,00	-13.000,00
3	-15.000,00	0,00	-15.000,00
4	-23.000,00	0,00	-23.000,00
5	-30.000,00	35.000,00	5.000,00

Fonte: elaborada pelo autor.

O valor da série uniforme equivalente para os custos operacionais está indicado a seguir, no simulador da HP 12C para o diagrama-padrão:

Custos operacionais − Cálculo do valor presente

n	i	PV	PMT	FV
1	15,00	8.695,65	0,00	−10.000,00
2	15,00	9.829,87	0,00	−13.000,00
3	15,00	9.862,74	0,00	−15.000,00
4	15,00	13.150,32	0,00	−23.000,00
5	15,00	14.915,30	0,00	−30.000,00
VPL - Total		56.453,56		

336   Matemática Financeira

Cálculo do PMT-Op

n	i	PV	PMT	FV
5	15,00	−56.453,89	16.841,07	0,00

O valor da série uniforme equivalente, para o custo de capital (PMT-Cap) está indicado a seguir, no simulador da HP 12C para o diagrama-padrão:

Cálculo do PMT–Cap

n	i	PV	PMT	FV
5	15,00	−100.000,00	24.640,51	35.000,00

Assim, para os cinco anos de operação, temos:

- PMT-Op = $16.841,07;
- PMT-Cap = $24.640,51;
- PMT-Tot = $41.451,58.

Um resumo dos valores obtidos anteriormente para os cinco anos da vida útil está indicado na Tabela 10.21.

TABELA 10.21 Resumo das séries uniformes – PMT

Ano	PMT-Cap	PMT-Op	PMT-Tot
1	35.000,00	10.000,00	45.000,00
2	28.953,49	11.395,35	40.348,84
3	26.519,08	12.433,41	38.952,48
4	25.013,27	14.549,53	39.562,80
5	24.640,51	16.841,07	41.481,58

Fonte: elaborada pelo autor.

A Figura 10.11 mostra as curvas dos valores dos custos anuais desse equipamento para os cinco anos de operação dele.

FIGURA 10.11 Resumo – Séries uniformes equivalentes

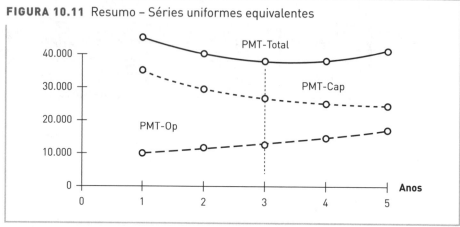

Fonte: elaborada pelo autor.

Observe que a curva do custo anual operacional é crescente ao longo dos cinco anos, e a curva do custo anual de capital é decrecesnte ao longo da vida útil do equipamento.

Por esses valores anuais concluimos que a *vida econômica* desse equipamento é de *três anos*, com um custo anual total de $38.952,48, que é o valor mínimo da curva do custo anual total.

10.7 *Duration* de fluxos de caixa[1]

Neste item vamos apresentar o conceito de *duration*, ou duração, de Macaulay, que é muito utilizado na análise de fluxos financeiros de títulos, notadamente debêntures ou *bonds*.

O cálculo da *duration* está diretamente ligado ao conceito de prazo médio. A diferença básica entre esses dois índices é que no cálculo do prazo médio não é levado em consideração o valor do dinheiro no tempo, ao passo que no cálculo da *duration* se utiliza o regime de juros compostos para descontar os valores futuros do fluxo de caixa em análise.

10.7.1 Prazo médio

Conceitualmente, o prazo médio representa o momento em que se concentram os valores do fluxo de caixa que ocorrem em diversas datas. É calculado por uma ponderação simples, levando-se em conta os prazos e os respectivos valores de cada parcela do fluxo de caixa, sem considerar o valor do dinheiro no tempo.

---

[1] Na elaboração deste item contei com a preciosa colaboração do professor Alexandre Canalini, autor do livro *Gestão de investimentos*, Editora Livre Expressão.

Para exemplificar o cálculo do prazo médio, vamos considerar o fluxo de caixa da Tabela 10.22, que pode representar a amortização de um financiamento segundo o sistema americano ou um título com rendimento periódico.

TABELA 10.22 Cálculo do prazo médio

Prazo (anos)	Parcela	Investimento inicial ($)	Parcelas a receber ($)	Parcelas a receber × prazo
0	CF_0	(–) 1.000,00		
1	CF_1		80,00	80,00
2	CF_2		80,00	160,00
3	CF_3		80,00	240,00
4	CF_4		1.080,00	4.320,00
Soma			**1.320,00**	**4.800,00**

Fonte: elaborada pelo autor.

O *prazo médio* desse fluxo de caixa é obtido com as operações a seguir.

a) O valor de cada parcela do fluxo de caixa deve ser multiplicado pelo seu respectivo prazo (em relação ao ponto zero do fluxo de caixa) e esses produtos devem ser somados como segue:

$$\text{Soma dos produtos} = CF_1 \times 1 + CF_2 \times 2 + CF_3 \times 3 + CF_4 \times 4 = \$4.800,00$$

b) Os valores das parcelas futuras do fluxo de caixa devem ser somados como segue:

$$\text{Soma das parcelas futuras: } CF_1 + CF_2 + CF_3 + CF_4 = \$1.320,00$$

O prazo médio é obtido conforme indicado a seguir:

$$\text{Prazo médio} = (\text{soma dos produtos}) / (\text{soma das parcelas futuras}) =$$

$$= \$4.800,00 / \$1.320,00 = 3,64 \text{ anos}$$

10.7.2 *Duration*

Para exemplificar o cálculo da *duration* vamos considerar o mesmo fluxo de caixa da Tabela 10.22, utilizada anteriormente no cálculo do prazo médio, e assumir que se refere a um investimento inicial de $1.000,00 num título com rendimento de 8% a.a., mediante o pagamento de quatro parcelas anuais de $80,00, e com o resgate de $1.000,00 no final do 4º ano. A Tabela 10.23 mostra em detalhes o cálculo da *duration* desse título.

Capítulo 10 » Extensões **339**

TABELA 10.23 Cálculo da *duration* com taxa de desconto de 8% a.a.

Prazo (anos)	Parcela	Investimento inicial ($)	Parcelas a receber ($)	Fator de desconto $(1,08)^n$	PV das parcelas a receber ($)	PV × prazo ($)
0	CF_0	(−) 1.000,00				
1	CF_1		80,00	1,0800	74,07	74,07
2	CF_2		80,00	1,1664	68,59	137,17
3	CF_3		80,00	1,2597	63,51	190,52
4	CF_4		1.080,00	1,3605	793,83	3.175,33
Soma			**1.320,00**		**1.000,00**	**3.577,10**

Fonte: elaborada pelo autor.

Para obter a *duration* desse título devem ser realizadas as operações a seguir.

a) Cálculo do valor presente (PV) de cada uma das parcelas futuras do fluxo de caixa, com taxa de desconto de 8% a.a., que é a taxa interna de retorno desse investimento, como segue:

- $PV_1 = CF_1 / (1,08)^1 = 80,00 / 1,0800 = \$74,07$
- $PV_2 = CF_2 / (1,08)^2 = 80,00 / 1,1664 = \$68,59$
- $PV_3 = CF_3 / (1,08)^3 = 80,00 / 1,2597 = \$63,51$
- $PV_4 = CF_4 / (1,08)^4 = 1.080,00 / 1,3605 = \$793,83$

Cálculo da soma dos produtos desses valores presentes pelos seus respectivos prazos, como segue:

$$\text{Soma dos produtos} = PV_1 \times 1 + PV_2 \times 2 + PV_3 \times 3 + PV_4 \times 4 =$$
$$= 74,07 + 137,17 + 190,52 + 3.175,33 =$$
$$= \$3.577,10$$

O valor da *duration* é obtido pela expressão a seguir:

$$\text{duration} = (\text{soma dos produtos}) / (\text{investimento inicial } CF_0) =$$
$$= \$3.577,10 / \$1.000,00 = 3,58 \text{ anos}$$

A essência conceitual do prazo médio foi mantida e a *duration* representa o tempo médio necessário para a recuperação do dinheiro investido, levando em consideração o valor do dinheiro no tempo.

Importante observar que a taxa de desconto utilizada no cálculo da *duration* é a Taxa Interna de Retorno (TIR) do fluxo de caixa. No caso de debêntures ou *bonds*, essa taxa de desconto é a rentabilidade do papel até seu resgate (*Yield to Maturity* – YTM).

Dentre as propriedades da *duration* destacamos o que segue.

a) Os títulos com cupom zero possuem *duration* igual ao tempo de maturidade (prazo de resgate).

Se considerarmos o sistema de pagamento único, um financiamento de $1.000,00 é liquidado por um pagamento único de $1.360,49, no final de quatro anos, a juros compostos de 8% a.a. Assim, temos:

- $PV_4 = CF_4 / (1,08)^4 = 1.360,49 / 1,3605 = \$1.000,00$
- Soma dos produtos $= PV_4 \times 4 = \$1.000,00 \times 4 = \$4.000,00$

$$duration = (\text{soma dos produtos}) / (\text{investimento inicial } CF_0) =$$
$$= \$4.000,00 / \$1.000,00 = 4 \text{ anos}$$

Fica, assim, evidenciado que a *duration* desse título de cupom zero (quatro anos) coincide com seu tempo de maturidade de quatro anos.

b) Quanto mais elevada a taxa dos cupons, menor o valor da *duration*.

Vamos assumir que a rentabilidade do título (*Yield to Maturity* – YTM) seja 10% a.a., mediante o pagamento de quatro parcelas anuais de $80,00 e um resgate de $1.000,00 no final de quatro anos. O valor de aplicação nesse título deverá ter um deságio para se alcançar a rentabilidade de 10% a.a., obtido a partir do valor presente de suas parcelas futuras, conforme indicado na Tabela 10.24:

TABELA 10.24 Cálculo da *duration* com taxa de desconto de 10% a.a.

Prazo (anos)	Parcela	Investimento inicial [$]	Parcelas a receber [$]	Fator de desconto $(1,10)^n$	PV das parcelas a receber [$]	PV × prazo [$]
0	CF_0	(–) 936,60				
1	CF_1		80,00	1,1000	72,73	72,73
2	CF_2		80,00	1,2100	66,12	132,23
3	CF_3		80,00	1,3310	60,11	180,32
4	CF_4		1.080,00	1,4641	737,65	2950,62
Soma			**1.320,00**		**936,60**	**3.335,89**

Fonte: elaborada pelo autor.

$$duration = \$3.335,89 / \$936,60 = 3,56 \text{ anos}$$

Observe que a *duration* do título, que era igual 3,58 anos, para a taxa de desconto de 8% a.a., foi reduzida para 3,56 anos com o aumento da taxa de desconto para 10% a.a.

A Tabela 10.25 mostra os valores da *duration* desse título para várias taxas de desconto, que correspondem às Taxas Internas de Retorno (TIR) ou *Yeld to Maturity* (YTM) para os investidores que comprarem esse título e o conservarem até a data do resgate final.

TABELA 10.25 Cálculo da *duration* para várias taxas de desconto (TIR)

Taxa de desconto (TIR % a.a.)	Valor presente parcelas futuras	Valor presente parcelas futuras × prazos	Valor da *duration*
0,00%	1.320,00	4.800,00	3,64
5,00%	1.106,38	3.982,71	3,60
8,00%	1.000,00	3.577,10	3,58
10,00%	936,60	3.335,89	3,56
15,00%	800,15	2.818,33	3,52
20,00%	689,35	2.400,00	3,48
25,00%	598,53	2.058,75	3,44

Fonte: elaborada pelo autor.

Os valores da *duration* da Tabela 10.25 estão representados na Figura 10.12, que mostra a variação desse título em função da taxa de desconto, que é a TIR ou YTM do título.

FIGURA 10.12 Variação da *duration* com a TIR

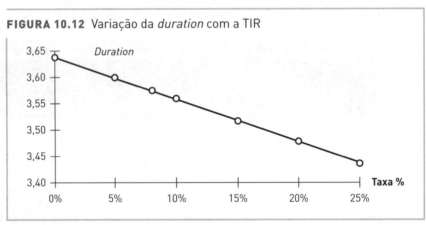

Fonte: elaborada pelo autor.

A *duration* é um indicador utilizado pelo mercado para medir a sensibilidade de títulos à variação da taxa de juros e indica o prazo médio no qual o detentor do título terá recebido o pagamento total. A *duration* de uma carteira de títulos é a média ponderada das *durations* dos ativos e representa o prazo médio do pagamento total da carteira.

10.8 Problemas propostos

1 Um veículo, com o valor à vista de $19.500,00, é adquirido no dia 31 de março com um financiamento para ser liquidado em quatro prestações mensais de $5.000,00, que vencem a cada 30 dias corridos, a contar da data de aquisição do veículo. A taxa de juros a ser utilizada no cálculo do VPL desse financiamento deve ser 10% a.a. (com 365 dias). O fluxo de caixa do financiador é o que segue:

Datas	Dias	Mês	Valor ($)
31/mar.	0	0	−19.500,00
30/abr.	30	1	5.000,00
30/maio	60	2	5.000,00
29/jun.	90	3	5.000,00
29/jul.	120	4	5.000,00
Total líquido			**500,00**

a) Calcule a taxa mensal que é equivalente à taxa de 10% a.a. (com 365 dias).

Em relação ao fluxo de caixa desse financiamento, calcule, com a utilização da HP 12C:

b) o VPL usando a função **NPV** com a taxa mensal obtida no item **a** e a TIR do financiamento, em % a.m., utilizando a função **IRR**;

c) a TIR do financiamento, em % a.a. (com 365 dias), que é equivalente à TIR mensal obtida no item *c*.

Em relação ao fluxo de caixa desse financiamento, calcule, com a utilização do Excel:

d) o VPL usando a função **VPL**, com a taxa mensal obtida no item **a**, e a TIR, em % a.m., utilizando a função **TIR**;

e) o VPL usando a função **XVPL**, com a taxa de desconto de 10% a.a. com 365 dias, e a TIR em % a.a. (com 365 dias), utilizando a função **XTIR**.

2 Um financiamento de $58.000,00, realizado no dia 1º de março, deve ser liquidado em seis prestações mensais iguais a $10.000,00, sendo que todas têm vencimento no início de cada mês. O fluxo de caixa do financiador é o que segue:

Datas	Dias	Dias acumulados	Valor ($)
01/mar.	0	0	−58.000,00
01/abr.	31	31	10.000,00
01/maio	30	61	10.000,00
01/jun.	31	92	10.000,00
01/jul.	30	122	10.000,00
01/ago.	31	153	10.000,00
01/set.	31	184	10.000,00
Total líquido			**2.000,00**

Calcule o Valor Presente desse fluxo de caixa utilizando a função **XVPL**, com a taxa de desconto de 10% a.a. (com 365 dias), e a TIR do financiamento, em % a.a. com 365 dias, utilizando a função **XTIR**.

3 Um título que paga juros trimestralmente é emitido no dia 1º de janeiro com um valor de $10.000,00, prazo de um ano e taxa de 10% a.a. com 365 dias.

Os juros trimestrais são calculados sobre os dias efetivamente decorridos em cada trimestre e pagos nos dias 1º de abril, 1º de julho, 1º de outubro e 1º de janeiro do ano seguinte. Calcule:

a) o valor de cada cupom trimestral com o uso do simulador da HP 12C no diagrama-padrão;

b) a rentabilidade efetiva, em % a.a. (com 365 dias), dos investidores que comprarem esse título na data da emissão, com um deságio de 2,00%, e o conservarem até seu vencimento, usando a função **XTIR** da planilha Excel;

c) o percentual de deságio no preço de emissão necessário para garantir uma rentabilidade de 12% a.a. (com 365 dias) ao investidor que adquirir esse título na data da emissão e o conservar até seu vencimento, usando a função **XVPL** do Excel.

4 Um financiamento de $100.000,00 deve ser liquidado em dez prestações mensais, com uma taxa de juros de 3,00% a.m., pelo sistema Price e pelo sistema alemão. Calcule:

a) o valor da prestação do sistema Price;

b) o valor da prestação do sistema alemão;

c) o valor líquido liberado e a taxa efetiva de juros cobrada pelo sistema alemão.

5 Calcule a Taxa Interna de Retorno Modificada (TIRM) de um projeto cujo fluxo de caixa está representado na tabela a seguir, para uma empresa cujas taxas de financiamento e reinvestimento são iguais a 15,00% a.a. e 12,00% a.a., respectivamente.

Fluxo de caixa	
Ano	Valor ($)
0	−100.000,00
1	30.000,00
2	−20.000,00
3	50.000,00
4	35.000,00
5	25.000,00
Soma	**20.000,00**

6 Um equipamento com valor de mercado de $30.000,00 à vista tem vida útil de seis anos. Seus custos operacionais e valores de revenda no mercado estão indicados na tabela a seguir:

Ano	Custo operacional	Valor do equipamento
0		30.000,00
1	6.000,00	15.000,00
2	8.000,00	12.000,00
3	10.000,00	10.000,00
4	16.000,00	8.000,00
5	18.000,00	6.500,00
6	23.000,00	5.000,00
Soma	**81.000,00**	

Calcule a sua vida econômica e o correspondente custo anual, considerando uma taxa de juros de 10,00% a.a.

7 Determine a *duration* da aplicação de $10.000,00 em uma debênture que é resgatada através de quatro parcelas anuais consecutivas de $3.000,00, com a 1ª parcela ocorrendo 12 meses após a data do investimento.

PRINCIPAIS FÓRMULAS E RELAÇÕES

CAPÍTULO 2	Juros simples: juros sobre o principal, capitalização e desconto

$FV = PV\,(1 + i \times n)$	(2.1)
$PV = \dfrac{FV}{(1 + i \times n)}$	(2.2)
$D_d = FV - PV = PV \times i \times n$	(2.3)
$PV = FV\,(1 - d \times n)$	(2.4)
$FV = \dfrac{PV}{(1 - d \times n)}$	(2.5)
$D_f = FV - PV = FV \times d \times n$	(2.6)
$i = \dfrac{d}{(1 - d \times n)}$	(2.7)
$d = \dfrac{i}{(1 + i \times n)}$	(2.8)

CAPÍTULO 3	Juros compostos: juros sobre o saldo devedor, capitalização e desconto

$FV = PV\,(1 + i)^n$	(3.1)
$PV = \dfrac{FV}{(1 + i)^n}$	(3.2)
$D_d = FV - PV = PV\,[\,(1 + i)^n - 1\,]$	(3.3)

347

$PV = FV (1 - d)^n$	(3.4)
$D_f = FV - PV = FV [1 - (1 - d)^n]$	(3.5)

CAPÍTULO 4   Taxas de juros

$i_a = i_s \times 2 = i_t \times 4 = i_m \times 12 = i_d \times 360$	(4.3)
$(1 + i_a) = (1 + i_s)^2 = (1 + i_t)^4 = (1 + i_m)^{12} = (1 + i_d)^{360}$	(4.6)

CAPÍTULO 5   Prestações iguais – Tabela Price

$FV = PMT [(1 + i)^{n-1} + (1 + i)^{n-2} + ... +(1 + i) + 1]$	(5.1)
$FV (1 + i) = PMT [(1 + i)^n + (1 + i)^{n-1} + ... +(1 + i)^2 + (1 + i)]$	(5.2)
$FV = PMT \dfrac{(1 + i)^n - 1}{i}$	(5.3)
$PMT = FV \dfrac{i}{(1 + i)^n - 1}$	(5.4)
$PV = PMT \dfrac{(1 + i)^n - 1}{i (1 + i)^n}$	(5.5)
$PMT = PV \times \dfrac{i (1 + i)^n}{(1 + i)^n - 1}$	(5.6)
$PMT = PV \times i$	(5.10)
$PMT = PV \times (i - g)$	(5.12)
$PMT_{antecipada} = \dfrac{PMT_{postecipada}}{(1 + i)}$	(5.13)

CAPÍTULO 6   Fluxos de caixa heterogêneos – Valor presente, VPL e TIR

$VPL (i\%) = CF_0 + VP (i\%) = CF_0 + CF_1 x + CF_2 x^2 + ... + CF_n x^n$	(6.1)
$VPL (IRR\%) = CF_0 + CF_1 x + CF_2 x^2 + ... + CF_n x^n = 0$	(6.2)

CAPÍTULO 7 Equivalência financeira – Sistemas de amortização

$$A_n = A_1 (1 + i)^{n-1} \qquad (7.1)$$

CAPÍTULO 8 Fluxos de caixa e inflação

$$(1 + tn_a) = (1 + i_a) \times (1 + ti_a) \qquad (8.3)$$

$$(1 + tn_m) = (1 + i_m) \times (1 + ti_m) \qquad (8.4)$$

$$(1 + tn_t) = (1 + i_t) \times (1 + ti_t) \qquad (8.5)$$

$$(1 + tn_s) = (1 + i_s) \times (1 + ti_s) \qquad (8.6)$$

RESPOSTAS DOS PROBLEMAS PROPOSTOS

CAPÍTULO 2	Juros simples: juros sobre o principal, capitalização e desconto
Problema 1	Montante = $1.300,00
Problema 2	Renda = $2.400,00
Problema 3	PV = $8.888,89
Problema 4	PV = $949,40
Problema 5	**a)** PV = $966,67; **b)** desconto = $33,33; **c)** i = 1,293% a.m.
Problema 6	**a)** FV = $967,83; **b)** i = 1,295% a.m. e d = 15,04% a.m.
Problema 7	i = 12,3796% a.a.
Problema 8	**a)** i = 2,50% a.t.; **b)** d = 1,9231% a.t.
Problema 9	i = 1,1494% a.m.
Problema 10	PV = $18.980,87
Problema 11	PV = $19.100,00
Problema 12	**a)** PV_2 = $10.360,00; **b)** FV_2 = $10.981,60; **c)** n_2 = 6 meses; **d)** $i_{médio}$ = 1,0907% a.m.
Problema 13	**a)** i = 1,20% a.m.; **b)** PV_1 = $10.000,00

CAPÍTULO 3	Juros compostos: juros sobre o saldo devedor, capitalização e desconto
Problema 1	Montante = $1.340,10

Problema 2	**a)** Montante sem reaplicações = $1.300,00 **b)** Montante com reaplicações a 5% a.t. = $1.340,10
Problema 3	Montante = $12.395,08
Problema 4	Principal = $12.710,36
Problema 5	Rentabilidade = 0,9489% a.m.
Problema 6	Montante = $13.314,73
Problema 7	110 < n < 111 meses
Problema 8	Valor líquido à disposição da empresa = $75.500,00 Rentabilidade juros simples = 1,9868% a.m. Rentabilidade juros compostos = 1,9485% a.m.
Problema 9	Menor valor a ser aplicado = $25.873,17
Problema 10	Valor do pagamento = $57.469,39
Problema 11	No final do 8º mês
Problema 12	Abater do principal o valor de $15.215,93
Problema 13	Valor da aplicação = $9.896,32
Problema 14	Valor de resgate = $10.070,13
Problema 15	Alternativa a)
Problema 16	1,802% antecipado

CAPÍTULO 4   Taxas de juros

Problema 1	1,20% a.m.; 0,04% a.d.
Problema 2	2,70% a.t.; 10,80% a.a.
Problema 3	0,72073% a.m.; 2,17782% a.t.
Problema 4	0,03238% a.d.
Problema 5	3,18319% a.t.; 13,35373% a.a.
Problema 6	8,24322% a.a.; 8,16% a.a.
Problema 7	0,70337% a.m.
Problema 8	2,87716% a.t.; 12,01492% a.a.
Problema 9	$1.225,24

| Problema 10 | a) $10.040,00; 1,20481% a.m.; b) $10.240,00; 1,19289% a.m. |
| Problema 11 | a) $10.039,84; 1,1952% a.m.; b) $10.241,44; 1,2072% a.m. |

CAPÍTULO 5 — Prestações iguais – Tabela Price

Problema 1	$1.776,98
Problema 2	$3.110,05
Problema 3	$339,41
Problema 4	$5.866,37
Problema 5	$4.312,50; 0,9918% a.m.
Problema 6	1,3370% a.m.
Problema 7	a) $1.067,18; b) $1.054,53; c) $1.106,06
Problema 8	a) 1,2043% a.m.; 1,4313% a.m.
Problema 9	a) 1,6912% a.m.; b) 2,3923% a.m.
Problema 10	a) $18.744,40; b) $22.680,73
Problema 11	1,0794% a.m.
Problema 12	$32.342,05; b) $34.311,68
Problema 13	$3.034,24
Problema 14	a) $22.319,61; b) $23.132,79
Problema 15	a) $22.716,48; b) $23.544,20
Problema 16	a) 4,3478% ; b) 2,7003%
Problema 17	3,5244%
Problema 18	$PV_{mensal} = $60.239,36$; $PV_{trimestral} = $39.760,64$
Problema 19	9,2953% a.a.
Problema 20	Deságio = 3,167%
Problema 21	Taxa mensal de arrendamento = $308,64
Problema 22	PV = $150.000,00

CAPÍTULO 6	Fluxos de caixa heterogêneos – Valor presente, VPL e TIR
Problema 1	Fluxo (A): $12.157,03 – Fluxo (B) = $852,93 – Fluxo (C) = $12.344,53
Problema 2	VPL (8%) = $1.284,61 – VPL (12%) = (–) $508,34 – TIR = 10,78% a.a.
Problema 3	VPL (0%) = $3.100,00 – VPL (4%) = $1.583,50 – VPL (8%) = $279,67 – VPL (12%) = (–) $849,53 TIR = 8,94% a.a.
Problema 4	VPL (0%) = $500,00 – VPL (1%) = $287,58 – VPL (2%) = $89,49 – VPL (3%) = (–) $95,45 TIR = 2,48% a.t.
Problema 5	VPL (1%) = $132,66 – VPL (2%) = (–) $2.540,58 TIR = 1,05% a.m.
Problema 6	VPL (1%) = $2,132,66 TIR = 1,79% a.m.
Problema 7	TIR = 1,00% a.m. Os recursos não devem ser desaplicados, pois estão rendendo 1,5% a.m. (> 1,00% a.m.).
Problema 8	Deságio = 3,167% TIR = 5,7988% a.s.

CAPÍTULO 7	Equivalência financeira – Sistemas de amortização
Problema 1	Sim, pois, no 6º mês: FV_A (10%) = FV_B (10%) = $1.061,52
Problema 2	X = $530,88
Problema 3	**a)** $220,00; $242,00; $266,20; $292,82; $322,10 **b)** $120,00; $154,00; $193,60; $239,58; $292,82
Problema 4	**a)** Price: PMT = $1.055,82 **b)** SAC: $2.000,00; $1.900,00; $1.800,00; $1.700,00; $1.600,00; $1.500,00; $1.400,00; $1.300,00; $1.200,00; $1.100,00 **c)** SAM: $1.527,91; $1.477,91; $1.427,91; $1.377,91; $1.327,91; $1.277,91; $1.227,91; $1.177,91; $1.127,91; $1.077,91

Problema 5	**a)** $10.000,00; $10.000,00; $22.500,00; $2 1.250,00; $20.000,00; $18.750,00; $17.500,00; $16.250,00; $15.000,00; $13.750,00 **b)** $0,00; $0,00; $27.225,00; $25.712,50; $24.200,00; $22.687,50; $21.175,00; $19.662,50; $18.150,00; $16.637,50
Problema 6	$1.117,38
Problema 7	$3.857,58
Problema 8	**a)** $4.707,35; **b)** $1.000,00 e $3.707,35; **c)** $4.478,88; **d)** $52.981,59
Problema 9	**a)** $888,49; **b)** $1.202,78; **c)** $5.465,99
Problema 10	**a)** $2.467,31; **b)** $15.331,77
Problema 11	$12.991,72
Problema 12	**a)** $482,02; **b)** $152,66; **c)** $552,64
Problema 13	**a)** $1.776,98; **b)** $939,61; **c)** $1.128,62
Problema 14	**a)** 12 mensais de $6.892,57 e 2 semestrais de $13.785,14
Problema 15	8 mensais de $965,73 e intermediária de $2.897,19
Problema 16	3 mensais de $13.679,94
Problema 17	1º mês = $2.103,51; 4º mês = $8.414,04
Problema 18	$10.000,00; $9.328,77; $8.657,54; $7.986,31

CAPÍTULO 8 Fluxos de caixa e inflação

Problema 1	$i_a = 10,00\%$ a.a.
Problema 2	**a)** $tn_s = 11,30\%$ a.s. **b)** $tn_a = 23,8769\%$ a.a. **c)** $i_a = 10,2500\%$ a.a.; $ti_a = 12,3600\%$ a.a. **d)** $(1 + 23,8769\%) = (1 + 10,2500\%)(1 + 12,3600\%)$
Problema 3	$12.096,00
Problema 4	$56.007,38
Problema 5	$tn_a = 28,80\%$ a.a.; $i_a = 12,00\%$ a.a.
Problema 6	**a)** $tn_m = 2,1315\%$ a.m. **b)** $263,46
Problema 7	$ti_m = 1,50\%$ a.m.
Problema 8	$6.854,16/ano

Problema 9	**a)** $17.106,89 **b)** $17.277,96; $17.450,74; $17.625,25; $17.801,50; $17.979,51; $18.159,31 **c)** $tn_m = 1,7575\%$ a.m. **d)** $tn_m = 1,7575\%$ a.m. **e)** $17.706,76 / ano **f)** $17.531,45; $17.357,87; $17.186,01; $17.015,85; $16.847,37; $16.680,57 **g)** $i_m = 0,75\%$ a.m.
Problema 10	**a)** $30.000,00; $28.000,00; $26.000,00; $24.000,00; $22.000,00 **b)** $32.700,00; $33.419,40; $34.289,52; $35.134,77; $36.078,52 **c)** $tn_a = 20,7764\%$ a.a.

CAPÍTULO 9   Métodos de análise de investimentos

Problema 1	**a)** 3 anos e 16 dias; **b)** 1 ano e 321 dias; **c)** 3 anos
Problema 2	Aceitar o investimento, pois VPL (8%) > 0 = $65,43 milhões
Problema 3	Quantia máxima a ser paga = $15.024,93
Problema 4	Adquirir modelo B, que produz maior VPL (5%) > 0 = $4.183,67
Problema 5	VPL: escolher B, que tem maior VPL (15%) > 0 = $1.165,72 TIR: os dois projetos têm TIR > 15% a.a. Escolher B, pois TIR_{B-A} = 16,60% a.a. > 15% a.a.
Problema 6	VPL: escolher o projeto A – VPL_A =$76,16 > VPL_B = $44,88 TIR: escolher o projeto A – TIR (A–B) = 10,00% a.a. > 8,00% a.a.
Problema 7	VPL: escolher B, que tem maior VPL (8%) > 0 = $163,74 TIR: os dois projetos têm TIR > 8% a.a. Escolher o projeto B, pois TIR_{B-A}= 9,08% a.a. > 8% a.a.
Problema 8	0% < i_{min} <= 9,81% a.a. Aceitar B 9,81% a.a. < i_{min} <= 19,91% a.a. Aceitar A i_{min} >= 19,91% a.a. Rejeitar A e B
Problema 9	Escolher a hidrelétrica que tem o menor custo anual equivalente a 5,00% a.a. = $16.300

Problema 10	VPL: escolher B, que tem o maior VPL (15%) > 0 ($693,40) TIR: os três projetos têm TIR > 15% a.a. Aceitar o incremento (B–A), pois TIR_{B-A}= 23,12% a.a. > 15% a.a. Aceitar o incremento (B–C), pois TIR_{B-C} = 19,53% a.a. > 15% a.a. Escolher o projeto B
Problema 11	VPL: escolher C, que tem o maior VPL (7%) > 0 = $6.394,90 TIR: os três projetos têm TIR > 7% a.a. Aceitar o incremento (B–A), pois TIR_{B-A} = 8,37% a.a. > 7% a.a. Aceitar o incremento (C–B), pois TIR_{C-B} = 8,25% a.a. > 7% a.a. Escolher o projeto C
Problema 12	VPL: escolher B, que tem o maior VPL (8%) > 0 ($1.969,02) TIR: os três projetos têm TIR > 8% a.a. Aceitar o incremento (B–A), pois TIR_{B-A} = 10,9% a.a. > 8% a.a. Rejeitar o incremento (C–B), pois TIR_{C-B} = 5,6% a.a. < 8% a.a. Rejeitar o incremento (D–B), pois TIR_{D-B} = 7,1% a.a. < 8% a.a. Escolher o projeto B
Problema 13	Melhor combinação de investimentos que maximiza a soma dos VPLs dos projetos A ($10.000,00); C ($30.000,00) e E ($60.000,00) VPLs a 8% a.a.: A ($381,05); C ($455,87) e E ($2.286,91) Soma dos VPLs (8%) = $3.123,83
Problema 14	TIR (antes IR) = 43,4% a.a.; TIR (após IR) = 29,3% a.a.
Problema 15	TIR (antes IR) = 56,0% a.a.; TIR (após IR) = 37,8% a.a.

CAPÍTULO 10 Extensões

Problema 1	**a)** 0,7864477% a.m. **b)** VPL = $112,68 – TIR = 1,02461% a.m. – HP 12C **c)** TIR = 13,14804% a.a. – 365 dias – HP 12C **d)** VPL = $112,68 – TIR = 1,020461% a.m. – Excel **e)** XVPL = $112,68 – XTIR = 13,148040% a.a. – 365 dias – Excel
Problema 2	XVPL = $349,68 – XTIR = 12,2923% a.a. – 365 dias

Problema 3	**a)** Cupom T1 = $237,79; Cupom T2 = $240,47; Cupom T3 = Cupom T4 = $243,14 **b)** TIR para deságio de 2% = 12,327% a.a. – 365 dias **c)** Deságio para TIR = 12% a.a. = 1,72%
Problema 4	**a)** Prestação sistema Price = $11.723,05 **b)** Prestação sistema alemão = $11.425,27 **c)** Valor liberado = $97.000,00 – Taxa efetiva = 3,0928% a.m.
Problema 5	TIRM= 8,6276% a.a.
Problema 6	Vida econômica = 3 anos PMT–Tot. = $16.915,41
Problema 7	*Duration* = 2,41 anos